DE

L'ORGANISATION JUDICIAIRE

EN HAÏTI

PAR

JOSEPH JUSTIN

Avocat

Directeur de l'Ecole Nationale de Droit
de Port-au-Prince

Pro Lege, pro Patriâ

HAVRE

Imp. DUVAL et DAVOULT, 15-17, r. Casimir-Périer

—

1910

DE
L'ORGANISATION JUDICIAIRE
EN HAÏTI

PAR

JOSEPH JUSTIN

Avocat

Directeur de l'Ecole Nationale de Droit
de Port-au-Prince

Pro Lege, pro Patriâ

HAVRE

Imp. DUVAL et DAVOULT, 15-17, r. Casimir-Périer

—

1910

DU MÊME AUTEUR :

INTRODUCTION

Personne de ceux qui étudient le droit ne doute aujourd'hui de la nécessité urgente avec laquelle s'impose aux Pouvoirs publics une refonte générale de notre législation. (1)

Nous avons, en effet, tout un arsenal de lois qui ne répondent guère aux besoins de notre temps.

« Beaucoup sont tombées en désuétude, d'autres contiennent des dispositions maintenant inapplicables. Certaines se contredisent, se heurtent, et bon nombre enfin sont éparses depuis qu'on a cessé de les colliger. » (2)

Ce n'est pas, cependant, qu'on n'ait pas fait des tentatives de les soumettre à une revision, de les coordonner, de les harmoniser, de les rendre plus compatibles avec la réalité sociale.

Certes sous ce rapport, la bonne volonté n'a pas fait défaut.

---

(1) Notre législation procède, en grande partie, de la législation française où nous avons puisé presque tous les principes qui forment la base de notre droit public et de notre droit privé.

On nous reproche avec quelque apparence de raison de n'avoir pas les idées morales des peuples dont nous copions les institutions. A quoi bon nous donner comme modèle tel peuple, quand nous sommes incapables de tirer parti de ce qui existe. D'ailleurs, n'est-ce pas une utopie que de vouloir modifier une race en lui imposant des institutions nouvelles ?

Si nous en croyons M. Gustave Lebon, on ne change pas en dix ans, en cent ans la mentalité et les aptitudes d'une race. Elles ont mis des siècles à se former, elles ne se transformeront qu'avec un temps considérable.....

A des psychologies différentes, il faut des régimes différents.

(2) *Bulletin Officiel* du département de la Justice, n° 1ᵉʳ, 3ᵉ année, Janvier 1909, p. 332.

En 1891, le gouvernement institua une Commission de législation chargée de revoir nos différents codes et de préparer les modifications qu'il conviendrait de proposer au Corps Législatif.

Quelques années plus tard, un arrêté du 11 Mai 1898 confia à une nouvelle Commission le soin de réunir, dans un ordre méthodique, les divers lois, décrets, arrêtés actuellement en vigueur. (1)

Mais, par une sorte de mauvais génie qui s'attache à toutes les œuvres de progrès en Haïti, les travaux de ces Commissions n'ont abouti à aucun résultat.

Est-ce une raison d'ajourner indéfiniment ces projets de revision ?

La cause de nos insuccès successifs étant connue, nous devons reprendre l'œuvre dans son ensemble, et entrer franchement dans la voie des réformes scientifiques et raisonnées.

L'idée d'en confier la mission à un nombre très limité d'hommes compétents est éminemment pratique. Car, par leur profession, les assemblées politiques ne sont pas nécessairement aptes à procéder à un travail de refonte.

* * *

Que l'on ne s'y méprenne pas. L'imperfection et les lacunes de notre législation proviennent, en grande partie, de la manie qu'ont nos Chambres de légiférer.

A peine une loi est-elle votée, et avant qu'on en ait apprécié la valeur par la pratique, que déjà l'on parle de l'amender.

Que de lois n'a-t-on pas ainsi modifiées ?

Et puis, comment les vote-t-on, ces lois ?

Ailleurs ou plutôt en France, on prend des précau-

---

(1) La Commission de 1891 était composée de MM. (Jean-Joseph) Dalbémar, Edmon Dauphin, J.-A. Courtois, A. Dyer, Edmond Lespinasse, Alex.-Désinor Saint-Louis, Justin Dévot.

Les membres de la Commission de 1898 étaient les citoyens H. Lechaud, F. Baron, Emmanuel Chancy, F. Thévenin, Emile Deslandes, Léger Cauvin, Emile Vallès, J.-L. Dominique, A- Bonamy, Maximilien Laforest.

tions pour que les lois qui sont appelées à régir des intérêts divers soient aussi parfaites que possible. Des déclarations doctrinales, des opinions politiques, sociales
et même morales, on met tout à contribution.

Chez nous, rien de tout cela.

Quelquefois les lois les plus importantes — copiées le
plus souvent sur les institutions similaires de la France
— sont votées sans discussion, à la dernière minute
d'une session, par les Chambres législatives.

Aussi, est-il difficile de discerner quels principes de
telle loi sont en vigueur, parmi tant d'autres abrogés,
suspendus ou tombés en désuétude. (1)

Si, à côté de cela, nous mentionnons l'absence d'un
recueil périodique et critique de jurisprudence, de législation et de doctrine, on comprend aisément qu'on ne
peut aboutir qu'au chaos et à la confusion.

« A part quelques publications partielles et incomplètes,
nos lois sont restées enfouies, perdues çà et là dans les
collections du *Moniteur*. » (2)

On voit donc par cette légère esquisse, combien il est
urgent de porter remède à cet état de choses.

*
* *

Cela étant posé, voyons maintenant le sujet de notre
travail.

« L'organisation judiciaire a pour objet la constitution
hiérarchique des pouvoirs publics chargés de l'administration de la justice ; elle en détermine les attributions et trace le cercle dans lequel peut s'exercer leur
autorité. »

Par suite des liens qui existent entre les Etats et qui

---

(1) Plus difficiles et plus obscures encore sont les lois qui contiennent
des dispositions se référant à diverses matières. Quant aux modifications apportées par les lois nouvelles à la législation précédente, elles
sont rarement signalées. Quel fouillis énorme !.... Décidement, la forêt
de notre législation est, comme l'enfer de Dante, pavée de bonnes in-
tentions.

(2) *Recueil des Lois et Actes* de la République d'Haïti de 1887 à 1904,
par M. Claudius Ganthier.

tendent chaque jour à se développer, l'administration de la justice est la branche du droit qui a fait le plus de progrès.

Aujourd'hui, les nations se classent dans l'estime universelle par la valeur intellectuelle et morale de leurs magistratures.

En effet, nulle institution ne fait plus pour le renom d'un pays au dehors, qu'un corps judiciaire composé de magistrats éclairés et intègres.

Le *criterium* est certain.

Plus un peuple est civilisé, plus aussi sa justice offre des garanties et plus aussi l'ordre public est maintenu. Et il n'est pas exagéré de dire qu'en dernière analyse l'organisation judiciaire d'un peuple réfléchit tout à la fois son organisation politique et son organisation sociale.

C'est donc selon que la justice est rendue dans un Etat que l'on peut se faire une idée de son degré d'avancement. (1)

Il est évident que l'on trouve une société bien ordonnée, là où les citoyens sont garantis contre tout arbitraire ; là où ils sont équitablement protégés dans leur

---

(1) Dans notre cours de Droit romain que nous professons depuis plus de douze ans à l'Ecole Nationale de Droit de Port-au-Prince, nous n'avons jamais manqué d'attirer l'attention de nos élèves sur le titre *De Justitia et Jure* par lequel s'ouvrent les Institutes et le Digeste.

Comme pour annoncer que la justice est la base fondamentale de l'œuvre entière, Justinien débute, en effet, par une définition de ce mot:

« La justice, dit-il, consiste en une volonté ferme et permanente de respecter le droit de chacun. *(Constans et perpetua voluntas jus suum cuique tribuendi).* »

L'homme juste est celui dont tous les actes sont gouvernés par la volonté de ne nuire à personne, et il ajoute : « Pour mériter la qualification d'homme juste, ce n'est pas assez de ne nuire à personne, il faut que cela soit réfléchi et voulu ; en outre des actes de justice accidentels, isolés ou espacés entre des actes injustes, ne suffisent pas, il faut l'habitude et la pratique constante de la justice ». (Accarias. Précis de droit romain).

On ne saurait mieux dire. Mais, il convient de le reconnaître, l'homme juste, tel que l'a défini le grand jurisconsulte, est une exception. Dans ce cas, la justice doit être considérée comme une vertu, comme un idéal à atteindre. Cela est si vrai que, l'histoire cite des hommes qui, dans leurs relations avec leurs semblables, se sont distingués par la pratique constante de la justice.

conscience et dans leur travail, là, en un mot, où la loi est interprétée dans ses applications pratiques par des tribunaux indépendants.

Par contre, que peut-on espérer d'un pays où par l'effet de la volonté arbitraire, d'un ou plusieurs individus, on peut être arrêté, détenu, mis à mort ; où le silence est imposé, le droit méconnu, la sécurité individuelle laissée sans garantie ; où les juges, par crainte du pouvoir ou en vue des faveurs, commettent, sous forme de jugements, des iniquités révoltantes. Il va sans dire qu'un tel pays est en dehors du droit des gens. L'étranger n'a pas foi en la justice qu'il rend. Cela est si vrai que dans les pays gouvernés despotiquement, les puissances européennes font rendre la justice à leurs nationaux par leurs consuls respectifs. (1)

D'autre part, une société qui ne peut assurer à ses membres, une saine distribution de la justice, ne marche-t-elle pas à grands pas à la justice sommaire des premiers âges ?

Comme l'a excellemment dit M. Jules Delafosse, dans son beau livre « Théorie de l'Ordre », il n'est pire état social que celui d'un peuple qui a cessé de croire à la justice. On peut supporter sans en mourir, les effets d'un mauvais gouvernement et d'une administration incapable ou vicieuse, parce que les intérêts sont seuls à en souffrir. Mais lorsque la justice fait faillite à son tour, et que la magistrature qui la personnifie passe couramment pour n'être plus qu'une troupe de mercenaires aux gages du pouvoir ou du parti triomphant ; c'est la conscience populaire qui se pervertit par l'exemple. Toute notion du bien et du mal, du juste et de l'in-

---

(1) En vertu des traités qui portent le nom général de capitulations, les consuls exercent une juridiction dans la Turquie et dans les pays d'Afrique et d'Asie, qui lui sont soumis, au Maroc, en Perse, au Japon, en Chine, dans le Royaume de Siam.

Empressons-nous de dire que ce régime a disparu dans la plupart de ces pays, tel que le Japon, où il existe un système régulier d'administration de la justice.

Le droit de rendre la justice étant un des droits essentiels de la souveraineté, c'est donc l'indépendance d'un pays qui est en péril, quand il n'a pas la *potestas judicandi*.

juste, du droit et de l'abus disparaît en elle et fait place au cynisme absolu. C'est le triomphe du puissant et du riche, l'immolation du faible et du pauvre, jusqu'à ce que le pauvre et le faible se révoltent et vengent dans le sang leurs justes griefs. »

Nous n'en sommes pas là, fort heureusement.

Mais est-ce à dire que nous avons un système judiciaire qui offre tant aux juges qu'aux justiciables, toutes les garanties d'indépendance et d'impartialité dans la distribution de la justice, de dignité et d'aptitude professionnelle dans la magistrature ?

Non, il s'en faut de beaucoup.

La vérité est que la magistrature haïtienne compte dans son sein des hommes remarquables par le talent et par le caractère à qui l'on fait volontiers hommage d'un respect qu'ils méritent à titre individuel. (1)

Mais cet hommage ne saurait s'étendre à la corporation.

Combien de juges de capacité médiocre sont inférieurs, très inférieurs aux meilleurs avocats qui plaident devant eux !...

Le mode de recrutement du personnel judiciaire, l'insuffisance de traitements, le mauvais état des locaux, le manque de matériel, le manque de livres de sciences juridiques, sont autant de maux dont souffre la justice haïtienne.

Ajoutons à tout cela, l'absence d'un contrôle rigoureux des tribunaux...

Tout récemment, le Chef de la nation haïtienne, le général Antoine Simon, dans une très judicieuse dépêche adressée au Secrétaire d'Etat de la Justice, a eu à faire cette constatation.

« Des doléances, dit-il, me parviennent de toutes parts pour me signaler les lenteurs que les tribunaux

---

(1) Nous rappelons ici l'hommage rendu par M. Mazeau, le premier Président de la Cour de Cassation en France, à la bonne tenue d'une décision judiciaire haïtienne.

mettent dans la solution des affaires soumises à leurs décisions. Je me fais donc un vrai devoir d'attier votre attention sur cet état de choses préjudiciable aux intérêts de la collectivité, afin que, sans plus tarder, vous donniez aux magistrats de l'ordre judiciaire, les avertissements prévus par les lois pour les rappeler au sentiment de leurs devoirs. De toutes les juridictions, on m'adresse des suppliques me demandant d'inviter les juges à mettre plus de célérité dans l'expédition des causes pendantes devant leurs tribunaux.

« Vous avez été témoin, M. le Secrétaire d'Etat, qu'au cours de la tournée que je viens d'effectuer dans les départements du Nord, du Nord-Ouest et de l'Artibonite, j'ai eu lieu de constater personnellement que, depuis près de trois ans, les commissaires du Gouvernement des juridictions que j'ai visitées, négligent de convoquer les tribunaux pour tenir des assises criminelles et que les juges d'instruction, de leur côté, ne mettent pas moins de négligence dans l'instruction des procédures qui leur sont confiées. Ces magistrats se croient en droit de rester six mois, parfois une année, sans en rendre compte à la Chambre du Conseil, alors qu'aux termes de l'art. 109 du Code de l'Instruction criminelle, combiné avec ceux 1, 2, 3, etc., de la loi sur la longueur de l'instruction criminelle, ils doivent le faire tous les huit jours. Si je me plais à lire quotidiennement les lois du pays, c'est pour me mettre à même de contrôler ceux qui sont placés pour rendre la justice... »

Après avoir énuméré les textes de lois dont elle demande une rigoureuse application contre les magistrats négligents, son Excellence le Président de la République conclut :

« A quoi serviraient les lois si leur sanction ne devait s'appesantir sur ceux qui, placés par la nature de leurs fonctions à les appliquer ou à veiller à leur saine application, ne faisaient qu'éluder les lois organiques ? » (1)

---

(1) Voir le *Moniteur* du 8 Janvier 1910.

On le voit bien, tout cela appelle impérieusement une réforme, et la réforme pour être efficace, doit être intégrale.

* *
*

L'ouvrage que nous présentons ici au public est une contribution à cette œuvre de réforme générale.

Nous y avons traité de l'organisation judiciaire civile, en laissant de côté l'organisation judiciaire criminelle. (1)

- C'est l'étude en ses détails, de la loi organique de 1835 et des lois additionnelles qui s'y rattachent avec leurs dispositions obscures.

Nous avons successivement parlé, en faisant appel à l'histoire, des juridictions ordinaires et des juridictions extraordinaires du règlement et de la police des audiences ; du ministère public ; des officiers ministériels, de la procédure commerciale, de l'assistance judiciaire.

---

(1) L'organisation judiciaire criminelle d'un Etat se détache parfaitement de son organisation judiciaire civile. Tandis que celle-ci répond et satisfait à des besoins individuels, celle-là répond et satisfait à un besoin public social. L'organisation criminelle réflète non-seulement le droit criminel, mais encore la constitution politique et les mœurs publics du pays. Nous nous réservons de faire plus tard l'étude de notre organisation judiciaire criminelle, si les dieux nous font des loisirs.

Les progrès apportés par l'adoucissement des mœurs de la civilisation s'accentuent chaque jour chez certains peuples.

Peu à peu les lois sont moins dures, les procédures pénales moins mystérieuses et plus ouvertes, les peines cruelles disparaissent. Chez nous, à part quelques modifications partielles, nous en sommes toujours aux principes des codes pénal et d'instruction criminelle de 1835. On se le rappelle, à la chute du président Boyer, le gouvernement provisoire publia le décret du 22 Mai 1843 qui remania de fond en comble la législation. D'abord, les codes de 1835 avec les deux lois modificatives de 1836 et de 1840 furent abrogés pour être remplacés par les codes de 1826 que le décret remit en vigueur.

On ne tarda pas à sentir la nécessité de revenir à la législation des derniers temps du président Boyer et deux lois promulguées à la même date du 11 Septembre 1845, firent revivre les codes pénal et d'instruction criminelle de 1835 avec la loi du 19 Septembre 1836.

(Voir *De la Police judiciaire et des Tribunaux de simple police*, par Dalbémar Jean-Joseph.

Nous ne nous sommes pas borné à une sèche reproduction des textes.

Au point de vue qui nous occupe, nous extrayons du journal *Le Petit Parisien*, du 21 Novembre 1909, les lignes qui suivent :

« *La leçon d'un grand procès, — On va reformer la justice criminelle. —* Le garde des Sceaux a fait approuver hier par le conseil des ministres, l'institution d'une commission chargée de préparer un ou plusieurs projets de loi en vue de modifications urgentes à la procédure criminelle tant en ce qui concerne l'instruction préalable que les débats devant la cour d'assises.

Cette commission, présidée par le garde des Sceaux, est ainsi composée :

MM. Ribot, sénateur et Cruppi, député, vice-présidents ; Barboux, Baudouin, Blondel, Boulloche, Deligne, Fabre, Fabreguette, Falcimaigne, Garçon, Laurent-Atthalin, Lecherbonnier, Lescouvé, Le Pottevin, Monier, Henri Robert, et Sauvajol, membres de la commission ; Bouchardon, Dubois et Gilbert, secrétaires.

Dans un rapport au Président de la République Française, le garde des Sceaux expose en ces termes les raisons pour lesquelles est instituée cette commission :

Quoique des lois importantes et quelques-unes d'une date récente, aient apporté d'heureuses modifications dans l'organisation de notre justice criminelle, elle n'en reste pas moins, dans certaines de ces dispositions, surannée, inutilement complexe et impropre aux conditions d'une recherche impartiale de la vérité.

L'opinion publique s'est vivement émue, et trop souvent avec raison, des lenteurs, des contradictions et des dangers d'un mode d'instruction qui n'est plus, à vrai dire, ni public, ni secret, et qui, sans en présenter les avantages, réunit les inconvénients des deux systèmes

Elle n'a pas été moins frappée des insuffisances de la procédure devant la cour d'assises, où il apparaît, avec une évidence de plus en plus grande, que les rôles respectifs des parties en présence ne répondent plus aux nécessités de la justice criminelle rendue loyalement en commun. Il est temps de réaliser, à ce double point de vue, des réformes indispensables.

Une commission, peu nombreuse, pour agir vite, mais fortement constituée pour proposer avec compétence et autorité les modifications urgentes, pourrait faciliter, par la préparation d'un ou plusieurs projets de loi, la tâche du gouvernement et du parlement.

La revision de 1897. — Il y a lieu de rappeler ici que la dernière réforme importante de l'instruction criminelle remonte à la loi du 8 Décembre 1897.

Le rapporteur, au Sénat, en fut M. Jean Dupuy ; le président de la commission fut M. Constans, qui était lui-même l'auteur d'une proposition.

Ce texte, on le sait, a complètement remanié les règles adoptées jusque-là en matière d'information criminelle et que consacrait le code de 1808.

En 1879, M. Le Royer, garde des Sceaux, avait élaboré un projet qui reprenait 211 articles du code et qui, sans aller jusqu'au régime accusatoire admis par la Convention, supprimait la procédure inquisitoriale et la remplaçait par la procédure contradictoire.

Désormais, l'avocat pouvait assister dans le cabinet du juge à la plupart des actes de l'instruction en compagnie du ministère public. Par ailleurs, la mise au secret était strictement limitée.

Ce texte fut modifié par le Sénat et transmis à la Chambre dans son nouveau libellé en 1882.

Nous avons, sans préférence, adopté l'exposé doctrinal et synthétique, ainsi que la méthode exègétique, selon que l'interprétation des textes offre plus ou moins de difficultés.

Nous n'avons pas manqué, chemin faisant, de signaler les réformes introduites dans certaines législations étrangères et celles qui pourraient convenir à la nôtre.

En terminant, nous pouvons le dire sans présomption, ce n'est qu'après un travail opiniâtre que nous sommes parvenu à mettre ce livre au jour.

Que le public soit indulgent pour les contradictions et les erreurs qui ont dû nous échapper. Notre but a été de faire œuvre utile.

« La route est rude, semée plutôt de cailloux que de fleurs, indéfiniment longue. Il est bon d'ailleurs qu'il en soit ainsi. » (1)

Non licet omnibus adire Corinthum.

JOSEPH JUSTIN
Avocat,
Directeur de l'École Nationale de Droit
de Port-au-Prince.

PORT-AU-PRINCE, Janvier 1910.

De cette dernière date, jusqu'en 1894, la commission nommée prolongea ses délibérations sans aboutir à une conclusion définitive.

Pour couper court à tout délai, un certain nombre de sénateurs décidèrent de proposer un texte très court en laissant de côté un grand nombre d'articles litigieux.

On pensait, d'ailleurs, en ce moment, que la Chambre des députés entamerait à bref délai l'examen de la refonte intégrale du code.

C'est ainsi qu'on réussit, en 1897, à établir les quelques règles nouvelles dont l'ensemble est généralement désigné sous le nom d'instruction contradictoire.

Dans ces derniers temps, un certain courant d'idées s'était manifesté en faveur de l'introduction en France d'un système d'information analogue à celui de l'Angleterre ; l'instruction se serait faite, en quelque sorte, à l'audience, entre l'avocat et le parquet, armés de pouvoirs égaux, le président dirigeant seulement les débats, en donnant la parole tour à tour au procureur et au défenseur.

Lorsque M. Briand était garde des Sceaux, il avait déjà manifesté l'intention de mettre la question à l'étude. Mais sans doute d'autres problèmes de diverse nature solliciteront encore l'attention de la commission nommée hier. »

(1) Préface des Tables générales du *Journal du Droit international privé,* par Edouard Clunet.

DE L'ORGANISATION JUDICIAIRE

EN HAÏTI

CHAPITRE PREMIER

Considérations Générales

SOMMAIRE :

L'organisation judiciaire civile. — Les tribunaux de droit commun. Les tribunaux d'exception. Il n'y a pas d'autre juridiction, et il ne peut en être établi qu'en vertu d'une loi. — Nul ne peut être distrait de ses juges naturels. — La peine de mort est abolie en matière politique (en note). — Pourquoi les tribunaux d'appel n'existent pas dans notre organisation de la justice ordinaire ? Il est vrai qu'on peut appeler du jugement rendu en justice de paix. — Opinion de M. Dabelmar (Jean-Joseph). Opinion de l'auteur. — La loi du 27 Ventôse an VII. Le décret du 6 Juillet 1810 règle en France la composition des cours d'appel. En Haïti, les tribunaux civils sont les seuls à avoir la plénitude de juridiction. L'historique de ces tribunaux. — Haïti a conquis son indépendance le 1er Janvier 1804. Moreau de Saint-Méry a montré comment la justice était administrée dans l'ancienne colonie française. L'édit du mois d'Août 1684 créa un Conseil souverain au Petit-Goâve avec quatre sièges royaux pour juger en première instance. Le lendemain de l'Indépendance, la Constitution impériale de 1805 créa six tribunaux civils. — En 1861, les tribunaux civils de Santo-Domingo et de Saint-Yague cessèrent de relever de notre administration judiciaire. — Notre organisation judiciaire se rattache, au point de vue de la juridiction territoriale, aux divisions administratives. — Le tribunal de la Seine. On parle en France de la suppression d'un certain nombre de tribunaux de première instance. — Le projet de loi sur l'organisation des cours et tribunaux. — En Angleterre, l'organisation judiciaire est très défectueuse. Chambre des Pairs. Cour de Chancellerie. Cour de la Chambre de l'Echiquier. Le caractère le plus frappant de la magistrature anglaise est le petit nombre de juges rétribués qui la composent. Le Jury joue un rôle considérable dans l'administration de la justice civile et criminelle. L'ordonnance : *Venire facient juratores*. — Le jury est la caricature de la justice enseigne-t-on. — Opinion de M. Glasson. — Une Commission est chargée de codifier les lois en vigueur dans le Royaume-Uni. — Le système judiciaire des Etats-Unis est en général calqué sur celui de l'Angleterre. — La réforme judiciaire chez les nations civilisées, c'est la grande affaire. — Il est des pays qui publient des Codes d'organisation judiciaire. — Le Code russe. — Le Code allemand. — Organisation judiciaire du Japon. Ce pays possède aujourd'hui une juridiction homogène et des plus intelligentes.

I

Notre législation sur l'organisation judiciaire est assez compliquée ; elle a le grand défaut d'être éparse dans un grand nombre de textes.

Voici, dans l'ordre des dates, les différentes lois qui ont été portées sur cette importante matière ; elles sont au nombre de cinq :

1° La loi organique du 7 Juin 1805 ;

2° La loi du 24 Août 1808 qui abrogea la précédente ;

3° La loi organique du 15 Mai 1819 qui, à son tour, abrogea celle de 1808 ;

4° La loi du 13 Février 1826 qui rapporta celle de 1819 ;

5° La loi organique du 9 Juin 1835.

C'est cette cinquième et dernière loi, ainsi que les changements et additions qui y ont été faits par des lois subséquentes, que nous allons étudier dans cet ouvrage. — Il ne va être donc ici question que de l'organisation judiciaire civile.

II

Notre organisation actuelle de la justice civile comprend deux classes de tribunaux :

1° Les tribunaux de droit commun ;

2° Les tribunaux d'exception.

Les tribunaux de droit commun sont des tribunaux civils qui forment la juridiction civile ordinaire et qui connaissent de tous les litiges non attribués aux juridictions spéciales.

Les tribunaux d'exception sont les justices de paix et les tribunaux de commerce. Ces tribunaux sont des juridictions spéciales, c'est-à-dire ils prononcent seulement sur les affaires qui leur sont spécialement attribuées par la loi.

Il n'y a pas d'autre juridiction et il ne peut en être établi qu'en vertu d'une loi. L'art. 129 de la constitution de 1889 qui consacre ce principe ajoute : « Il ne peut être créé de tribunaux extraordinaires sous quelque dénomination que ce soit, notamment sous le nom de cours martiales » (1).

Ceci est la conséquence de cet autre principe consacré également par la même constitution : « Nul ne peut être distrait des juges que la consti-

---

(1) Les cours martiales sont des tribunaux militaires qui prononcent sans appel des sentences de mort.

tution ou la loi lui assigne ». Ce qui veut dire que les juges naturels d'un citoyen sont ceux que la loi lui donne à raison. de sa profession ou de l'acte dont il s'est rendu coupable.

Ces textes constitutionnels écartent donc les tribunaux d'exception proprement dits, c'est-à dire ceux qui « sont constitués et choisis en vue d'un crime et d'un accusé ». (1)

« Les juridictions d'exception, inévitable attribut des régimes d'autorité, disparaissent dès que les peuples s'éveillant à la liberté, font de l'égalité de tous les citoyens devant la loi, la règle constitutionnelle ». (2)

III

Pourquoi les tribunaux d'appel n'existent pas dans notre organisation de la justice ordinaire ? Pour répondre à cette question, il faut remonter dans le passé, aux sources du droit haïtien.

Aux termes de l'art. 140 de la constitution de 1806, le tribunal civil prononçait en dernier ressort, dans les cas déterminés par la loi, sur les appels des jugements, soit des juges de paix, soit des arbitres, soit des tribunaux d'un autre dépar-

---

(1) Il n'est pas non plus permis d'appliquer les peines non prévues par la loi. Par exemple, d'après l'art. 20 de la constitution de 1889, la peine de mort est abolie en matière politique. Conçoit-on qu'un tribunal prononce cette peine rigoureuse pour crimes politiques, au lieu de prononcer celle de la détention pendant trois ou six ans, comme le prescrit la loi du 30 Septembre 1891 ? On conçoit encore moins qu'en méconnaissance de toutes les lois, des citoyens puissent être arrêtés et mis à mort. Car, comme a dit Mme de Staël, « tout homme est innocent avant qu'un tribunal légal l'ait condamné, et quand cet homme serait le plus coupable de tous, dès qu'il est soustrait à la loi, son sort doit faire trembler les honnêtes gens comme les autres ».

(2) Exposé des motifs du projet de loi française de 1907, portant suppression des conseils de guerre en temps de paix.

tement. L'appel des jugements prononcés par le tribunal civil d'un département, ajoutait l'art. 144, devait être porté au tribunal civil des départements voisins. Ces textes ne faisaient que renforcer la loi du 7 Juin 1805, qui avait institué les tribunaux civils juges d'appel les uns à l'égard des autres.

Ce système était assez bizarre. Ainsi, l'appel d'un jugement rendu par un tribunal civil, devait être porté à un tribunal de même degré. Il arrivait forcément qu'un tribunal, hier juge d'appel d'un autre tribunal, voyait son propre jugement réformé par ce dernier. Cette rivalité entre tribunaux du même ordre était, à coup sûr, préjudiciable à la bonne administration de la justice. Pour y remédier, la loi du 24 Mai 1808, créa deux tribunaux d'appel : l'un à Port-au-Prince, l'autre aux Cayes. C'était assurément insuffisant, mais c'était un acheminement vers une organisation complète.

Malheureusement, pour des motifs qui nous échappent, la loi du 15 Mai 1819 supprima ces deux tribunaux. C'était une faute. Aussi, la constitution de 1843 dont le but, semble-t-il, était de tout réformer, ne manqua pas dans son art. 148, de mentionner la création d'un tribunal d'appel au chef-lieu de chaque département. La Constitution de 1867 alla encore plus loin : elle décida dans son art. 146 qu'un tribunal d'appel devait être institué pour un ou plusieurs arrondissements. La constitution de 1879 se contenta de dire, en son art. 141, qu'il serait formé un tribunal d'appel dans chacun des départements du Nord et du Nord-Ouest, de l'Artibonite, de l'Ouest et du Sud. Formule que répéta la Constitution de 1889 en son art. 132.

On le voit, le législateur constituant a toujours reconnu la nécessité de rétablir les tribunaux d'appel dans notre organisation judiciaire. Mais ce n'est, de sa part, qu'une velléité, car aucune loi n'est venue jusqu'ici en réglementer l'institution.

2

Donc l'appel n'existe pas chez nous à l'heure actuelle. Il est vrai qu'on peut appeler des jugements rendus en justice de paix. Mais l'unique article 21 du code de procédure civile qui s'en occupe est si peu explicite qu'on est obligé, pour la procédure, d'avoir recours à la jurisprudence française.

La question qui se pose est celle-ci : la création des tribunaux d'appel, prévue par la Constitution, est-elle opportune ?

Cette question, chacun s'en souvient, avait donné lieu, en Décembre 1892, à la Société de Législation, à de sérieuses discussions.

Voici comment le rapporteur, M. D.-Jean Joseph, s'exprimait à cet égard :

« ...... D'un côté, on a trouvé qu'il y a une utilité à conserver, au moins dans les affaires d'une certaine importance, un recours à la partie qui peut avoir été injustement condamnée.

« Que c'est une garantie que les jugements seront rendus avec une plus scrupuleuse attention. Qu'une première épreuve ayant simplifié l'affaire et éclairci les faits, une nouvelle instruction pourra encore fournir de nouveaux éléments à la discussion.

« Et ainsi l'erreur est moins facile, moins probable. Car, sans appel, il faut que chaque tribunal présente aux justiciables toutes les garanties désirables de science et de lumière, résultat qu'on obtient plus sûrement ou qu'on a plus de chance d'obtenir par le double degré de juridiction.

« D'autant plus que l'appel n'est pas seulement une garantie contre l'erreur ou l'ignorance du juge, mais contre sa partialité.

« D'un autre côté, on dit qu'il y a à craindre que l'institution, donnée comme un recours et une garantie aux justiciables, ne devienne la source d'abus encore plus graves que ceux auxquels on a voulu remédier. ·

« Que ce serait ainsi une complication dangereuse et une charge inutile pour le peuple.

« Que l'appel, après tout, n'est qu'une occasion de frais et de lenteurs, puisqu'il n'y a pas plus de garantie de bien jugé dans la sentence réformée : car il n'est pas prouvé qu'un jugement pour être le dernier, soit pour cela le meilleur.

« Que l'utilité est plutôt d'abréger le plus qu'on peut le procès..... »

Le rapporteur s'étayant sur cette diversité d'opinions conclut « qu'il y a prudence à garder le *statu quo*, au moins pour se donner le temps d'une plus longue réflexion ».

Et l'avis d'ajourner cette création a été adopté par la majorité de la réunion.

Il y a lieu, selon nous, de faire vite disparaître ce vice d'organisation.

Il ne faut pas laisser aux plaideurs l'alternative ou d'accepter un mal jugé ou d'aller en cassation. L'appel — ne l'oublions pas — procure à l'individu le maximum de garantie. Le premier jugement a pu commettre une erreur, une injustice que de nouveaux juges peuvent réparer. Il y a mieux. Quand il y a une hiérarchie établie entre les tribunaux, le deuxième jugement a plus d'autorité que le premier. La possibilité de l'appel fait que les juges sont plus circonspects. Ils étudient mieux l'affaire que s'il n'y avait leur jugement à eux.

Pour ne pas procéder à cette réforme si utile, on présente deux objections :

Il y a manque de fonds et manque de sujets. Il n'est pas vrai de dire aujourd'hui que l'on est arrêté par le manque de sujets pour le recrutement de nos tribunaux. Le fonctionnement régulier de l'Ecole

Nationale de Droit, depuis une vingtaine d'années, permet d'obvier à cette difficulté.

Pour ce qui est de l'insuffisance de nos ressources pécuniaires, qu'on nous permette de nous inscrire en faux, comme on dit au Palais.

« Une dernière raison, ajoute le rapporteur, de ne pas trop se presser, c'est que la connaissance du fond (en sections réunies), lors d'un second recours en Cassation, supplée en quelque sorte au double degré de juridiction ». Finalement, il propose de déférer au Tribunal de Cassation les attributions des juges d'appel en certains cas déterminés. Nous, au contraire, nous voyons une raison de plus pour qu'on se presse de créer des tribunaux d'appel. En étendant les pouvoirs du Tribunal de Cassation, c'est-à-dire en lui permettant de suppléer au double degré de juridiction, nous dénaturons le caractère de leurs juges en en faisant des Juges du fait.

De plus, nous arriverons à créer un unique tribunal d'appel.

En France, depuis la loi du 27 ventôse an VII, ce système existe et fonctionne comme il convient. Il y a vingt-six cours d'appel (en y comprenant la Corse) dont la fonction principale est de juger en appel les décisions rendues par les tribunaux de première instance et de commerce. Le décret du 6 Juillet 1810, en règle la composition. Elles se composent d'un nombre variable de juges suivant leur importance. Les juges s'appellent des *conseillers* et leurs jugements, des arrêts. Le même décret divise les cours d'appel en chambres ou sections. Chaque cour est présidée par un premier président et compte autant de présidents qu'il y a de chambres, nommés à vie et pouvant être choisis hors la cour où ils doivent présider. Les cours ont au moins trois chambres : une chambre civile, une chambre correctionnelle et une chambre de mise

·en accusation. Des règlements d'administration publique peuvent, selon le cas, supprimer des chambres ou en créer de nouvelles. Les cours connaissent, outre des décisions rendues par des tribunaux inférieurs, des ordonnances de référé, des sentences arbitrales dans les cas déterminés par l'article 1023 du code de procédure civile. Comme juge du premier degré, leur juridiction s'exerce en matière d'évocation (art. 473 code de procédure civile), en matières de règlements de juges, de prises à partie, de demandes en réhabilitation des faillis (art. 610 code de commerce). Indépendamment des audiences ordinaires et solennelles, les cours se réunissent en assemblée générale lorsqu'elles ont à statuer en matière disciplinaire.

IV

Nous venons de le voir, les tribunaux d'appel n'existent pas dans notre système judiciaire. Par conséquent, les tribunaux civils sont les seuls à avoir la plénitude de juridiction, *juridictio plenior*. (1)

Avant d'exposer leur organisation, nous allons en retracer rapidement l'historique et indiquer les lieux où ils sont établis.

---

(1) A Rome, on désignait par *juridictio plenior*, le pouvoir des magistrats ordinaires et par *juridictio mimus plena*, celui des magistrats municipaux (Pothier in Pandectas). Dans le droit moderne, la pleine juridiction comprend à la fois le droit de juger et le droit d'exécuter les jugements. Les juges ordinaires ont la plénitude de juridiction. Il n'y a qu'eux, dit Loyseau, qui soient vrais magistrats ayant seuls puissance ordinaire ; juridiction entière et vrai *détroit de territoire*. « Tandis que les juges extraordinaires ont une compétence strictement limitée aux matières qui leur sont assignées. Ils ont plutôt, dit encore Loiseau, une simple notion ou puissance de juger. » Le mot de juridiction sert encore à désigner le droit qu'a un tribunal de connaître d'une affaire. Dans ce cas, on distingue plusieurs degrés ou plusieurs ressorts, parce que la connaissance d'une affaire n'est pas toujours confiée à un seul tribunal.

Chacun le sait, Haïti a conquis son indépendance le 1er Janvier 1804. C'est donc à partir de cette époque qu'elle a eu le pouvoir de faire des lois, d'établir des tribunaux.

Moreau de Saint-Méry dans son ouvrage : *Description de la partie française de l'Ile de Saint-Domingue*, a montré comment la justice était administrée dans l'ancienne colonie française. Nous y jetons un coup d'œil rapide.

« ... Dans l'origine de l'établissement de la colonie française de Saint-Domingue, les chefs des aventuriers et des flibustiers étaient les seuls juges dès différends, et ces chefs réunissaient tous les pouvoirs. Le 11 Octobre 1664, le roi établit trois conseils supérieurs à Saint-Christophe, à la Martinique et à la Guadeloupe, pour juger les appels des juges que la compagnie des îles de l'Amérique y avaient, mais il ne fut point question de Saint-Domingue qui resta sans juges et sans conseils comme par le passé.

« Enfin, vers 1680, on imagina d'y former une espèce de corps judiciaire. Il se composait des officiers majors nommés par le roi et de ceux des milices, à défaut desquels on appelait les notables des habitants. Ce tribunal qui jugeait en première et dernière instance et qui appelait ses décisions des arrêts, s'assemblait dans les lieux principaux des différents quartiers où il y avait des affaires civiles et criminelles à juger, et s'intitulait tantôt du mot générique de *Conseil souverain de Saint-Domingue*, tantôt de celui de conseil souverain du lieu où il s'était assemblé ; de sorte qu'on vit des arrêts du *Conseil du Petit-Goâve*, du *Conseil de Léogâne*, du *Conseil de Nippes*.

« MM. Saint-Laurent et Orégon, administrateurs généraux des îles sous le vent, qui vinrent à Saint-Domingue en 1684, proposèrent de constituer réellement un ordre judiciaire, et c'est en conformité de leur demande que l'édit du mois d'Août 1684 créa un conseil souverain au Petit-Goâve avec quatre sièges royaux pour juger en première instance. L'un de ces sièges fut mis au Cap. L'édit de sa création lui donne un sénéchal, un lieutenant, un procureur du roi et un greffier, et pour ressort tout ce qui s'étend depuis le Port-Français jusqu'aux limites de la partie septentrionale de la Colonie dans l'Est.

« Plus tard, son ressort s'est étendu dans l'Ouest et comprenait treize paroisses : Limonade, Ste-Rose, Quartier-Morin, Dondon, Marmelade, Petite-Anse, Cap, Plaine du Nord, Acul, Limbé, Plaisance, Port-Margot et Borgne. La nomenclature de ce territoire n'a été fixée par aucune loi, mais par la convenance et par une espèce d'induction. En 1774, la paroisse du Borgne, de la sénéchaussée du Port-de-Paix, fut réunie à celle du Cap. La sénéchaussée du Cap fut installée au mois de Juin 1686. En 1708, on créa un lieutenant à ce tribunal et trois conseillers en 1787. La multiplicité des fonctions du procureur du roi lui fit donner un substitut le 13 Octobre 1737 ; depuis, on a successivement établi quatre substituts. Il y avait aussi un substitut à la résidence dans chaque paroisse dépendante de la sénéchaussée. Il y avait un greffier et trois commis et un audiencier qui portait une baguette noire garnie d'ivoire et marchait à la tête du tribunal aux cérémonies publiques... »

Cette organisation dura donc jusqu'en 1804, époque à laquelle le cri d'indépendance et d'égalité fut poussé.

Le lendemain de l'Indépendance, la Constitution impériale de 1805 créa six tribunaux civils séant à St-Marc, au Cap, à Port-au-Prince, aux Cayes, à l'Anse-à-Veau et à Port-de-Paix. Sous la Constitution de 1806, c'était le Sénat qui déterminait le nombre des tribunaux civils dans chaque département. Celle de 1807 établissait un tribunal dans chaque division.

Aux termes de la loi organique du 9 Juin 1835, les tribunaux civils sont établis à Port-au-Prince, à Jérémie, aux Cayes, à Jacmel, à Santo-Domingo, à Saint-Yague, au Cap-Haïtien et aux Gonaïves. La loi du 31 mars 1846 modifia cet article en portant le rétablissement du tribunal civil de Port-de-Paix. Ainsi, de huit le nombre des tribunaux civils fut élevé à neuf.

Treize ans plus tard, la loi du 19 Mai 1845 détacha du ressort du tribunal civil du Cap-Haïtien la commune de St-Michel, de la Marmelade et de Hinche pour les comprendre dans celui du tribunal des Gonaïves. La loi du 31 Août 1906 attacha de nouveau au département du Nord ces arrondissements. (1)

En 1861, la partie de l'Est de l'île étant devenue colonie espagnole, et le fait ayant été reconnu par la République d'Haïti, les tribunaux civils de Santo-Domingo et de Saint-Yague cessèrent de relever de notre administration judiciaire.

Conséquemment, de neuf qu'il était, le nombre de nos tribunaux civils retomba à sept. Pour remplacer ces deux tribunaux civils, on rétablit ceux de l'Anse-à-Veau et d'Aquin qui avaient été supprimés dans l'intervalle. Revenu encore à neuf, le nombre fut porté à dix par la loi du 22 décembre 1875 qui rétablit plutôt qu'elle ne créa le tribunal civil de Saint Marc. Resté tel jusqu'à la loi du 11 Août 1896, le nombre fut élevé à onze par la création d'un tribunal civil au Petit-Goâve. Quant au tribunal de Fort-Liberté qu'on vient de créer ré-

---

(1) Une nouvelle loi (1909) vient de faire retour au département de l'Artibonite des arrondissements de Hinche et de la Marmelade.

cemment, il ne peut être compris dans cette nomenclature, par la bonne raison qu'il ne fonctionne pas, faute, prétend-on, de ressources pour l'installation de son personnel. C'est le tribunal civil du cap Haïtien qui, d'après la loi du 4 Août 1904, est chargé de connaître des affaires de cette juridiction.

En résumé, la République compte, en ce moment, onze tribunaux civils qui sont établis dans les arrondissements ci-après : Port-au-Prince, Jacmel, Petit-Goâve. Cap-Haïtien, Port-de-Paix, Gonaïves, Saint-Marc, Cayes, Jérémie, Anse à Veau, Aquin. Ces tribunaux connaissent de toutes les affaires civiles dont la valeur excède P. 150. Ils jugent aussi des affaires commerciales et maritimes, là où il n'y a pas de tribunaux de commerce. (1)

Notre organisation judiciaire se rattache, au point de vue de la juridiction territoriale, aux divisions administratives.

La République est divisée en départements ; les départements en arrondissements et, d'après la Constitution, un tribunal civil est institué pour un ou plusieurs arrondissements (2). Cette division sert exactement de base, à la division admise pour l'ordre administratif. De même qu'il est laissé au

---

(1) En France, tout tribunal d'arrondissement, juge en premier et dernier ressort les affaires civiles en matière mobilière depuis 610 francs, somme à laquelle s'arrête la compétence du juge de paix, jusqu'à 1.500 fr., le principal inclusivement en matière immobilière, toutes les fois que le revenu de l'immeuble ne dépasse pas par année 60 francs, d'après un bail où un contrat de rente perpétuelle. (loi du 11 Avril 1838). Au-delà de ces sommes, le tribunal d'arrondissement ne statue plus qu'en premier ressort et à charge d'appel à la Cour. Glasson, Proc. civ., t. Ier, 2e édition.

(2) Il y a 5 départements et 27 arrondissements, pour toute la République.

législateur, la faculté d'établir des administrations financières dans des arrondissemeuts qui, par leur mouvement d'affaires, deviennent des centres importants, de même, pour répondre aux besoins des justiciables, il peut instituer de nouveaux tribunaux civils dans ces mêmes arrondissements. Par exemple, le Môle Saint-Nicolas qui, vu son importance, vient d'être placé sur le même pied que les autres circonscriptions administratives de la République, possédera, à n'en pas douter, un tribunal civil, et cela pour la même raison.

En France, la division judiciaire est également calquée sur la division administrative. Les départements sont divisés en arrondissements et il existe un tribunal civil au chef lieu de chaque arrondissement. Il y a exception à ce principe pour le département de la Seine.

En effet, il n'y existe qu'un tribunal civil siégeant à Paris. Aussi l'appelle-t-on pour ce motif *tribunal de la Seine* et non le tribunal de Paris. Disons, dans le même ordre d'idées, que l'on critique le terme de tribunaux de première instance que l'on applique aux tribunaux civils d'arrondissement, appelés originairement *tribunaux de districts*. On dit que cette dénomination manque d'exactitude. Car il est certaines affaires dans lesquelles ces tribunaux sont juges, non seulement de première, mais aussi de dernière instance, et ils sont, en outre, juges d'appel pour les sentences rendues par les juges de paix. Par esprit d'imitation, notre Constitution de 1843 employait aussi la dénomination de tribunaux de première instance, mais, depuis la Constitution de 1846, le terme pur et simple de tribunaux civils est le seul employé, et c'est, à notre avis, ce qui convient le mieux. On objecte, cependant, que ce terme n'est pas exact, puisque les tribunaux civils ont aussi des attributions correctionnelles et commerciales.

Depuis quelque temps, on parle, en France, de la suppression d'un certain nombre de tribunaux de première instance. Leur trop grand nombre (il y en a 359) nuit, dit-on, à la valeur du personnel judiciaire, parce que beaucoup d'entre eux étant insuffisamment occupés, les juges appelés à en faire partie n'acquièrent qu'une expérience incomplète, et perdent même les connaissances qu'ils avaient auparavant.

Nous signalons, en passant, le projet de loi sur « l'organisation des cours et tribunaux » que l'on a distribué tout récemment à la Chambre française. Ce projet tel qu'il est conçu, réalise de notables progrès dans la magistrature. Il contient quatre catégories de dispositions. La première est relative à la composition des tribunaux et des cours et au traitement des juges suppléants ; la seconde, au mode d'entrée dans la magistrature ; la troisième, à l'avancement ; la quatrième, au déplacement des magistrats.

Pour entrer dans la magistrature, les candidats doivent subir avec succès les épreuves d'un examen professionnel dont les conditions seront fixées par un règlement d'administration publique. Les jeunes gens qui auront subi avec succès cet examen, pourront être nommés aux fonctions de juges suppléant ou d'attaché titulaire à la chancellerie. Mais il y a exception pour une catégorie de personnes, qui, par la nature de leurs fonctions, pourront d'emblée entrer dans la magistrature.

En ce qui concerne la composition des tribunaux et des cours, le projet décide que désormais les arrêts des cours d'appels pourront être rendus par trois magistrats au lieu de cinq.

Les magistrats en exercice ne pourront avancer qu'après trois ans de service. Désormais, un juge, un conseiller, ne pourra être déplacé sans son consentement, même pour occuper un poste équivalent. Cependant, si le garde des sceaux estime que le déplacement est devenu nécessaire, cette mesure ne pourra être prise qu'après avis conforme d'une commission spéciale composée des deux chefs de la cour de Cassation, de deux conseillers de la même cour et d'un directeur au ministère de la justice.

En Angleterre, l'organisation judiciaire est très défectueuse. « Le nombre multiplié de juridictions, les distinctions souvent subtiles établies par l'usage, la faculté laissée aux parties de changer, dans un certain nombre de cas, de compétence établie par la loi ; la diversité des cours appelées parfois dans une même ville, à juger les mêmes affaires sont autant d'obstacles qui s'opposent à la prompte intelligence de ce système ».

Nous donnons ci-après la nomenclature des principales cours qui composent les divers degrés des juridictions civiles :

1° *Chambre des pairs.* — C'est la cour suprême de justice devant laquelle on peut porter en appel les jugements de toutes les cours du royaume ;

2° *Cour de Chancellerie.* — Elle prononce sur plusieurs points de la loi commune, mais plus souvent comme cour d'équité ;

3° *Cour du banc du roi.* — Elle est le tribunal suprême de la loi commune du royaume ; elle étend sa juridiction sur les tribunaux inférieurs ;

4° *Cour des plaids communs.* — Comme celle de tous les tribunaux de Westminster, sa juridiction embrasse toute l'Angleterre et s'étend sur toutes les causes civiles personnelles, mobilières ou immobilières ;

5° *Cour de la Chambre de l'Echiquier.* — C'est

la réunion des deux ou trois cours de Westminster, pour juger en appel des décisions de l'une d'elles, ou pour discuter les points de droit controversés.

Le caractère le plus frappant de la magistrature anglaise est le petit nombre de juges rétribués qui la composent. Il n'y a pas longtemps, on ne comptait, pour toute l'Angleterre, que douze juges dont le siège était à Londres. C'étaient des juges ambulants. Ils faisaient des tournées et tenaient des assises dans chaque comté.

A la tête de la magistrature, se trouvent le lord haut chancelier, conseiller en chef de la couronne, président de la chambre des lords et de la cour de chancellerie, membre du conseil privé et du cabinet ; le vice-chancelier, et les lords juges des cours supérieures.

Au-dessous des lords juges, sont les juges des cours de comté et des cours de police.

A côté du corps judiciaire rétribué, se trouvent les magistrats qui exercent des fonctions gratuites. Ce sont les juges de paix ou *magistrats (justice of peace or magistrates)*, choisis, en nombre illimité, parmi les propriétaires fonciers résidant sur leurs terres.

Après la magistrature, il faut placer le jury qui joue un rôle si considérable dans l'administration de la justice civile et criminelle.

Un livre, appelé *Juror's book* contient le nombre des personnes capables de remplir les fonctions de juré. Les listes sont dressées par les *sheriffs*, également chargés de convoquer le jury en vertu de l'ordonnance *venire facient juratores...* Chacune des parties a le droit de demander que la cause soit jugée par le jury, lorsque la somme en litige est de 125 francs au moins ; si la somme est inférieure, le juge peut rejeter cette demande.

Le jugement par jurés doit être réclamé trois jours au moins à l'avance ; la partie qui le demande doit consigner une somme de 6 fr. 25 pour les frais qui en sont la conséquence. Dix citoyens figurant sur la liste des jurés sont alors convoqués ; les parties ont le droit de faire cinq récusations, et le jury se compose de cinq membres ; les verdicts doivent nécessairement être rendus à l'unanimité. (1)

On critique l'intervention du jury en matière civile. On dit que si les jurés sont capables de résoudre les questions de fait, ils sont incompétents pour résoudre les questions de droit, faute de connaissances juridiques. On va encore plus loin. Le jury est la caricature de la justice, enseigne-t-on. « Il n'a, pour éclairer son verdict, ni la pénétration du moraliste, ni la science professionnelle du magistrat. Il prononce, il est vrai, avec sa conscience et sa raison, mais aussi avec son ignorance, sa passion, son intérêt ou ses lubies ». Donc, il ne doit pas être admis, même en matière criminelle. Ceux qui admettent l'intervention du jury en matière répressive, argumentent comme suit : « Ce qui fait l'excellence des jurés, c'est qu'ils sont les juges les plus indépendants qu'on puisse imaginer. Juges d'un jour ou d'une heure, remplissant une charge et ne briguant point un honneur, ils n'ont rien à craindre et rien à espérer ni du pouvoir exécutif, ni du peuple ; simples citoyens qui, dès demain, dès aujourd'hui, vont rentrer dans le rang, ils sentiront vivement la force du droit individuel, et, mieux encore que le serment qu'ils prêtent et qui leur a donné leur nom, ce sentiment fera d'eux des fidèles interprètes de la justice ». Ce qui est vrai, c'est que cette institution qui fonctionne à Rome depuis une haute antiquité

---

(1) De Franqueville : *Les Institutions judiciaires de l'Angleterre*.

(judex unus, arbitor, recuperatores), décline visiblement de nos jours.

« Même en Angleterre, dit M. Glasson (1), le jury civil est en pleine décadence ; il est, en effet, devenu purement facultatif devant la Haute Cour de Londres et devant les cours de comtés ; ces juridictions ne jugent avec assistance du jury qu'autant qu'une des parties le demande. Quant à la Cour d'appel, elle siège toujours sans jury. »

A l'heure actuelle on procède, en Angleterre, à un travail de refonte et d'amalgamation. Une commission est chargée de codifier les lois en vigueur dans le Royaume-Uni. Elle fonctionne sous la direction de l'éminent jurisconsulte Willy Chitty.

Le système judiciaire des Etats-Unis est en général calqué sur celui de l'Angleterre ; mais quelques réformes heureuses y ont déjà débrouillé l'affreux chaos des lois anglaises. Voici, en quelques lignes, l'organisation fédérale judiciaire des Etats-Unis. Il y a une cour suprême siégeant a Washington, des cours de circuit et des cours de district. Chose curieuse à noter, c'est que les juges de la Cour suprême qui ne siègent que pendant six mois (d'Octobre à Mai) siègent aussi pendant les autres six mois dans la cour de circuit. Les juges de district ont également la faculté de siéger dans la cour de circuit. Il en résulte de graves inconvénients : d'une part, la solution des litiges pendants devant la cour suprême est indéfiniment retardée par cela seul que la juridiction de la cour est suspendue en fait pendant une moitié de l'année, de l'autre, il résulte une certaine confusion et un certain désordre dans l'exercice de la justice de ce fait que le même juge siège dans des cours différen-

---

(1) Cité par Eismein : *Eléments de Droit constitutionnel.*

tes (1). La loi du 3 mars 1891 qui établit des cours d'appel de circuit essaie de remédier à cet état de choses. Cette loi qui est, dit-on, l'aurore d'un remaniement complet des institutions judiciaires fédérales (2).

Pour en finir avec ces considérations générales, disons que la réforme judiciaire chez les nations civilisées, c'est la grande affaire. En effet, le plus impérieux, le mieux senti de tous les besoins sociaux : *le besoin de la justice* préoccupe aujourd'hui tous les esprits. Partout on veut avoir une organisation judiciaire répondant aux exigences de la civilisation moderne ; partout on veut établir une justice intelligente et sûre, une justice offrant des garanties suffisantes de savoir et d'impartialité. Il est des pays qui publient de véritables codes à cet égard.

Nous avons le code d'organisation judiciaire russe de 1864 ; le code d'organisation judiciaire allemand.

L'Autriche-Hongrie a publié le 27 Novembre 1896 une loi très importante sur ce sujet. Cette loi véritable code de la matière, ne compte pas moins de 98 articles. La Suède, la Belgique, la Suisse, tous les pays des Balkans, tous les Etats Sud-Américains nomment des commissions pour l'étude de leur législation, tous témoignent d'une sérieuse activité juridique.

Le Japon, puisqu'il faut le nommer, ayant com-

---

(1) *Annuaire de législation étrangère* année 1891.

(2) Chicago, 17 Septembre 1909. — M. Taft, président des Etats-Unis, a prononcé un discours dans lequel il déclare que pour le moment, la question la plus importante pour le peuple est la réforme de l'administration de la justice, Il se propose de recommander au Congrès la nomination d'une commission pour travailler à la revision des lois. (*Nouvelliste*, 20 septembre 1909, Port-au-Prince).

pris que la justice est un des attributs essentiels de
la souveraineté, s'en est occupé très sérieusement.
Parmi les réformes qui s'y sont accomplies depuis 30
ans, il n'en est certes pas de plus complète et de plus
radicale que celle de la législation et de l'organisation
judiciaire de ce pays.... Les détails de l'organisation
judiciaire sont fixés dans la loi du 2 février 1890. Le
Japon possède actuellement : 1 cour de cassation, 7
cours d'appel, 49 tribunaux de départements, 298
tribunaux de commerce et 1.201 tribunaux détachés
de ces derniers (1). Nous devons ajouter qu'une commission dite commission de Codes, a procédé à une
refonte complète des codes civil et de commerce
japonais. Ce pays qui a vécu durant des siècles avec
un système de justice emprunté aux plus vieilles
coutumes de la Chine, possède aujourd'hui une juridiction homogène et des plus intelligentes (2).

---

(1) Henry Dumoulard, *Le Japon politique, économique et
social* (Armand Colin).

(2) Chez les Hébreux, trois tribunaux formaient leur hiérarchie judiciaire : le tribunal ordinaire, le conseil des anciens et le grand conseil. Le tribunal ordinaire n'était qu'un
tribunal arbitral. Il se composait de trois juges. Parmi ces
trois juges, deux étaient choisis par les deux plaideurs, qui en
nommaient chacun un ; le troisième juge était désigné par
les deux juges nommés, mais il ne pouvait être choisi que
parmi les hommes d'une science et d'une probité reconnues.
Le tribunal des anciens des villes, composé de vingt trois
membres, connaissant des contestations qui soulevaient une
question sur le sens de la loi. Le grand conseil ou Sanhédrin
avait des attributions judiciaires qui consistaient à interpréter souverainement et législativement la loi.

A Athènes, la justice émanait particulièrement des archon-
tes, magistrats suprêmes de la république dont la charge
était élective et annuelle. L'appel de leurs jugements était
porté, d'après un loi de Solon, au tribunal des Héliastes. Au
dessus de toutes les juridictions dominait l'Aréopage qui
avait la garde des lois et la surveillance de toute l'administration.

A Rome, dans les premiers temps, le droit souverain de
justice appartient au peuple. Plus tard, la plénitude de la juridiction civile, passa au conseil. Après l'institution du tribunal, l'autorité des consuls subit un démembrement notable
dans le droit qu'ils avaient de rendre la justice. On institua

une magistrature spéciale, celle des préteurs. Il n'y eut qu'un seul préteur ; mais l'affluence des étrangers a Rome ayant augmenté considérablement le nombre des procès, on créa (an 507) un second préteur chargé spécialement de les juger. Le premier préteur prit le nom de *pretor urbanus*, et le second celui de *pretor perigrinus*. Les fonctions judiciaires consistaient à dire le droit *(jus decebat)*.

Après le préteur, venaient les édiles.

Avec l'empire, furent établis les préfets du prétoire. Les plus grands jurisconsultes, les Papinien, les Ulpien, les Paul furent investis de la charge de préfet de prétoire. L'institution des *judices*, véritables jurés, se rapporte à la procédure des actions de la loi et à la procédure formulaire qui la remplaça. Au sommet de l'organisation judiciaire se trouve toujours l'empereur rendant des *rescripta* et des *decreta*. Dioclétien abolit l'*ordo judiciorum*, c'est-à-dire le système formulaire. Outre ces autorités supérieures, il y avait des autorités locales qui rendaient la justice !

1° Le préfet de la ville ; 2° le vicaire du préfet de la ville ; 3° le *præfectus vigilum* ; 4° le *præfectus annonae* (Dalloz 1889).

De fort bonne heure, à Rome, les jurisconsultes furent environnés d'une considération exceptionnelle et la science du droit jouit d'une popularité sans bornes. Ce fait s'explique ainsi : Le barreau étant, sous la République romaine, la voie la plus sûre, la voie ouverte à tous, pour arriver aux honneurs, quiconque se sentait quelque talent de parole cherchait à s'y distinguer pour se désigner aux suffrages du peuple. De là, la nécessité d'une certaine science juridique... D'autre part, les grandes magistratures étaient accessibles à tous, et, dès leur jeunesse, les citoyens de quelque distinction s'y préparaient. De tout cela, il suit que si la science juridique fut jamais nécessaire quelque part ce fut chez les Romains, et, de là, l'immense autorité morale de ceux qui la possédaient d'une manière spéciale (Accarias, *Précis de Droit romain*, t. Ier).

CHAPITRE II

Des Tribunaux civils. — Leur composition

SOMMAIRE :

L'importance du tribunal civil de Port-au-Prince était établie d'après le nombre de jugements qu'il avait rendus dans le courant de l'année 1846. La loi du 30 Août 1905 modifia la composition des tribunaux civils de Port-au-Prince, du Cap-Haïtien, des Cayes et de Jacmel. — Il y aurait avantage à augmenter le nombre des juges des autres tribunaux. — La statistique des jugements rendus, d'après l'exposé général de la situation. En France, le nombre des juges varie suivant l'importance de chaque tribunal. — En ce qui concerne le tribunal de la Seine, il y a une organisation toute particulière. — Quelle est la fonction des juges? — Opinion de Boncenne. — Les juges sont les organes de la loi. — Opinion de Merlin. — Opinion de Berriat Saint-Prix (en note). — Opinion de M. Jules Delafosse. — Comment recruter les juges? — On a déjà essayé, en Haïti, plusieurs systèmes de recrutement. Ailleurs les procédés sont divers. — Mode de nomination en Italie, en Belgique, en Angleterre, au Japon. — Quel est le système le meilleur? — Opinion de M. Jules Delafosse — Opinion de M. Esmein. — Opinion de l'auteur. — C'est à la dévotion du chef du pouvoir exécutif que doit rester le recrutement de la magistrature. — Le chef du pouvoir exécutif nomme les juges ; mais ceux-ci ne doivent pas dépendre de lui. — L'inamovibilité garantit l'indépendance des magistrats. — Opinion de Prévost-Paradol. — L'inamovibilité est-elle un principe constitutionnel? — Opinion de M. Bonnier (en note). — La Constitution de 1879 laissait au Président d'Haïti la faculté, pendant un an, de révoquer les juges des divers tribunaux, afin d'élever la magistrature à la hauteur de sa mission. — En cas d'indignité, ne peut-on pas priver les juges de leur titre? — Le serment que doit prêter

le juge. — La formule consacrée. — Discours du Secrétaire d'Etat de la justice : M. T. Laleau. — Les juges
sont tenus de résider dans la ville où est établi le tribunal dont ils sont membres. — En France le garde des
sceaux seul autorise les congés de plus d'un mois.

I

Ainsi qu'on va le voir, le nombre de juges a
fréquemment varié dans la composition de nos
tribunaux civils. Sous la loi du 9 Juin 1835, chaque tribunal civil se composait d'un doyen, de
quatre juges, de quatre suppléants. La loi du 19
Juillet 1847 la modifia en portant de quatre à six
le nombre des juges du tribunal civil de Port-au-
Prince, non compris le doyen. Pour justifier cette
augmentation du personnel, l'exposé des motifs
s'exprima ainsi : « La capitale de la République
siège du gouvernement, et grand centre de mouvement, réclame pour son tribunal civil un personnel assez nombreux, pour ne pas laisser languir
les affaires qui y sont portées et ne pas nuire, par
conséquent, aux intérêts des justiciables. » En
effet, l'importance du tribunal civil de Port-au-
Prince était établie d'après le nombre de jugements
qu'il avait rendus dans le courant de l'année 1846.
S'il faut en croire l'exposé des motifs, les deux
tribunaux des Gonaïves et de Jacmel, n'avaient
pas jugé cette année, la moitié des affaires que ce
tribunal avait expédiées.

Pour les autres tribunaux civils, la composition
resta la même. L'insuffisance des juges s'étant fait
encore sentir, la loi du 23 Juillet 1877 modifia non
seulement la composition du tribunal civil de Port-
au-Prince, mais aussi celle du tribunal civil du
Cap-Haïtien. Aussi, le nombre de suppléants juges
du tribunal civil de Port-au-Prince fut élevé, de
quatre à six et le nombre de juges titulaires du
tribunal civil du Cap Haïtien, non compris le doyen,

fut porté de quatre à six. Huit ans après, la loi du 17 Octobre 1885 vint changer cette composition, en portant le nombre de juges du tribunal civil de Port-au-Prince de sept à neuf ; celui des suppléants de six à huit. Enfin, par la loi du 30 Août 1905, la composition des tribunaux civils de Port-au-Prince, du Cap-Haïtien, des Cayes et de Jacmel se trouve modifiée comme suit : au lieu de neuf juges, le tribunal civil de Port-au-Prince en compte aujourd'hui douze, non compris le doyen. Le nombre de juges du tribunal du Cap-Haïtien est porté de sept à dix, non compris le doyen ; et celui des tribunaux des Cayes et de Jacmel, de cinq à sept, non compris le doyen (1).

De ce qui précède, il résulte que le tribunal civil de Port-au-Prince, quant à la composition, tient le premier rang. Ensuite, vient celui du Cap-Haïtien. Au troisième rang viennent, en vertu de la récente loi du 30 Août 1905, les tribunaux civils des Cayes et de Jacmel.

Pour ce qui est des tribunaux civils des Gonaïves, de Jérémie, de Port-de-Paix, de Saint-Marc, d'Aquin et de l'Anse-à-Veau, leur composition n'a subi aucun changement depuis la loi du 23 Juillet 1877. Ce qui revient à dire que chacun de ces tribunaux se compose d'un doyen, de quatre juges et de quatre suppléants.

Il y aurait, selon nous, avantage à augmenter le nombre des juges de ces derniers tribunaux, en raison de la multiplicité des affaires qui se présentent devant ces juridictions. La raison en est que ces tribunaux rendent autant de jugements, toutes proportions gardées, que ceux des Cayes et de Jacmel.

---

(1) Il est question d'augmenter de deux juges le personnel du tribunal civil de Jérémie, et de porter à sept le nombre des juges du tribunal de Gonaïves.

Pour qu'on s'en convainque, nous donnons, d'après l'exposé général de la situation de 1906, le nombre des jugements rendus par les tribunaux civils de la République pendant l'année 1905 : Port-au-Prince 359, Cap-Haïtien 173, Cayes 152, Jacmel 96, Gonaïves 161, Jérémie 95, Port-de-Paix 38, Saint-Marc 119, Anse-à-Veau 130, Aquin 86, Petit-Goâve 100. Ainsi, de cette statistique, il ressort que le tribunal civil des Gonaïves, dont la composition est de cinq juges et de quatre suppléants, a jugé presque le double des affaires que le tribunal de Jacmel a expédiées. (1)

En France, le nombre des juges varie suivant l'importance de chaque tribunal. D'après la loi du 16 Août 1790, chaque tribunal de district était

---

(1) Suivant l'exposé de la situation de 1907, les rapports des officiers du Ministère public accusent, pour l'année 1906, les chiffres ci-après :

Port-au-Prince 594 jugements; Cap-Haïtien 256; Saint-Marc 193 ; Petit-Goâve 159 ; Gonaïves 121 ; Port-de-Paix 62 : Cayes 274 ; Aquin 98 ; Anse-à-Veau 127 ; Jacmel 155 ; Jérémie 69.

L'exposé de la situation de 1908 fournit, pour l'année 1907, les chiffres suivants :

Port-au-Prince 407 jugements ; Cap-Haïtien 306 ; Cayes 143; Jacmel 193 ; Gonaïves 137 ; Jérémie 96 ; Port-de-Paix 149 ; Saint-Marc 130 ; Anse-à-Veau 230 ; Aquin 78 ; Petit-Goâve 169.

L'exposé de la situation de 1909 donne, pour l'année judiciaire 1908, les renseignements suivants :

Le tribunal civil de Port-au-Prince a rendu 430 jugements dont 349 au civil, 47 au correctionnel, 34 au criminel. Le tribunal civil du Cap-Haïtien a rendu 200 jugements dont 150 au civil, 50 au correctionnel. Le tribunal de commerce de cette ville a eu à prononcer 18 jugements. Le tribunal civil de l'Anse-à-Veau 200 jugements dont 90 au civil, 50 au correctionnel, 20 au criminel et 40 au commerce. Le tribunal civil des Cayes 153 jugements dont 106 au civil, 21 au correctionnel et 26 au commerce. Le tribunal civil de Jacmel a rendu 147 jugements. Le tribunal civil de Petit-Goâve 92 dont 79 au civil, 3 au commerce et 10 au correctionnel. Le tribunal civil des Gonaïves 80 jugements dont 39 au civil, 18 au correctionnel et 23 au criminel. Le tribunal civil de Saint-Marc 79 jugements dont 31 au civil, 41 au correctionnel et 7 au commerce. Le tribunal civil d'Aquin 57 dont 44 au civil, 8 au correctionnel et 5 au commerce.

composé de cinq juges et de quatre suppléants. Dans les villes de plus de cinquante mille âmes, on portait à six juges les tribunaux qui y étaient placés. Depuis la loi du 30 Avril 1883, un tribunal peut se composer de trois au minimum et de douze juges au maximum. Le nombre des juges suppléants est presque proportionnel à celui des juges titulaires. Les tribunaux d'arrondissement les plus importants se divisent en un certain nombre de chambres ; la division en chambres est faite par décret du Président de la République.

En ce qui concerne le tribunal de la Seine, il y a une organisation toute particulière. Ce tribunal compte, à l'heure actuelle, onze chambres, un président, douze vice-présidents, treize présidents de section, vingt-deux juges d'instruction, quarante et un juges titulaires, trente-deux juges suppléants, un greffier, quarante et un commis greffiers. Cette organisation est due à la loi du 27 Avril 1906. Comme nous l'avons dit plus haut, il y a à l'étude un projet de loi sur l'organisation des « Cours et Tribunaux » qui est appelé à opérer de grands changements.

II

Maintenant, demandons-nous quelle est la fonction des juges ? Le juge, c'est un homme préposé par l'autorité publique pour administrer la justice aux particuliers (1).

Les juges, dit Boncenne dans sa *Théorie de la Procédure civile,* sont les organes de la loi. Ils ne

---

(1) On nomme juge un des fonctionnaires qui composent un tribunal et souvent on désigne par ce seul nom le tribunal lui-même. Dans ces cas, on entend toujours parler d'un tribunal formé légalement et prononçant légalement.

La loi ne considère point comme jugement la décision d'un tribunal où ces deux circonstances ne se rencontrent pas. (Cours de Procédure civile. J. Berriat Saint-Prix).

font pas le droit, ils le déclarent. Ils en sont les dispensateurs et non les maîtres.

« Une des importantes et des plus honorables fonctions dont l'homme puisse être chargé, c'est celle de rendre la justice à ses semblables, de terminer les différends, de venger les opprimés, d'être l'organe de la loi, de voir les grandeurs, les puissances, s'abaisser devant lui pour entendre sortir de sa bouche, des décisions dictées par une sage et profonde équité. »

Voilà, comment Merlin, définit la fonction de celui qui est appelé à rendre la justice à ses semblables, à *dire le droit*. Y a-t-il en effet, un rôle plus grand, plus sacré que celui que remplit le juge ? Existe-t-il une fonction plus haute, plus auguste, que la sienne ? N'est-ce pas lui qui tient en ses mains la liberté et la propriété de ses concitoyens ? Le repos, la fortune, le crédit, l'honneur, la vie même des particuliers, tout cela ne dépend-il pas de lui ?

« Contre ce pouvoir imposant et terrible, aucune garantie, si ce n'est le caractère même de l'homme qui s'en trouve investi. Car ni la loi dont il est l'interprète, ni le ministre qui le nomme, ne peuvent lui conférer les vertus professionnelles, c'est-à-dire l'intelligence du droit, le sens du juste et de l'injuste, la conscience droite et sûre, l'impartialité exemplaire, l'indépendance du caractère, l'équilibre du jugement, la vision impersonnelle et sereine des causes qui lui sont soumises. Il faut qu'il porte en lui les qualités de caractère et d'esprit adéquates à sa fonction et qu'il inspire à tous la conviction qu'il les possède » (1).

On le voit bien, la fonction de juge est très délicate. On ne saurait donc apporter trop de soins

---

(1) Jules Delafosse, *Théorie de l'ordre social*, p. 277.

dans le recrutement de ceux qui sont préposés à rendre la justice. Mais comment les recruter, à quel signe les reconnaître ? On a déjà essayé, en Haïti, plusieurs systèmes de recrutement. Sous l'empire de la Constitution de 1806, les juges étaient nommés comme tous les fonctionnaires, en général, par le Sénat (sauf les officiers du ministère public). A cette époque, les juges de paix, les officiers du Parquet, même les greffiers étaient inamovibles comme les juges. La Constitution de 1843 apporta un changement à ce mode de nomination. Les juges étaient élus : pour les tribunaux de paix, par les assemblées primaires ; pour les tribunaux de première instance et d'appel, par les assemblées électorales du ressort des tribunaux d'appel. Les juges de paix étaient élus pour trois ans ; ceux des autres tribunaux pour neuf ans. Depuis la Constitution de 1867, le Président de la République a seul le pouvoir de nommer tous les juges, et cela d'après les conditions et suivant un ordre de candidatures qui sont réglés par les lois organiques.

Ailleurs, les procédés sont divers. En France, depuis la Constitution du 22 Frimaire an VIII, la nomination et la promotion des juges sont confiées au Gouvernement, et on trouve le même système dans la plupart des Etats de l'Europe. C'est celui de l'élection populaire qui est en usage aux Etats-Unis et en Suisse. En Italie, la loi organique du 6 Décembre 1865 préconise le système de la nomination au concours pour toutes les charges de la magistrature, ou pour les plus importantes d'entre-elles. En Belgique, le système qui prévaut, c'est celui qui laisse au Gouvernement le droit de choisir, mais seulement d'après les propositions faites par l'autorité judiciaire, politique ou administrative. En Angleterre, les magistrats non rétribués sont pour la plupart choisis sur la désignation de l'opinion publique, par le souverain, parmi les propriétaires de la localité.

Au Japon, les candidats aux fonctions judiciaires, en conformité de la loi du 2 février 1890 sur l'organisation judiciaire, ont à subir deux examens : le premier qui est une sorte d'examen d'admissibilité porte sur le droit pur ; les étudiants de l'Université sont dispensés de cette épreuve. Les candidats admis font un stage, après quoi ils passent un examen de pratique judiciaire, ce n'est qu'après cette seconde épreuve qu'ils sont définitivement magistrats (1).

Quel est le système le meilleur ? Des esprits fort distingués préfèrent celui du concours. Cependant, des raisons très décisives ont été données contre ce mode de nomination. Assurément le concours n'est pas le *criterium* le plus sûr des « aptitudes professionnelles ». Il peut, à la rigueur, donner la mesure de ce que vous avez appris ; il ne peut dire ce que vous savez faire. « Il est tout à fait absurde, ajoute M. Delafosse, de supposer que le candidat qui s'est révélé le plus fort en droit international, en histoire diplomatique et en langues étrangères fera par cela même un diplomate excellent. L'aptitude diplomatique réside tout entière dans les qualités du caractère et de l'esprit. Le concours ne les révèle pas ».(2) D'autres opinent pour l'élection des juges par les justiciables. « Certaines règles de l'organisation judiciaire, dit M. Esmein, ont une importance politique considérable et doivent être examinées dans leur rapport avec le gouvernement tout entier ; elles intéressent l'ensemble de la Constitution, et non pas seulement la bonne administration de la justice.

« Telles sont, au premier chef, le mode de nomination des juges et leur inamovibilité. Depuis la Révolution, deux systèmes sont en présence pour le

______

(1) Henry Dumolard, *Le Japon politique, économique et social,* loc. cit.

(2) *Théorie de l'ordre social,* p. 284, loc. cit.

choix des juges : l'élection et la nomination par le pouvoir exécutif.

« L'élection peut ici se concevoir de diverses manières. En dehors de l'élection, directe ou à plusieurs degrés, par les citoyens investis du droit de suffrage politique, on a proposé l'élection par des collèges spéciaux comprenant seulement les avocats, les avoués, les officiers ministériels et les citoyens qui, sans exercer une profession auxiliaire de la justice, auraient pris le diplôme de licencié en droit ; on a proposé aussi de faire élire au moins certains juges les plus élevés dans la hiérarchie, par le corps législatif. On pourrait encore songer au recrutement par voie de cooptation, les corps judiciaires élisant leurs propres membres pour remplir les vides qui se produiraient, comme cela eut lieu jadis pour le Parlement de Paris au commencement du XVe siècle. Mais seule l'élection par les citoyens ayant le droit de suffrage politique forme un système net et logique : c'est une institution franchement démocratique, les autres procédés ne sont que des expédients. » (1)

En Haïti, il ne faut pas qu'on songe à ce mode de nomination. Les justiciables ne sont pas suffisamment préparés pour remplir une telle mission. C'est donc à la dévotion du chef du pouvoir exécutif que doit rester le recrutement de la magistrature. Malheureusement nous constatons que la plupart du temps, l'intérêt de parti, le népotisme, le favoritisme font préférer des incapacités manifestes à des hommes qui, par leur tenue intellectuelle et morale, sont dignes de figurer dans la magistrature. Combien compte-t-on de juges qui ont fait des études juridiques appliquées et qui offrent des garanties résultant de leurs qualités d'esprit et de caractère, de leur éducation, de leur condition sociale ? Peut-on

---

(1) *Éléments de droit constitutionnel,* p. 414, loc. cit.

affirmer que notre magistrature, dans son ensemble, a la conscience de ses devoirs ? Certes, nous avons des magistrats qui, outre leur connaissance profonde du droit, possèdent la justesse d'esprit, la probité de conscience, la gravité, la pénétration qui sont les qualités nécessaires à leur fonction. Mais c'est la minorité.

Disons-le franchement, la majorité de nos juges sont des fonctionnaires. Ils entrent dans la magistrature comme ils entraient dans l'administration ou le commerce, sans vocation particulière.... « Ils ne sentent plus que la mission de juger, tellement difficile, tellement grande, impose à l'homme qui l'assume la discipline la plus stricte, afin qu'il puisse donner le plein effort, de son intelligence et de sa raison ». (1)

Depuis quelques années, nos Ecoles de droit fournissent un contingent de jeunes gens propres, en tous points à faire des magistrats dignes de ce nom. C'est là que le gouvernement doit aller les choisir ; c'est dans cette élite sociale qu'il doit les recruter.

III

Ce n'est pas tout. Le chef du pouvoir exécutif nomme, il est vrai, les juges, mais ceux-ci ne doivent pas dépendre de lui. En d'autres termes, une fois nommés, ils ne doivent pas être révoqués, ni suspendus, parce qu'ils ont rendu des arrêts contraires à ses désirs. L'inamovibilité vient donc garantir l'indépendance des magistrats, les soustraire aux rancunes du pouvoir.

« Quant à l'inamovibilité des magistrats, dit M. Esmein, le droit de les destituer refusé au pouvoir exécutif comme au pouvoir législatif est certaine-

---

(1) *L'affaire Nell,* roman par Louis Estang, critique du *Temps.*

ment une conséquence juridique forcée de la séparation des pouvoirs.

« C'est la condition même de son indépendance. Elle s'est introduite en France dans le courant du XVI⁰ siècle, comme conséquence de la vénalité des offices de la judicature. Elle a été établie en Angleterre par *l'Act of settlement*, pour des raisons d'utilité pratique, sans qu'on la rattachât non plus au principe de la séparation. Elle se justifie pour les modernes par une idée simple et forte à la fois : l'intérêt des justiciables. » (1)

Il est cependant des personnes qui ne voient pas dans l'inamovibilité cette indépendance des magistrats dont il est tant parlé. « On soutient volontiers, dit Prévost-Paradol, que l'inamovibilité est une garantie suffisante d'indépendance. Rien n'est pourtant moins conforme à la logique et à la nature des choses. Les serviteurs de l'Etat, autres que les magistrats, ne sont pas comme eux inamovibles, mais ils peuvent, comme eux, recevoir de l'avancement. Tous les fonctionnaires autres que les magistrats peuvent donc craindre à la fois de ne point monter et de descendre. Or, qu'on se demande lequel de ces deux mobiles agit le plus efficacement sur l'âme de ces fonctionnaires amovibles et assure le mieux leur dépendance. Est-ce la crainte de descendre, ou comme on l'a dit, d'être destitué ? Mais cette crainte est presque nulle, parce que le fait de ne pas monter, de ne pas avancer, qui est à la fois le frein du fonctionnaire français est le stimulant toujours actif de son zèle.

« De ces deux mobiles, ou pour mieux dire, de ces deux instruments de dépendance, la crainte de descendre et la crainte de ne pas monter, notre organisation judiciaire supprime le premier et le plus faible, pour laisser subsister le second

---

(1) *Eléments de droit constitutionnel*, p. 407, loc. cit.

qui est non seulement le plus fort, mais le seul efficace et l'on voudrait en conclure que cette organisation garantit suffisamment l'indépendance de la magistrature ». D'autres disent que la hiérarchie judiciaire et la possibilité d'avancement détruisent les bienfaits de l'inamovibilité et que, la plupart du temps, l'inamovibilité donne au juge la propriété de sa charge et lui permet de dormir sur le mol oreiller de l'ignorance. Tout cela peut être vrai ; mais ce qui est indéniable, incontestable, c'est que ce principe protège en une certaine mesure les justiciables et assure l'indépendance des magistrats vis-à-vis du pouvoir.

On objecte, avec quelque apparence de raison, que la magistrature peut prévaloir de son inamovibilité pour tenir en échec le pouvoir et tourner la justice contre lui. Cela s'est vu chez nous plus d'une fois. En réalité, ce n'est qu'une velléité de la part de certains juges. Cette grande puissance morale qui est la conscience publique, réprime bien vite, de tels écarts.

L'inamovibilité est-elle un principe constitutionnel ? L'art. 134 de la constitution de 1889, le consacre en termes clairs et précis : Les juges du tribunal de cassation, ceux des tribunaux civils et d'appel sont inamovibles. »

« Ils ne peuvent passer d'un tribunal à un autre ou à d'autres fonctions, même supérieures, que de leur consentement formel ». Il en résulte que, contrairement à ce qui se passe en France, le législateur ne peut restreindre, suspendre ou supprimer l'inamovibilité (1). Il n'en a pas été toujours ainsi. Si on se le rappelle, la constitution de 1879 lais-

---

(1) Le principe constitutionnel de l'inamovibilité n'a pour effet d'enchaîner le pouvoir législatif, dans les modifications qu'il croirait devoir apporter à l'organisation judiciaire. Une loi pourrait supprimer tel tribunal jugé désormais inutile. Seulement les magistrats qui composaient ce tribunal, n'en conservaient pas moins la qualité de juges et le traitement

sait au Président d'Haïti la faculté, pendant un an, de révoquer les juges des divers tribunaux afin d'élever la magistrature à la hauteur de sa mission. Dans l'état actuel des idées, il serait souhaitable que la Constitution permit au chef de l'Etat de suspendre pour une année le privilège de l'inamovibilité.

En cas d'indignité, ne peut-on pas priver les juges de leur titre ? Oui, ils ne peuvent être destitués que pour forfaiture légalement jugés ou suspendus que par une accusation admise. (art. 134 const. 1889.) Dans la pratique, il n'est guère facile d'appliquer cette règle constitutionnelle. En France, les magistrats sont soumis à une discipline qui s'exerce d'une façon particulière. Le décret du 20 Avril 1810, modifié par celui du 1er Mars 1852, règle les formes selon lesquelles elle s'exerce et les conséquences qu'elle peut avoir pour le juge...

Le serment que doit prêter le juge, avant d'entrer en fonctions, est formellement prescrit par la loi. C'est d'ailleurs, le serment qui l'investit de sa charge, qui fait encourir le droit au traitement. « Le serment, disait Loyseau, attribue et accomplit en l'officier l'ordre, le grade, et s'il faut aussi parler, le caractère de son office et lui défère la puissance publique ». Aussi, tout acte accompli par un juge qui n'aurait pas prêté serment serait-il nul et non avenu. Aux termes de l'article 14 de la loi du 9 Juin 1835, le serment prescrit par l'article 3 de la même loi doit être prêté devant le tribunal en audience publique : par les doyens des tribunaux ci-

---

attaché à cette fonction, s'ils n'étaient transférés à un autre siège. Il arrive quelquefois qu'une loi réduit le personnel d'un tribunal ou d'une cour comme trop nombreux. On procède alors par voie d'extinction, ou bien les juges dont le titre est supprimé, sont transférés à un autre siège. De cette façon, le principe de l'inamovibilité est respecté et les situations acquises sont conservées. M. Bonnier, Procédure, t. I, n° 113, cité par Dalloz, 34e vol.

vils, entre les mains du juge qui préside provisoirement le tribunal ; par les juges et les suppléants
des tribunaux civils, entre les mains du doyen du
tribunal auquel ils appartiennent. Voici la formule
consacrée : « Je jure d'être fidèle à la nation
et au gouvernement, de suivre, dans l'exercice de
mes fonctions, les lois de ma patrie ; de respecter
les droits de mes concitoyens, et de prêter un concours loyal en faveur de tout ce qui peut contribuer
à la gloire et à la prospérité de la République ».

« Dans le cercle de leurs attributions, pour ne pas
forfaire au serment prêté, les magistrats doivent
imposer à l'étranger comme au régnicole, par leur
impartialité, l'observance étroite des principes de
droit qui nous régissent, le respect des décisions
qu'ils prononcent. Envers le Gouvernement, nos
magistrats ont aussi de très impérieux devoirs.
Promettant de lui être fidèles, ils n'ont, à cette fin,
qu'à rester attachés aux obligations de leur important ministère. Ainsi, ils l'aideront efficacement à continuer et à achever la grande œuvre d'édi-
fication sociale et politique qu'il a entreprise : celle
d'introduire les principes vivifiants d'ordre et de
probité dans notre administration publique ; le rôle
élevé que joue la magistrature dans la société
doit la tenir loin des luttes politiques. Sous peine
de porter atteinte à son serment, elle ne peut au-
cunement manifester des opinions hostiles au Gouvernement de la République... La société et les
justiciables doivent aussi arrêter l'esprit de nos
magistrats. Ils doivent être les dispensateurs d'une
justice exacte en s'interdisant formellement, par
exemple, de faire acception d'individualité et d'établir aucune différence entre elles dans le jugement
des affaires qui leur sont soumises. La raison, en
d'autres termes, doit rester à qui la mérite.., ». (1)

---

(1) Discours du secrétaire d'Etat de la Justice, M. T. Laleau. Voir *Bullelin Officiel* du département de la Justice, n° 1er.

L'installation a lieu immédiatement après la prestation du serment. C'est une cérémonie solennelle.

Elle consiste dans la lecture, donnée en audience publique, de l'extrait des minutes constatant la prestation de serment, et dans l'invitation faite au nouveau juge, par le doyen, de prendre place sur le siège qu'il doit occuper.

Suivant l'art. 73, les juges sont tenus de résider dans la ville où est établi le tribunal dont ils sont membres. Cette obligation imposée aux magistrats a sa raison d'être parce que, d'une part, les tribunaux sont sédentaires ; de l'autre part, parce que le ministère des juges exige un service continu et de tous les instants. S'il en était autrement, l'accès de la justice serait fermé, à de certains moments, aux justiciables. Aussi, à partir du jour de leur prestation de serment, leur résidence ou plutôt leur domicile civil se trouve de plein droit transporté dans la ville où ils doivent prendre siège. La sanction de l'obligation, pour le magistrat, de résider au siège de ses fonctions est la privation de traitement, et, s'il ne se rend pas à son poste, malgré la sommation d'usage, il est considéré comme démissionnaire. Néanmoins, la loi prévoit le cas où le magistrat, pour des causes légitimes, peut s'absenter de son siège en obtenant régulièrement congé soit du doyen du tribunal ou du secrétaire d'État de la Justice. En France, le garde des sceaux seul autorise les congés de plus d'un mois et aucun magistrat ne peut quitter le territoire français sans une permission de lui. (1)

---

(1) Voici les principales obligations imposées par la loi aux magistrats : rendre la justice à tous, même en cas de silence ou d'insuffisance de la loi, sous peine de déni de justice ; garder le secret des délibérations ; juger d'après les preuves faites au procès ; se renfermer dans les limites de leur compétence territoriale ; s'abstenir de procéder par voie de disposition générale et réglementaire ; s'abstenir de plaider ; ne pas faire le commerce ; ne pas se rendre cessionnaire de droits litigieux dans leur ressort ; ne signer aucun billet à ordre ; ne donner aucune consultation, même à titre gratuit ; s'abstenir de toute démonstration ou manifestation politique.

4

CHAPITRE III

Du rang des Juges entre eux

SOMMAIRE :

Les attributions du doyen sont de deux sortes. — En fait d'attribution de juridiction contentieuse, il tient l'audience de référé. MM. Debelleyme et Aubépin furent les organisateurs de cette juridiction auxiliaire. — Opinion de M. Octave Gérard. — Le doyen a encore des attributions extra-judiciaires. — La compétence des tribunaux est fixée à trois juges. — La loi détermine la constitution du tribunal, mais elle n'a pas fixé de nombre maximum. — Tout jugement rendu par moins de trois juges est nul. — La présence d'un juge suppléant à un jugement n'est point une cause de nullité. Controverses. Quelles sont les fonctions des juges suppléants ? On demande la suppression de la suppléance dans tous les tribunaux. La législation française. Opinion de M. Briand, garde des sceaux (en note). — Quand il y a nécessité de compléter le tribunal, en France, on peut appeler l'avocat le plus ancien attaché au barreau et subsidiairement un avoué. — L'article 2 de la loi de 1847 divisa le tribunal civil de Port-au-Prince en deux sections. Le mouvement annuel d'une section à une autre était logique en son application. — L'incompatibilité à raison de la parenté est réglée par la loi. — Un juge peut être valablement nommé membre du Corps Législatif. La Constitution de 1846 permettait le cumul à cet égard. — La Constitution du 5 Fructidor an III. — La loi du 30 Germinal an V. — Les magistrats jouissent de certaines prérogatives. — Opinion de Bigot de Préameneu. — L'honorariat en France. — Les juges peuvent être mis à la retraite. — Ce qu'il faut entendre par infirmités graves et permanentes. — La loi du 27 Septembre 1898. — La loi du 12 Juin 1900. — L'exposé des motifs de la loi de 1847. — A différentes époques on eut à s'occuper des traitements des fonctionnaires de l'ordre judiciaire. — Le système des épices. — Opinion de M. Esmein. — La loi du 22 Septembre 1891. — La loi du 25 Août 1907 qui fixe de nouveaux appointements aux juges du tribunal de Cassation, du tribunal civil de Port-au-Prince et aux membres de leurs parquets. — Rien ne dénonce plus cruellement leur situation. — Il est juste et bon que la question d'appointements, parmi tant d'autres, soit défiditivement résolue.

LE DOYEN

Le rang des juges entre eux dans les tribunaux et dans les cérémonies publiques, dit l'article 14 de la loi de 1835, est déterminé par l'ordre de leur nomination.

« Néanmoins, le doyen est le premier juge du tribunal auquel il appartient. »

Par conséquent, à l'instar de tout corps délibérant, chaque tribunal a un doyen pour la direction des travaux et le maintien de la discipline.

« Indépendamment des attributions qui leur sont dévolues par les différents codes, les doyens ont encore spécialement le droit de maintenir la police intérieure des tribunaux qu'ils président et d'y faire observer les lois et réglements.

« Les doyens ont, en outre, le droit de faire privément des remontrances aux juges qui commettraient des actions répréhensibles. »

Ainsi s'exprime l'article 75 de la même loi.

En réalité, les attributions du doyen, malgré leur multiplicité, sont de deux sortes : les unes sont relatives à la police intérieure du tribunal, les autres sont propres à l'exercice même des fonctions judiciaires. Comme chef du tribunal, il fait respecter l'ordre et prend les mesures de répression contre les perturbateurs. Il a un pouvoir de surveillance sur ses collègues ; il veille à ce qu'ils respectent la dignité de leur caractère, et les avertit lorsque leur conduite laisse à désirer. C'est lui ou son dévolutaire qui dirige les débats, qui met fin aux plaidoiries quand la cause est suffisamment entendue. C'est lui qui prononce les jugements, en signe les minutes et lève les difficultés qui peuvent se produire à l'occasion de la rédaction des qualités. En fait d'attributions de juridiction contentieuse : il tient l'audience des référés à l'occasion des affaires que la loi a mises dans sa compétence à raison de leur urgence. Les jugements qu'il rend en cette matière s'appellent des ordonnances sur référés. MM. Debelleyme et Aubépin, deux anciens présidents du tribunal civil de la Seine, furent les vrais organisateurs de cette juridiction auxiliaire. Rien, en effet, n'est plus aisé et plus rapide que cette procédure, et partant, plus utile. D'après M. Octave Gérard « la faculté d'en référer au président du tribunal civil est ouverte pour un particulier toutes les fois que ses droits se trouvent menacés, que leur exercice est paralysé par un événement grave dans des circonstances urgentes, ou que l'action de la justice subit une entrave.

« Le président statue par provision ce qu'il estime juste, de manière à sauvegarder les droits menacés et à permettre d'attendre avec plus de sécurité le jugement à intervenir. » (1)

Le même auteur établit une distinction entre les ordonnances rendues sur requête et les ordonnances de référé ou sur référé. Dans le premier cas, le président exerce un pouvoir de juridiction gracieuse ; dans le second cas, un pouvoir de juridiction contentieuse.

Il semble qu'il n'est pas toujours facile de déci-

)1) *Des référés sur placets.*

der dans quel cas on doit agir par voie de requête, ou par voie de référé, en dehors des espèces spécialement prévues par les textes. Effectivement, l'article 808 du code de Procédure civile français et l'article 54 du décret de 1808 s'expriment de la même manière et visent tous deux les cas d'urgence.

M. Gérard décide que toutes les fois que l'ordonnance doit porter atteinte à des tiers, il y a lieu de procéder plutôt par voie de référé. Les textes qui régissent cette matière chez nous sont, au code de Procédure civile, les articles 704 et suivants formant le titre XV. (1)

... En dehors de la sphère judiciaire, le doyen a encore des attributions extra-judiciaires. C'est ainsi qu'il intervient quelquefois par raison de sécurité des actes ; qu'il légalise les actes de l'état-civil dans les cas déterminés par la loi ; qu'il préside la Commission chargée de dresser la liste du jury criminel. Il délivre des ordres d'arrestation contre les enfants non émancipés, sur la demande de leur père ; il doit chercher à concilier les époux qui plaident en divorce. Il va sans dire que la plupart de ces attributions peuvent être exercées, à défaut du doyen, par le juge le plus ancien.

En France, ces fonctions sont exercées par un président. Chaque tribunal civil d'arrondissement en a un. Quand un tribunal est divisé en plusieurs chambres, chacune d'elles, autre que celle qui est présidée habituellement par le président du tribunal, a aussi un chef particulier qui s'appelle vice-président, excepté les tribunaux de Paris, de Lyon et de Marseille qui comptent autant de vice-présidents que de chambres.

---

(1) D'après notre code de Procédure civile, la demande en référé s'introduit de trois manières : 1° par une simple assignation ; 2° par une assignation en vertu de l'ordonnance du juge portant commise d'un huissier ; 3° par un avertissement consigné sur un procès-verbal. (Voir les articles 527, 528, 573, 686, 727, 741, 743, 750, 810, 822 et 836.)

Il y existe une véritable hiérarchie entre les membres les plus anciens d'un tribunal.

Dans ce pays, il y a deux sortes de tableaux : le tableau général ou liste de rang qui est formé suivant l'ordre des nominations — tableau qui établit le rang dans les cérémonies publiques, dans les assemblées de la cour, et même entre les juges se trouvant ensemble dans une même chambre —, et le tableau particulier ou liste de service qui indique la composition des chambres déterminée par le roulement annuel.

Il est bien vrai qu'il existe chez nous un tableau dressé selon l'ordre de nomination, et que, d'après l'article 6 de la loi de 1835, le corps judiciaire prend rang dans les cérémonies publiques en observant les degrés de hiérarchie...

Dans un intérêt historique, nous rappelons ici les ordonnances des 9 Août 1854 et 16 Janvier 1855 qui, sous le second Empire d'Haïti, fixaient le costume des membres de la cour de Cassation et des cours impériales, et des procureurs près les dites cours. Il va de soi que les présidents et les conseillers des cours qui portaient la ceinture en soie noire avec glands à gros grains en argent avaient le pas sur les juges de paix qui portaient le costume noir, l'habit carré avec boutons de soie noire, la cravate blanche, veste, culotte et bas noirs, claque orné de plumes noires avec gance d'argent et la cocarde nationale, l'épée en argent...

II

« En toutes matières, prescrit l'article 47 de la loi de 1835, la compétence des tribunaux est fixée à trois juges ». Il suit de là qu'un tribunal ne peut valablement siéger que quand il y a réunion de trois juges. Donc, tout jugement rendu par moins de trois juges est nul, et cette nullité ne pourrait être couverte, même si les parties y acquiesçaient. La composition des tribunaux est d'ordre public absolu. Mais si le tribunal siège avec plus de trois juges, y a-t-il dérogation à la loi? Nous ne le croyons pas. Ici, la loi n'a fait que fixer le nombre minimum de juges auquel un tribunal peut prononcer *le quorum*. En d'autres termes, elle détermine la constitution du tribunal, mais elle n'a pas fixé de nombre maximum. Il en résulte que tous les magistrats appartenant à un même tribunal peuvent siéger ensemble s'ils croient devoir le faire. N'est-ce pas du reste ce qui arrive, quand ils se réunissent en assemblée générale pour régler les affaires intérieures du tribunal ?

Une question importante se pose : Le défaut de concours au jugement d'un magistrat qui avait assisté aux plaidoiries, est-il une cause de nullité ?

On a rendu, en France, plusieurs arrêts en ce sens. Il a été décidé que l'absence ou l'abstention d'un juge ne vicie pas la composition d'un tribunal, lorsque d'ailleurs il est composé d'un nombre suffisant de juges ayant les qualités requises par la loi, et qu'il serait ainsi, quand même ce serait volontairement que l'un des juges qui ont assisté aux plaidoiries se serait abstenu de prendre part au jugement. (Dalloz, *Jurisprudence générale*, 34ᵉ vol., p. 1512.)

On se demande si la présence d'un juge-suppléant a un jugement n'est point une cause de nullité? Cette question a donné lieu, chez nous, à de vives discussions. D'aucuns prétendent que le juge suppléant qui ne fait que remplacer le juge titulaire empêché ou absent, prend part au jugement sous cette réserve que sa voix est purement consultative. Par conséquent, il ne peut concourir à la formation d'un jugement. D'autres ont soutenu que, lorsqu'un suppléant remplace un juge empêché dont la présence était nécessaire pour compléter le tribunal, il a voix délibérative et participe, en ce cas, au jugement.

Il est vrai de dire que les textes concernant les juges-suppléants ne sont pas suffisamment clairs.

Cette institution, qui date de l'organisation de notre ordre judiciaire, mérite de retenir un instant notre attention. A l'heure actuelle, on ne trouve de juges-suppléants que dans les tribunaux civils et les justices de paix. Les tribunaux de commerce n'en ont pas. Depuis la loi de 1868, il n'en existe pas au tribunal de Cassation, et quand on aura créé des tribunaux d'appel, selon le vœu de la Constitution, on n'en nommera pas non plus auprès de ces tribunaux dont l'importance ne permettra que d'avoir des magistrats en titre.

On va jusqu'à demander la suppression de la suppléance dans tous les tribunaux.

En réalité, quelles sont les fonctions des juges-suppléants ? D'après l'article 23 de la loi que nous commentons, ils remplacent provisoirement les juges absents. Donc, ils n'ont point de fonctions habituelles, ils remplacent les titulaires, seulement lorsqu'ils sont malades ou éprouvent d'autres causes d'empêchement. Le 3e alinéa ajoute « dans aucun cas, le nombre des suppléants siégeants ne pourra égaler celui des juges présents ». Ce qui revient à dire qu'un suppléant ne doit être appelé pour concourir à la formation d'un jugement qu'autant que sa présence est nécessaire pour compléter le nombre de juges exigé par la loi, et que, par contre, le concours avec voie délibérative, d'un juge-suppléant, vicie le jugement de nullité toutes les fois que le tribunal se trouvait composé d'un nombre de juges titulaires suffisant pour juger. C'est ainsi, qu'en maints arrêts, cette disposition de loi a été commentée en France. Il a été encore jugé, d'après le même principe, qu'un juge-suppléant appelé à remplacer, avec attribution de traitement, un juge titulaire suspendu, est complètement assimilé à un titulaire et, par suite, peut concourir avec voix délibérative à un jugement, alors même que le tribunal se trouverait composé d'un nombre de juges suffisant.

Le 4e alinéa de notre loi est ainsi conçu : « Les suppléants peuvent siéger aux audiences des tribunaux auxquels ils appartiennent, mais ils n'y ont voix délibérative que lorsqu'ils remplacent les juges ».

Il en résulte que, quand un jugement constate la présence d'un juge-suppléant, il doit aussi constater, à peine de nullité, qu'il n'a pas pris part à la délibération. Conséquemment, la simple présence d'un juge-suppléant à un jugement où se trouvait le nombre légal de juges titulaires, n'est point une cause de nullité.

Pour mieux dire, les juges-suppléants ne doivent concourir aux jugements, avec voix délibérative, qu'autant que leur présence est nécessaire pour la validité de la sentence. (Dalloz, 34, IIe partie.)

Les juges suppléants ne sont pas seulement des juges auxiliaires ; ils peuvent devenir des juges en titre, et, en France, aux termes de l'art. 3 de la loi du 10 Décembre 1830, ils remplacent aussi les membres du ministère public, lorsque la nécessité le requiert.

L'art. 5 de notre loi du 23 Juillet 1877 dispose en un dernier alinéa, que les suppléants reçoivent une indemnité mensuelle égale à la moitié du traitement des juges de leurs tribunaux respectifs.

D'après l'art. 24 de la loi de 1835, ils reçoivent

pour chaque audience où ils avaient siégé, une allocation égale au montant de la retenue qui aura été faite sur le traitement des juges qu'ils remplaçaient. Il est à souhaiter que le recrutement de de ces suppléants qui sont appelés à venir en aide aux magistrats titulaires pour l'administration de la justice, se fasse parmi nos jeunes licenciés qui ont l'âme de juges. (1)

En ce qui concerne le nombre des juges nécessaires pour statuer légalement, la législation française a varié à diverses époques. Notons que sous l'empire de la loi du 16-24 Août 1790 et de la constitution du 5 Fructidor, an III, les tribunaux civils ne pouvaient juger au-dessus du nombre de cinq juges. Depuis la loi du 27 Ventôse, an VIII, les jugements de ces tribunaux ne peuvent être rendus par moins de trois juges. Il semble qu'on veut revenir au nombre de cinq juges. Quand il y a nécessité de compléter le tribunal, par suite de l'empêchement des juges titulaires et des suppléants on peut appeler, d'après le décret du 30 mars 1808,

---

(1) Il y a en France 798 juges suppléants sur lesquels 565 seulement sont occupés. Il est bon de dire que les juges suppléants ne sont pas rétribués sauf une centaine qui touchent une indemnité minime. Il en résulte que ces fonctions ne sont briguées que par des jeunes gens possédant une certaine fortune qui aspirent à occuper une fonction honorable ; c'est ce qu'explique la pénurie des candidats, d'autant plus que le stage dans la magistrature est souvent long, sept années en moyenne.

M. Briand s'est préoccupé de remédier à cet état de choses. Un projet qui tend à allouer un traitement de 2.400 francs à tous les juges suppléants est en ce moment à l'étude à la chancellerie. Grâce à des dispositions ingénieuses, cette réforme ne coûtera au budget que 700.000 francs environ par an. Le garde des sceaux a estimé en effet que les juges suppléants pouvaient être supprimés sans aucun inconvénient dans les tribunaux qui ont moins de 350 affaires par an à examiner. D'autre part, un grand nombre de juges de paix d'arrondissement sont assez peu occupés. On leur demandera de cumuler avec leurs fonctions actuelles, celle de juge au tribunal (*Le Temps*, 37 janvier 1909).

l'avocat le plus ancien attaché au barreau et subsidiairement un avoué.

Ces moyens légaux de compléter le tribunal n'existent pas dans notre législation.

III

La loi du 19 Juillet 1847 qui a établi le roulement en a aussi établi les formes. L'art. 2 de cette loi divisa le tribunal civil de Port-au-Prince en deux sections. A la première, présidée habituellement par le doyen, il attribuait la connaissance des affaires civiles et commerciales (1) ; et, à la seconde, présidée par un juge choisi par le doyen et dont les fonctions ne duraient qu'un an, la connaissance des affaires correctionnelles et criminelles. Le doyen pouvait néanmoins présider la deuxième section (2).

Suivant l'art 3 de la même loi, il s'opérait tous les ans un roulement qui faisait passer le tiers des membres d'une section dans l'autre, mais en cas de nécessité, édictait l'art. 4, les juges de l'une des sections pouvaient être appelés à siéger dans l'autre et réciproquement.

Ce mouvement annuel d'une section à une autre tel qu'il était établi, était logique en son application, il avait surtout pour objet de prévenir certains abus qui pourraient résulter de l'exercice prolongé des mêmes fonctions de judicature. En effet, si les mêmes magistrats jugeaient toujours des affaires correctionnelles ; ils contracteraient l'habitude d'une extrême sévérité. D'autre part, le législateur a voulu empêcher que certains magistrats n'ac-

---

(1) Les tribunaux de commerce avaient été supprimés par le fait du rapport de la loi organique du 13 Février 1826.

(2) Pour les audiences civiles extraordinaires, le doyen désigne les membres qui doivent siéger.

quièrent sur les autres une influence qui nuirait à l'indépendance de ceux-ci. Depuis la loi du 23 Juillet 1877, le roulement se fait tous les trois mois pour les tribunaux civils de Port-au-Prince et du cap Haïtien.

En France, le mouvement est annuel. Le rang des juges et leur répartition dans les différentes chambres sont arrêtés sur une liste renouvelée chaque année dans la première quinzaine du mois qui précède les vacances.

IV

L'art. 4 de la loi de 1835 est ainsi conçu : « les fonctions de membres du corps judiciaire et d'officiers ministériels sont incompatibles entre elles et ne pourront être cumulées ». Il en résulte qu'un juge ne peut être à la fois juge du tribunal civil et juge du tribunal de Cassation. Cela va sans dire. Il y a aussi d'autres cas d'incompatibilité absolue. « Les fonctions de juges, prescrit l'art. 138 de la Constitution de 1889, sont incompatibles avec toutes autres fonctions publiques.

« L'incompatibilité à raison de la parenté est règlée par la loi. » Cette incompatibilité résultant de la parenté est plutôt relative. « Les parents ou alliés dit l'art. 11 de la même loi, jusqu'au degré de cousins germains inclusivement, ne peuvent entrer simultanément dans la composition du même tribunal. » Il importe de remarquer que l'incompatibilité fait obstacle uniquement au cumul des fonctions judiciaires avec d'autres fonctions, mais qu'elle ne crée pas une incapacité. Par exemple, un juge peut être nommé valablement membre du corps législatif, sauf bien entendu à renoncer à son titre de juge quand il prend celui de député ou de sénateur.

Si on s'en souvient, la Constitution de 1846 permettait à cet égard le cumul. D'après son art. 150, les fonctions de juge étaient incompatibles avec toutes autres fonctions, excepté celles de représentant. Il y a en France, de notables exceptions à ce principe d'incompatibilité. Selon la Constitution du 3 Septembre 1791, les fonctions judiciaires n'étaient pas compatibles avec celles de députés que pendant la durée de la législature. Les juges étaient remplacés par leurs suppléants. La constitution du 5 Fructidor, an III, laissait à la loi le pouvoir de déterminer le mode de remplacement définitif ou temporaire des fonctionnaires publics qui viendraient à être élus membres du corps législatif. Aux termes de la loi du 30 Germinal, an V, les citoyens qui exerçaient des fonctions publiques pour un temps illimité, ne perdaient point leur place par l'acceptation des fonctions législatives. Leur remplacement dans ce cas n'était que provisoire, mais ils ne pouvaient cumuler un double traitement ; ils touchaient seulement celui de membre du corps législatif.

Les membres du parquet étaient exceptés. Un avis du Conseil d'Etat du 6 Mai 1811 mettait au même rang tous les magistrats, ils pouvaient sans distinction entre les juges et le ministère public, cumuler les deux fonctions.

Aujourd'hui, depuis l'établissement du nouvel ordre de choses, les fonctions judiciaires sont incompatibles avec le mandat de député, sauf exception pour le premier président et le procureur général, soit de la cour de Cassation, soit de la cour de Paris. Elles sont compatibles, au contraire avec le mandat de sénateur, de conseiller général, d'arrondissement ou municipal, sauf l'inéligibilité des magistrats dans leur ressort.

V

Vu le caractère et la nature des fonctions qu'ils ont à remplir, les magistrats jouissent de certaines prérogatives. Ils ne peuvent être requis pour aucun service public, hors le cas de danger imminent (art. 5). Ainsi, ils sont dispensés du service militaire, de celui de la garde nationale. Ils sont également dispensés de fonctions de jurés. (Ce qui ne veut pas dire qu'ils sont incapables d'être jurés). Mais ils peuvent être tuteurs, subrogé-tuteurs, et avoir d'autres charges analogues avec, bien entendu les réserves établies par la loi. D'autre part, en vue de protéger leur dignité, il leur est conféré le privilège de juridiction pour les crimes et délits qu'ils peuvent commettre. Les articles 148 et 149 de la Constitution de 1889 en tracent les formes. On a également décidé qu'ils ne peuvent être poursuivis en dommages et intérêts pour faits de charge que dans certains cas limitativement déterminés. A ce propos, Bigot-de-Préameneu s'exprime de la façon suivante : « L'intérêt public veut que les magistrats soient responsables en certains cas, mais aussi qu'ils ne soient pas dépouillés de toute dignité, comme ils le seraient si les plaideurs, au gré de leurs ressentiments et de leurs diverses passions, avaient le droit de les obliger à descendre de leur tribunal pour justifier de leur conduite. » Les articles 438 et suivants de notre code de procédure déterminent la prise à partie.

Outre les prérogatives que nous venons de mentionner, nous trouvons en France l'honorariat qui n'est accordée qu'aux magistrats qui se retirent après trente ans de services. Mais cette faculté de conserver le titre des fonctions que l'on a exercées après qu'on est sorti de la magistrature active, par démission ou mise à la retraite, ressortit au pouvoir exécutif et peut-être refusée.

Il y a deux classes de magistrats honoraires. Les uns conservent leur titre et leur rang, mais ils n'exercent aucune fonction ; les autres ont droit d'assister, avec voix délibérative, aux assemblées des chambres, aux audiences solennelles (décret du 6 Juillet 1810). « Le but de ce décret, dit-on, a été de ne pas priver les cours de magistrats distingués qui, parce qu'ils fléchissent sous le poids d'un travail de tous les jours, n'ont pas perdu pour cela leurs lumières et leur expérience.

VI

D'après le quatrième alinéa de l'article 134 de notre constitution, les juges ne peuvent être mis à la retraite que, lorsque par suite d'infirmités graves et permanentes, ils se trouvent hors d'état d'exercer leurs fonctions.

Dans la pratique, il est très difficile de s'expliquer sur ce qu'il faut entendre par *infirmités graves et permanentes*. On dit que ces mots ont le même sens que ceux-ci : *maladies sans remèdes, maladies incurables*. C'est donc au médecin seul qu'il appartient de dire dans quel cas il y a infirmités graves et permanentes. Cependant un magistrat peut être mis à la retraite, à raison de son âge. Il y a, quand on a atteint un certain âge, une présomption d'affaiblissement sénile, à moins d'être heureusement doué. (1) Depuis la loi du 27 Juillet 1898, le magistrat admis à la retraite a droit à une pension liquidée à la moitié de son dernier traitement, sans que ladite pension puisse excéder cent gourdes par mois. Cette loi a été complétée par celle du 12 Juin 1900 qui décide que la veuve

____

(1) Le sénat a écarté ces temps derniers un projet de loi que la Chambre des représentants lui a envoyé et qui tend à mettre de plein droit à la retraite, à l'âge de 72 ans accomplis, les juges des tribunaux civils, ainsi que ceux du tribunal de Cassation.

du magistrat a droit au quart de la pension dont bénéficierait son mari, exception faite à l'égard des veuves qui ont convolé en secondes noces. En France, d'après le décret du 1ᵉʳ Mars 1852, tout magistrat est mis de plein droit à la retraite, à l'âge de 70 ans pour les juges et conseillers des tribunaux et des cours d'appel et à l'âge de 75 ans pour les conseillers à la cour de Cassation.

« Ce n'est pas tout d'avoir une magistrature distinguée par la probité et le zèle de ses membres, il faut de plus qu'elle reçoive un traitement qui la mette à l'abri de trop de besoins, qui témoigne de la haute considération dont elle est entourée, et qui réponde enfin à la dignité et à la délicatesse de la position qu'elle occupe dans le pays. » Ainsi s'exprimait l'exposé des motifs de la loi de 1847, présenté à la Chambre des Représentants par M. A. Larochel, secrétaire d'Etat de la Justice.

A différentes époques, on eut à s'occuper des traitements des fonctionnaires de l'ordre judiciaire en Haïti, et cette question de haute importance n'est pas jusqu'ici résolue. Tout au début de notre indépendance, les juges recevaient sous le nom d'*épices* des honoraires que les parties étaient tenues de payer pour leurs procès, outre les dépens proprement dits. C'était notre héritage du régime colonial. Ce système, comme on sait, avait été admis dans l'ancienne France. « Les anciennes mœurs judiciaires admettaient non seulement que le plaideur allât solliciter ses juges, mais encore qu'il leur fît de menus cadeaux de simple politesse, qu'il leur offrit des *épices*. On appelait ainsi, encore au XVIIIᵉ siècle, des espèces de bonbons épicés que nos aïeux aimaient à manger pour s'exciter à boire. C'était là une offrande purement volontaire et de valeur insignifiante. Mais, dans le commencement du XVᵉ siècle, il n'en était plus ainsi. La prestation des épices était devenue obligatoire pour les plaideurs et portée en taxe et elle s'était transformée en argent. Ces taxes perçues par les juges devaient croître dans le cours du temps et la cause en fut très simple. Les offices étant achetés très cher, pour un prix hors de proportion avec les gages qui y étaient attachés, il était naturel que les titulaires cherchassent à leur faire rapporter davantage, pour y trouver à la fois l'intérêt de leur argent et la rémunération de leur travail.

« Voilà comment un vice en produisant un autre (la vénalité et l'hérédité des offices de judicature) la gratuité de la justice disparut dans l'ancien régime : le plaideur devait payer non seulement son procureur et son avocat, mais encore ses juges. (1)

.... La première loi qui, dans notre organisation judiciaire, s'occupa des traitements des juges à la charge du trésor, fut celle du 17 Juillet 1817. C'était l'abolition définitive du système des épices détruit en France en 1791. Plus tard, les articles 127 et 131 de la loi de 1835 fixèrent les appointements des juges dans un sens large. Le décret du 14 Août 1843, outre leurs appointements, accorda aux magistrats des émoluments de présence. La loi du 19 Juillet 1847 modifia les textes y relatifs. La loi du 27 Novembre 1855 et celle du 11 Mai 1859 firent subir de nouvelles modifications aux traitements des magistrats. Nous mentionnons, dans l'ordre des dates, la loi du 13 Septembre 1860, celle du 17 décembre 1861, celle du 1er Juin 1863, celle du 8 Septembre 1870, qui eurent aussi à s'occuper des salaires des fonctionnaires et employés de l'ordre judiciaire. La loi la plus importante, au point de vue qui nous occupe est celle du 22 septembre 1891.

« Considérant, dit-elle, qu'il n'est guère possible de compter sur une bonne administration de la justice, si ceux qui doivent y concourir ne sont pas

---

(1) Esmein, *Histoire du Droit Français*, p. 400.

5

mis au-dessus des besoins de chaque jour et en mesure de se consacrer tout entiers aux importants devoirs de leurs charges, comme à ces hautes et délicates études qui ne laissent point de loisirs aux magistrats soucieux de leur rôle dans la société. »

Comme nous le disions tout à l'heure, cette question de traitement n'est pas encore résolue. Dernièrement, par suite des réclamations fort légitimes de la Magistrature, on vota la loi du 25 Août 1907 qui fixe de nouveaux appointements aux juges du tribunal de Cassation, du tribunal civil de Port-au-Prince, et aux membres de leurs parquets, avec la promesse d'étendre la mesure aux autres tribunaux civils ainsi qu'aux membres de leurs parquets. Cette promesse sera-t-elle réalisée ? Nous voulons bien le croire. Disons cependant que malgré l'augmentation de leur appointements, les magistrats ne seront pas « mis au-dessus des besoins de chaque jour » s'ils sont dans la nécessité de les escompter « pour vivre ». Rien ne dénonce plus cruellement leur situation que la nécessité où ils se trouvent quelquefois de s'adresser à des tiers pour avoir ce qui leur est dû. Faut-il alors s'étonner que certains magistrats n'aient pas toujours l'indépendance et l'incorruptibilité désirables ? Faut-il s'étonner qu'ils ne résistent pas aux tentations qui leur sont offertes par les plaideurs désireux d'obtenir un jugement favorable et qu'ils obtempèrent parfois aux injonctions que leur adresse le pouvoir ? Si donc on veut maintenir la moralité dans les tribunaux, assurer l'indépendance des magistrats vis-à-vis des justiciables, reconnaître les services qu'ils rendent à la société en consacrant leurs jours et souvent leurs nuits à la solution des questions dont les conséquences sont la vie et la fortune des familles, il est juste et bon que la question d'appointements, parmi tant d'autres, soit définitivement résolue.

CHAPITRE IV

Du Règlement et de la Police des Audiences

SOMMAIRE :

Un jugement qui n'aura pas été rendu en audience publique est nul. Le nombre, la durée des audiences en
France et leur affectation aux différentes natures d'affaires. La loi du 27 Ventôse. — Opinion du Garde des
Sceaux. Le registre de pointe joue un rôle très important dans l'administration de la justice. Opinion de M.
Mullery (en note). Circulaire de M. F.-E. Dubois, secrétaire d'Etat de la Justice, aux doyens et aux juges des
Tribunaux civils de la République. — Les dispositions
de la loi organique peuvent bien atteindre le juge qui
néglige de remplir ses devoirs. — Le juge se prépare des
jours de tristesse et de malheur. — Le doyen règle la
tenue des audiences. — L'impartialité n'est pas toujours
la règle. — On a vu des juges agir contrairement à la
loi. Les avocats sont tenus au même respect dû à la majesté de la justice. — Opinion de M. Carré. — Tout magistrat dans l'exercice de ses fonctions doit faire respecter son autorité. Un député ou un sénateur peut être
poursuivi pour un délit d'audience.

I

Conformement à l'art. 15 de la loi de 1835, les
audiences sont publiques, sauf le cas où la loi dans
l'intérêt des mœurs, autorise le juge à procéder
aux débats à huis clos.

Cet article a été consacré, depuis, par toutes
nos constitutions. Ici, « on entend par audience,
non le lieu public où le tribunal rend la justice, mais
l'assemblée même des juges devant laquelle se dé-
battent et se jugent les causes judiciaires ». Aussi
un jugement qui n'aura pas été rendu en audience
publique est nul de plein droit. Pour faire constater que le jugement à l'égard de la publicité a satisfait à la loi, la mention en audience publique
du.... y doit exister.

L'art. 16 veut qu'il y ait pour la prompte expédition des affaires cinq audiences par semaine et l'art. 17 décide que chaque audience est de trois heures au moins et que le temps qui leur est destiné ne peut être consacré à d'autres fonctions. En France, le nombre, la durée des audiences et leur affectation aux différentes natures d'affaires, sont fixés dans chaque tribunal par un réglement qui est soumis à l'approbation du garde des sceaux. « La loi du 27 Ventôse, an VIII exigeait l'approbation du gouvernement même. Lors de la discussion de la loi de 1838, le garde des sceaux interrogé sur la manière dont il fera exécuter ce règlement a répondu : « Dans les règlements des tribunaux soumis au garde des sceaux, il y a quelque chose de laissé au sentiment du devoir que possède la magistrature, il est certain que le règlement peut n'être pas exécuté par un tribunal, mais ce sera un cas très rare. Il sera toujours exécuté sans avoir besoin de recourir à une mesure disciplinaire. Il y a une contrainte morale que nous avons cru suffisante. Il y a du reste les principes généraux sur la discipline des magistrats. Quand ils manquent à leurs devoirs, il y a recours devant la cour royale. Mais ce n'est pas ici une discipline que nous nous proposons. »

II

Il ne suffit pas de fixer le nombre des audiences et leur durée, ni même de défendre d'employer à d'autres fonctions le temps qui leur est consacré; il faut de plus en assurer la régularité des services.

Pour cela, la loi a établi ce qu'on appelle le registre de pointe. Ce registre joue un rôle très important dans l'administration de la justice. Il sert à constater quels sont les magistrats qui ont pris part à la décision, et à fixer le secrétaire d'Etat de la

Justice — dans un intérêt de discipline — sur les travaux des tribunaux. Aussi, chaque juge, avant l'heure fixée pour l'audience, est-il tenu de se faire inscrire sur ce registre (art. 18). La même obligation est faite au doyen, au commissaire du gouvernement ou à son substitut. De plus, ce registre est avant de commencer l'audience, lu, arrêté et signé par le doyen ou le juge qui le remplace et le commissaire du gouvernement (même art.). L'art. 19 soumet aussi à la pointe, comme s'il avait été absent d'une audience, le juge qui ne se rendrait pas à une assemblée générale des membres du Tribunal que le doyen pourra convoquer pour le règlement de ce qui tient, soit à la police, soit à la discipline. Lors même qu'un juge ou un officier du ministère public assisterait à l'audience, s'il n'a pas été présent au moment de la clôture du registre de pointe, l'art. 20 dispose qu'il subira une retenue dont la quotité sera déterminée en divisant la somme de son traitement mensuel par le nombre d'audiences qu'il y aura manqué dans le mois. Cette retenue, ajoute le même article, sera prélevée autant de fois qu'il y aura d'absences constatées. Aucun motif ne pourra excuser le doyen de n'avoir pas ouvert le registre de pointe à l'heure présente. Faute par lui de ce faire, il sera passible, dit l'art. 21, d'une amende égale au montant d'une retenue.

Si c'était pourtant par défaut de juges, il en dresserait procès-verbal dont le double serait remis au ministère public. Le doyen et le ministère public doivent envoyer, chacun de son côté ce procès-verbal au secrétaire d'Etat de la Justice. Le tribunal, dispose l'art. 22, n'accorde de congé que pour cause nécessaire et si l'absence du juge qui le demande ne fait pas manquer le service.

L'art. 23 permet de remplacer provisoirement les juges absents par les suppléants. Le doyen lui-

même ne peut être remplacé que par un juge, en
suivant l'ordre du tableau. Dans aucun cas, le
nombre des suppléants siégeant, ne pourra égaler
celui des juges présents.

Les suppléants peuvent siéger aux audiences des
tribunaux auxquels ils appartiennent, mais ils n'y
ont voix délibérative que quand ils remplacent les
juges. Nous avons élucidé cette question ci-haut.
Lorsque les suppléants sont appelés à remplacer
les juges absents sans congé, ils reçoivent, dit
l'art. 24, pour chaque audience où ils auront siégé,
une allocation égale au montant de la retenue qui
aura été faite sur le traitement de ces juges.

Comme nous l'avons vu précédemment, cette
dernière disposition a été modifiée par la loi de
1877, art. 5. Enfin, déclare l'art. 28, le juge qui,
sans congé ou sans empêchement légitime dûment
constaté, aura manqué à trois audiences consécuti-
ves, est réputé démissionnaire et définitivement
remplacé.

III

Voilà des textes clairs et précis et d'une application facile ! Eh bien, on peut dire qu'ils sont rarement appliqués dans leur teneur. Les commissaires
du Gouvernement et les doyens des tribunaux civils
de la République — à quelques exceptions près —
ne remplissent pas, de ce chef, leurs devoirs. D'autre part, certains juges ayant peu souci de la tâche
délicate qui leur incombe, s'absentent parfois sans
motifs légitimes, et il s'en trouve même qui ne
répondent pas à la convocation qui leur est adressée
par le doyen. Tout dernièrement, le chef du département de la Justice a eu à attirer l'attention des
commissaire du gouvernement et des doyens des
tribunaux civils sur les prescriptions de la loi du 9
juin 1835, touchant l'envoi régulier, à ce département, des extraits du registre de pointe et du plu-

mitif des audiences. « Ces prescriptions, dit-il, se trouvent consignées dans l'art. 18 ayant sa sanction rigoureuse dans les art. 20 et 25 de la loi précitée. Aussi, faites-moi parvenir plus complètement que vous ne le faites, l'extrait des registres de pointe des tribunaux près lesquels vous exercez vos fonctions. Il est aussi nécessaire que vous teniez fermement la main aux termes de l'art. 17 ordonnant que chaque audience soit au moins de trois heures et que le temps à ce destiné ne puisse être consacré à d'autres travaux. » (1)

---

(1) L'article 18 de la loi organique impose le devoir à tous les juges et les officiers du ministère public de s'inscrire sur le registre de pointe avant l'heure de l'audience : c'est dans le but d'obliger tous les magistrats de se présenter au tribunal, afin que l'administration de la justice ne soit jamais entravée par la difficulté de composer le tribunal, en cas d'empêchement légal d'un ou de plusieurs magistrats, de connaître une affaire.

Mais l'inobservance de cette disposition occasionne souvent de grands préjudices aux parties. Dans certains tribunaux. les magistrats se divisent et alternent le service, par semaine ou par mois, à tour de rôle ; à chaque jour d'audience, il ne se présente au tribunal que les magistrats de service dont le nombre forme strictement la compétence, et pour peu que l'un d'eux se trouve indisposé, l'audience est manquée ; ces magistrats réunis à la chambre du Conseil, ne se donnent pas toujours la peine d'examiner le rôle ; ce n'est donc qu'à l'audience, aux appels des causes, que tel juge déclare se déporter de telle affaire et sur cette simple obligation, le doyen renvoie l'affaire à une époque indéterminée. »

Cette infraction à la loi, ce déni de justice, produit quelquefois des inconvenances qui blessent la dignité de la Magistrature : souvent le magtsirat est obligé de divulguer en public les causes de son déport, qu'il ne devrait confier qu'à la chambre du Conseil.

« Le juge ne peut, sans s'exposer à la prise à partie et à être attaqué en déni de justice, renoncer à son siège sans que préalablement la récusation dirigée contre lui ou les motifs d'abstention de sa part, ne soient jugés valables et prononcés par le tribunal. »

Arrêt du tribunal de Cassation du 12 Décembre 1836.

« Il faut le dire à regret, de tous les temps, et jusqu'ici les fonctionnaires chargés de la haute surveillance de l'administration de la justice se bornent ordinairement à prescrire l'observation des lois par des circulaires publiées et qui tom-

Cela ne date pas d'aujourd'hui. Depuis fort longtemps, les chefs de ce département ont eu à rappeler aux magistrats les prescriptions de la loi à cet égard.

Voici comment s'est exprimé M. François Elie Dubois, secrétaire d'Etat de la justice, dans une circulaire adressée aux doyens et juges des tribunaux civils de la République.

« .... Les dispositions, dit-il, de la loi organique peuvent bien atteindre le juge qui néglige de remplir ses devoirs, mais appartient-il à la dignité d'un si haut caractère de se laisser frapper par la disposition pénale d'une loi transitoire, lorsque, dans la constitution son inamovibilité est consacrée sauf le cas de forfaiture !

« J'aime à penser, Messieurs, et votre patriotisme m'en est un sûr garant, que jamais le ministère public n'aura à signaler aucun juge comme démissionnaire, parce qu'il aurait manqué d'être présent régulièrement aux audiences, et qu'il aurait ainsi privé le peuple de son premier besoin : *la justice.*

« Mais ce n'est pas assez d'être régulier, le magistrat doit apporter beaucoup de soin dans l'examen des causes qu'il a entendues, afin de décider en toute sûreté de conscience.

« Souvent il arrive que, par une coupable indifférence, le mauvais droit l'emporte, parce que les pièces d'un procès n'ont pas été assez étudiées ; le juge le reconnait plus tard, il en gémit, il se repend, mais il n'est plus temps, la ruine d'une famille entière en est la triste conséquence....

---

bent aussitôt en désuétude au lieu de se faire rendre compte de l'inexécution des lois et de réprimer les abus qui en résultent. »

(Catéchisme élémentaire de la Procédure, par Mᵉ Mullery, défenseur public.)

« Que le magistrat se pénètre donc de toute l'importance des honorables fonctions qui'l remplit, qu'il se convainque bien qu'appelé à juger ses semblales, il doit se mettre au-dessus de toutes les passions qui assiègent l'homme dans le cours de la vie, et qu'il lui faut, reportant son esprit vers Dieu, lui demander de l'éclairer au moment de rendre sa sentence.

« Alors, il sera rare que de mauvaises décisions sortent de son cœur ; s'il se trompe dans ces conditions, il n'aura pas de reproches à se faire ; mais s'il en sort, il se prépare des jours de tristesses et de malheur.... » (1)

IV

Le doyen étant le chef du tribunal dirige les travaux et au nom du tribunal tout entier, règle la tenue des audiences. Ce qui revient à dire qu'il n'appartient qu'à lui seul de fixer l'ordre des plaidoiries ou plutôt de déterminer le jour où une affaire sera plaidée.

Le ministère public n'a pas ce droit. Cependant la mise au rôle d'une affaire peut être demandée par les parties. Le tribunal est seul juge en l'occurence. Il peut arriver que des affaires urgentes exigent que l'ordre de l'audience soit changé. Ici encore, le tribunal a pleine liberté d'agir. Mais il ne faut pas de ce changement qu'il résulte un trouble de nature à compromettre les intérêts des plaideurs. De ce chef aussi, l'impartialité n'est pas toujours la règle. On a vu en maintes circonstances, des juges agir contrairement à la loi, dans le but bien évident de donner satisfaction à telles parties en cause.

.... Il a été décidé, en France, dans le cas qui nous occupe, qu'il n'y a pas nullité d'un jugement

---

(1) Deux ans et demi de ministère, p. 18.

en ce que l'audience indiquée pour tel jour déterminé n'a eu lieu que le lendemain, alors qu'il n'est
résulté aucun préjudice pour les parties.

Le tribunal, disons-nous, a la police de son audience. Pour garantir l'exercice de ce droit, la loi
lui donne le pouvoir de « réprimer immédiatement
toute infraction à l'ordre et tout manquement à la
majesté de la justice».

En cas d'interruption, il peut donner un avertissement préalable à ceux qui troublent l'ordre, ou
ordonner leur expulsion de l'audience, selon la gravité de l'infraction. D'ailleurs, les dispositions de
notre code de procédure civile et celles de notre
code d'instruction criminelle règlent d'une manière
spéciale cette partie de la police de l'audience. (2)

Les avocats, cela va de soi, sont tenus au même
respect dû à la majesté de la justice que les assis-

______

(2) Tous ceux qui assistent aux audiences doivent se tenir
découverts, dans le respect et le silence ; tout ce que le doyen
ordonne pour le maintien de l'ordre doit être exécuté ponc-
tuellement et à l'instant. Cette même disposition doit être
observée partout où soit un juge, soit le ministère public
exerce ses fonctions, comme dans une enquête, dans une
descente des lieux, etc. (C. proc. 94.) Les assistants *quels
qu'ils soient* qui troublent l'ordre, ou qui donnent seulement
des signes d'approbation ou d'improbation, soit à la défense
des parties, soit aux discours des juges ou du ministère public, etc., sont rappelés à l'ordre une première fois, s'ils n'y
obéissent pas, ils sont encore rappelés une seconde fois ; s'ils
y persistent après ces deux avertissements, il leur enjoint de
se retirer et les résistants sont, en vertu de l'ordre du magistrat, incarcérés pour vingt-quatre heures ; le tout est constaté
sur le procès-verbal (art 95). D'après l'art. 96, si le trouble
est causé par un individu remplissant une fonction près le
tribunal, il pourra outre la peine ci-dessus, être suspendu de
ses fonctions....

Le jugement sera exécutoire par provision. Ceux qui outra-
geraient ou menaceraient les juges ou les officiers de justice
dans l'exercice de leurs fonctions seront saisis et déposés
dans la maison d'arrêt, mais dans les 24 heures ils doivent
être jugés et condamnés par le tribunal, sur le vu du procès-
verbal à la peine d'un mois à un an d'emprisonnement. (art.
97 et C. Pénal 184.)

tants. Ils sont tenus de s'expliquer avec modération.
On a posé la question de savoir si le droit d'arrestation accordé aux juges par la loi existe dans
toutes les situations où ils peuvent se trouver.
D'après M. Carré « les juges retirés dans la Chambre du Conseil, où tenant une audience à huis clos,
n'ont pas le droit de faire arrêter un perturbateur,
ce droit ne leur appartient que quand ils procèdent
publiquement ; ils pourraient seulement faire expul-
ser le perturbateur de leur salle ou de leur cabinet
sauf en cas de délit, à en dresser procès-verbal et
à en provoquer les poursuites dans les formes
ordinaires. Ces mesures de répression ne donnent
lieu à aucune procédure, ni à aucune défense. Il
n'y a pas de peine proprement dite : il ne s'agit
que du rétablissement de l'ordre troublé momentanément, c'est une simple mesure de police. Aussi
l'arrestation a-t-elle lieu en vertu d'un simple ordre
du président mentionné seulement sur le procès-verbal de l'audience. » Tout ce que nous venons de
dire à propos de la police de l'audience, peut s'appliquer à tout magistrat possédant à quelque acte
d'instruction. Du reste, tout magistrat dans l'exercice de ses fonctions doit faire respecter son autorité. On se demande si un député ou un sénateur
jouissant du privilège d'une compétence particulière
peut-être poursuivi pour un délit d'audience comme
le prescrit la loi. Il n'y a pas lieu d'en douter. Ce
délit n'est pas un délit de droit commun et la loi
veut qu'il soit réprimé immédiatement, séance
tenante.

CHAPITRE V
De l'Instruction

I

Chacun le sait, l'ordre est nécessaire à toute bonne administration. Il l'est surtout à celle de la justice, dont la délicate mission est de rendre à chacun ce qui lui est dû. Et puisqu'il est matériellement impossible que la justice statue immédiatement et simultanément sur toutes les affaires qui sont portées devant elle, il convient d'établir l'ordre dans lequel ces affaires, d'après leur nature, doivent être inscrites, appelées et jugées.

Sous ce rapport, la loi du 9 Juin 1835 est d'une clarté parfaite. Nous donnons ci-après les textes qui s'en occupent d'une façon spéciale.

Suivant l'art. 48, il est tenu au greffe de chaque

tribunal civil un rôle général de toutes les causes, dans l'ordre de leur présentation. L'art. 49 veut que les causes introduites par assignation à bref délai, soient jugées dans des audiences extraordinaires. Elle veut en outre, que celles pour déclinatoires, exceptions et règlements de procédure qui ne tiennent point au fond, celles renvoyées à l'audience, celles à fin de mise en liberté, de provision alimentaire et toutes autres de pareille urgence, soient appelées sur simple mémoire pour être plaidées et jugées sans remise ni tour de rôle. Mais, si le tribunal, porte l'art. 50, croit devoir accorder la remise, elle sera accordée à jour fixe, et au jour indiqué, il ne peut en être accordé une nouvelle. Aux appels des causes, ajoute-t-il, celles ci-dessus énoncées sont retenues pour être plaidées et jugées avant celles du rôle d'audience. Au commencement de chaque audience, dit l'art. 51, le doyen fait appeler toutes les causes portées sur le rôle d'audience et toutes celles où les deux parties se présentent et déclarent qu'elles sont prêtes à plaider au fond, sont retenues à cet effet.

Si la partie qui poursuit l'audience ne comparaît pas, l'art 52 commande de retirer la cause du rôle. Et s'il y a obstacle à ce que la cause soit plaidée sur le premier appel, l'art. 53 exige que les parties en fassent l'observation sur le champ ; et si le tribunal la trouve fondée, il est indiqué un autre jour. Une cause retirée du rôle, dans le cas énoncé ci-dessus, peut y être rétablie, mais sur le vu du jugement de radiation dont le coût, prescrit l'art. 54, reste à la charge permanente des parties. En cas d'opposition formée à un jugement par défaut, l'art. 55 déclare que la cause reprendra le rang qu'elle occupait au rôle, à moins que le doyen n'accorde un jour fixe pour statuer sur les moyens d'opposition. Les causes mises en délibéré ou instruites par écrit, sont, dispose l'art. 56, distribuées entre les juges par le doyen ou le juge qui le remplace. Dans toutes les causes, décide l'art. 57, avant d'être admises à requérir défaut ou à plaider contradictoirement, les parties remettent au greffier de service à l'audience leurs conclusions motivées et signées d'elles ou de leurs défenseurs, avec le numéro du rôle d'audience. Lorsque le tribunal trouve qu'une cause est suffisamment éclaircie, l'art. 58 donne droit au doyen ou au juge qui le remplace de faire cesser les plaidoiries. L'art. 59 veut que le greffier porte sur la feuille d'audience du jour et inscrive ensuite, sur un registre à ce destiné, chaque jugement, aussitôt qu'il est rendu. Cet article veut de plus que celui qui a présidé vérifie cette feuille et le registre, soit à l'issue de l'audience, soit dans les 24 heures et qu'il signe ainsi que les autres juges qui ont siégé, et le greffier, la minute de chaque jugement. Enfin dit l'art. 60, si l'un de ceux qui doivent signer ne pouvait le faire dans les 24 heures, il en fait mention ainsi que du motif.

De ces textes, il ressort que les rôles des causes sauf les exceptions établies par la loi, sont arrêtés, publiés, déposés et suivis. Pour mieux dire, lorsque les parties sont régulièrement représentées en justice, la cause introduite doit attendre son tour, à moins qu'elle n'ait « un caractère d'urgence qui motive une exception, à l'ordre normal de l'examen des causes ». Par conséquent, le tribunal a pour devoir de juger — sans préférence et à tour de rôle — les causes enregistrées dans le rôle suivant les dates de leurs inscriptions. A dire vrai, il n'en est pas toujours ainsi. Il y a des juges qui violent ouvertement ce principe de l'ordre judiciaire. Ces magistrats, oubliant ce que leur commande leur conscience, ne dissimulent pas quelquefois leur préférence pour certains avocats. Bien que leurs affaires soient les dernières inscrites, elles sont néanmoins appelées au préjudice de celles qui, depuis un laps de temps considérable, attendent leur tour. Ce qui implique à leur profit un privilège tout particulier. Aussi les avocats qui sont obligés d'attendre plusieurs mois avant que leur contestation puisse être soumise au tribunal ne manquent pas d'exhaler leur colère et de réclamer à cet égard les prescriptions de la loi.

A-t-on oublié des scènes fort regrettables dont le tribunal civil de Port-au-Prince a, sur ce motif, donné le navrant spectacle ? Il faut le dire, ce sont des mœurs qui frappent la justice d'un discrédit profond.

Toujours dans le même ordre d'idées, il est bon d'attirer l'attention sur le point qui concerne l'obligation de prononcer les jugements dans le délai légal. La lenteur qui semble être de l'essence de la justice dépasse ici toute mesure.

Il est des magistrats qui gardent plusieurs mois des dossiers qu'ils ont à examiner et ne prononcent leur jugement que quand ils sont menacés par les parties. Cependant, les avocats qui ont l'oreille de la Cour ou qui y passent pour des étoiles de première grandeur ne souffrent guère d'un tel inconvénient.

Cela est si vrai qu'on entend dire que telle composition du tribunal est préférable à telle autre. Ce mal provient surtout de ce que la loi du 26 septembre 1895 sur la durée des délibérés n'est pas rigoureusement appliquée. A ce propos, nous publions ci-après la double circulaire que M. T. Laleau secrétaire d'Etat à la Justice, a adressée aux commissaires du Gouvernement et aux doyens de nos tribunaux civils.

« Si la loi sur la longueur des délibérés, dit-il, attache en son article 6, des sanctions rigoureuses à l'obligation qu'ont les juges de prononcer leur jugement et de statuer dans le délai prévu, elle édite aussi des pénalités sévères contre les chefs des Parquets, des tribunaux civils qui ne se conformeraient pas aux dispositions de la loi les concernant. L'art. 5 dispose, en effet, que sous peine de suspension d'abord et de révocation, en cas de récidive, vous m'adresserez à la fin de chaque semaine un rapport détaillé indiquant les affaires dans lesquelles les prescriptions de ladite loi auront été enfreintes et les noms des juges qui auront commis l'infraction. L'intérêt patriotique que vous avez à assurer aux justiciables le prompt règlement de leurs affaires et notre amour du devoir ne vous feront point manquer, je crois, de me fournir tous renseignements utiles, me mettant à même de répondre au vœu de la loi à cet effet. Je vous invite, en conséquence, à m'expédier ces rapports hebdomadaires que vous ferez toujours accompagner de tableaux résumant, plus complètement que vous ne le faites d'ordinaire, le mouvement détaillé des audiences civiles et correctionnelles avec toutes les indications nécessaires. Vous réclamerez plus souvent des greffiers, pour m'être expédié, chaque semaine, un tableau des audiences de référé, et me signalerez, dans votre prochain rapport, les causes non encore jugées, en dépit de l'expiration des délais fixés par la loi, en ayant soin de m'y relater toutes les désignations exigibles en l'espèce.» (1)

En ce qui concerne la lenteur avec laquelle la justice a été toujours distribuée, voici comment M. H. Baussan, sénateur, auteur d'une proposition de loi portant modification de l'art. 87 du code de procédure, s'est exprimé :

« Permettez-moi, dit-il, de vous donner quelques explications nécessaires. Dans tous les États civilisés, le premier devoir de ceux qui dirigent est de faire que la justice se distribue à bon droit. Par une longue pratique, aux affaires, j'ai pu constater

____

(1) Circulaire, 3 Mars 1906. *Bulletin Officiel*, n° 1er.

que la justice, notamment à Port-au-Prince, ne se
distribue ni avec célérité, ni sans frais. Les justiciables ont le temps de mourir et ils meurent sur
la paille sans connaître leur sort, en présence de
la diversité des causes. La loi a des péchés qu'il
faut extirper. Les justiciables, selon le besoin de
leurs causes, se présentent devant les tribunaux et
n'obtiennent pas d'après les délais prescrits par
les lois, les jugements auxquels ils s'attendent. Ces
mauvais moyens sont connus de tout le monde : on
soulève des exceptions devant le tribunal qui
renvoie l'affaire ; on revient pour plaider le fond,
de nouvelles exceptions sont encore soulevées. Des
jours s'écoulent, des mois arrivent et même des années et finalement une affaire politique éclate ; les
coups de fusil sont tirés et l'affaire passe à l'état de
lettre morte. J'ai en mains un dossier de 18 années
résultant de tout ce que je viens d'énumérer. Il
appartient au Sénat de la République de mettre un
terme à ceci. M⁰ Deslandes, de regrettée mémoire,
avait essayé de modifier cette loi, mais malheureusement le projet présenté n'a pas été suivi, il a été
contourné... » (1)

... Tout cela porte une atteinte directe à la justice. Si on s'en souvient, on parlait, en ces derniers
temps, d'établir chez nous une juridiction consulaire
pour juger les contestations entre étrangers, sous
prétexte que nos tribunaux sont incapables de rendre la justice. Nous devons souhaiter que cela
n'arrive jamais... Même les pays qui étaient soumis
au régime de capitulations sont aujourd'hui débar-
rassés de la tare humiliante de la juridiction consulaire étrangère, c'est-à-dire du droit qu'avaient les
étrangers d'être jugés par leurs consuls respectifs.
Ainsi que l'a dit Laurent : « la justice tient à la souveraineté dont elle est une des manifestations les

---

(1) Voir *Moniteur* du 1ᵉʳ Septembre 1906.

6

plus éclatantes ; une nation peut-elle renoncer à sa puissance souveraine ? »

Dans la réponse du message du Président de la République, accompagnant l'exposé de la situation, l'Assemblée Nationale, (la Chambre et le Sénat) a formulé le vœu qu'on réforme sérieusement et immédiatement la magistrature... « La justice, dit ce document officiel, n'est satisfaisante qu'autant qu'elle relève promptement les injustices. Dans le cas contraire, les intérêts particuliers périclitent, la société s'en ressent, la garantie qu'elle doit offrir est sinon annulée, mais affaiblie.

« C'est une lacune que comblerait un bon recrutement des juges. Ce n'est qu'avec un choix de magistrats suivant les conditions requises que nos tribunaux le plus souvent arriveraient à mettre fin à ces procès qui passent des années à pérégriner dans les tribunaux de renvoi et de Cassation avant de recevoir un jugement définitif, suivant la science juridique.

« L'Assemblée Nationale formule le vœu bien sincère que le recrutement de la magistrature, par une loi qu'élaborera le corps législalatif, se fasse dans nos écoles et facultés de droit. Ce n'est qu'ainsi que dans les tribunaux de paix, civils et cassation, l'on pourra avoir une suite de juges dignes de ce nom, observateurs du droit et de la loi, conservateurs d'une jurisprudence qui assure la justice en la rendant prompte et stable. »

Certes, c'est un bon mouvement de la part de l'Assemblée Nationale, et il est souhaitable que cette loi sur le recrutement de la Magistrature qui est à l'étude devienne, avant longtemps, une réalité. Ne l'oublions pas, cette réforme s'impose ; elle est nécessaire, elle est urgente. Ce n'est pas tout. De temps immémorial, on lit dans l'exposé de la situation, les phrases suivantes :

« Presque partout les livres de sciences juridiques manquent. L'installation de nos tribunaux tant supérieurs qu'inférieurs n'existe pas ; les locaux tombent en vétusté, etc... »

Assurément la réforme judiciaire serait incomplète si elle ne remédiait, en même temps, à cet état de choses.

Tout se tient. Il ne suffit pas de dire au juge : Vous êtes l'organe de la loi, rendez la justice. Non. Donnez lui des ouvrages de droit et de jurisprudence pour qu'il s'instruise, pour qu'il soit au courant des théories juridiques nouvelles, afin de les partager, de les discuter et d'en faire une utile application.

Et puis la forme — il ne s'agit pas ici de celle qui emporte le fond contre les nullités et les déchéances ni de celle de Brid'oison.... Donnez lui un local bien approprié, pourvu du matériel nécessaire, toutes choses qui donnent du prestige et de la majesté au temple de la Justice....

CHAPITRE VI

Des Tribunaux de Paix

Sommaire :

Les juges de paix étaient inamovibles. — Les juges de paix sont de véritables magistrats. — Depuis la constitution de 1867, les juges de paix sont révocables. — Les tribunaux de paix nous offrent le spectacle d'une odieuse exploitation. — Quelle justice faut-il attendre des hommes sans moralité qui n'ont aucune notion du droit ? Tant vaut le juge, tant vaut la justice. — Si l'Etat haïtien payait convenablement et régulièrement ses serviteurs. — Rapport de M. F. Dubois, secrétaire d'Etat de la Justice, soumis au président Geffrard. — On ne pourrait relever cette magistrature que par les sujets sortis des écoles de Droit de la République. — L'institution des justices de paix est d'origine hollandaise. — En Angleterre, les juges de paix réunissent entre leurs mains tous les pouvoirs locaux. — Les juges de paix peuvent prononcer, sans excéder leur compétence, sur une valeur de 150 gourdes tant au civil qu'au commerce. — Les appels de sentence de justice de paix, en matière commerciale, doivent être portés devant les tribunaux de commerce.

I

Les justices de paix ont été instituées par la Constitution impériale de 1805. « Il y aura un juge de paix, dit l'art. 46, dans chaque commune ; il ne pourra connaître d'une affaire s'élevant au-delà de cent gourdes, et lorsque les parties ne pourront se concilier à son tribunal, elles se pourvoieront par devant le tribunal de leur ressort respectif. » Sous la loi organique du 7 Juin 1805, le juge de paix était assisté de deux assesseurs et il connaissait de toutes les affaires personnelles et mobilières,

saus appel, jusqu'à la valeur de 50 gourdes et à
charge d'appel, jusqu'à la valeur de 100 gourdes.
En ce temps-là, les juges de paix étaient inamovibles tout comme les autres juges, et leur nomination à partir de la Constitution de 1806, appartenait
au Sénat, assemblée unique, qui concentrait les deux
pouvoirs : le législatif et l'exécutif. Plus tard, la
loi organique du 15 Mai 1819 vint établir l'unité
de juge en premier comme en dernier ressort. La
justice de paix était rendue dans chaque commune
par un juge assisté d'un greffier. La loi du 13 février 1826 sur l'organisation judiciaire et la police
des tribunaux établit, à son tour, auprès de chaque
justice de paix, trois suppléants et un greffier, à
l'exception du tribunal de paix de la capitale, qui
comptait quatre suppléants.

La loi qui régit actuellement cette institution,
c'est celle du 9 juin 1835. Suivant l'article 29 de
cette loi, il y a un tribunal de paix dans chaque
commune de la République. Le président d'Haïti,
ajoute-t-il, peut aussi établir des tribunaux dans
les quartiers et paroisses où le bien public l'exige.
Ainsi, il y a autant de tribunaux de paix qu'il y a
de communes (1). De plus, la loi laisse au chef du
pouvoir exécutif, la faculté d'établir des juges de
paix et de les placer dans des endroits où la nécessité s'en fait sentir. Et comme la justice doit être
rendue partout, l'art. 30 a soin de dire que les
quartiers et paroisses où il n'aura pas été établi
des tribunaux de paix, dépendent, pour la distribution de la justice, des tribunaux de paix les plus
voisins. Ici le législateur prévoit le cas où le président d'Haïti ne ferait pas diligence pour pourvoir
ces quartiers de tribunaux. En réalité, il n'en est
rien. Dès qu'un poste militaire commence à prendre
de l'extension — par une progression constante de

---

(1) On compte actuellement (1907) 86 communes, 37 quartiers, 37 postes militaires.

sa population — il est vite érigé en quartier et on lui attribue par conséquent, une justice de paix. Actuellement, il y a pour toute la République, 110 justices de paix, (1907). L'art. 31 veut que chaque tribunal de paix soit composé d'un juge, d'un greffier et de deux huissiers exploitants. Il veut en outre qu'il y ait trois suppléants dans les tribunaux de paix ayant leurs sièges au chef-lieu des tribunaux civils, de deux suppléants seulement dans les autres tribunaux de paix. Empressons-nous d'ajouter que, depuis que l'art. 31 a été modifié par la loi du 9 mars 1859, les tribunaux de paix de la capitale ont chacun quatre suppléants. Dans les affaires que les tribunaux de paix sont autorisés à juger en dernier ressort, l'art. 32 règle que le juge est toujours assisté d'un suppléant et du greffier ; sauf à appeler un autre suppléant en cas de partage. Dans toutes les autres causes, l'assistance du greffier suffira. Ainsi, il y a unité ou pluralité des juges selon que la sentence est rendue à charge d'appel ou en dernier ressort. Les fonctions que les suppléants ont à remplir sont les mêmes que celles des juges titulaires. En conséquence, ils sont de véritables magistrats, ils en ont le caractère permanent. La loi les a institués pour qu'il n'y ait pas d'interruption dans l'administration de la justice. D'ailleurs ne prêtent-ils pas le même serment que les magistrats avant d'entrer en fonction ? (1)

II

En France, sous l'empire de la loi de 1790, le tribunal de paix était composé d'un juge de paix et de deux assesseurs. La loi du 29 Ventôse supprima les assesseurs qui furent remplacés par des suppléants et décida que le juge siègerait seul : les suppléants n'interviennent que pour le remplacer

---

(I) Ils prêtent serment entre les mains du juge de paix qui préside le tribunal auxquels ils appartiennent.

au besoin. Il en résulte que les suppléants n'ont à
intervenir que rarement et peuvent cumuler leurs
fonctions avec leur profession ordinaire. De plus
ils n'ont pas de traitement. En Haïti, il n'en va pas
de même. Comme ils sont de service à tour de rôle
pendant un mois, ils sont alors payés pour le mois
pendant lequel ils ont siégé. Outre cela, quand ils
assistent le juge, ils ont droit à la moitié de la taxe.
C'est ce qui ressort des articles 33. et suivants de
la loi que nous commentons.

L'art. 36 a trait à la concussion des juges et de
leurs greffiers. Ainsi, dans le cas où les juges de
paix et leurs greffiers seraient convaincus d'avoir
exigé des frais plus élevés que ceux fixés par le
tarif, ils seraient sur la plainte des parties ou
même d'office, à la diligence du ministère public,
condamnés à la restitution de la totalité des frais
perçus, sans préjudice des peines portées contre les
concussionnaires. Les articles 77 et 78 de la même
loi ajoutent que l'ordonnance de prise de corps
contre les juges emporte la suspension de leurs
fonctions et la suppression de leur traitement pendant la durée de la suspension.

Depuis la constitution de 1867, les juges de
paix sont révocables ou plutôt ne sont pas inamovibles. Dans l'ordre judiciaire, ce sont donc les seuls
magistrats qui ne jouissent pas du privilège de
l'inamovibilité. Pourquoi cela ? « Cette exception
s'explique, prétend-on, par la diversité de leurs
attributions et parce qu'aucunes conditions légales
de capacité ne sont exigées pour eux. Plus la loi
multipliait leurs attributions, plus elle laissait la
liberté à l'administration supérieure pour choisir
les juges de paix, plus aussi on devait lui laisser
la faculté de réparer un mauvais choix, s'il en
en était fait un. » La loi française du 12 juillet
1905 a détruit cet argument. Désormais, il faut.
remplir certaines conditions de capacité et d'apti-

tude pour l'exercice de ces fonctions. En d'autres termes, il faut être licencié en droit, ou avoir occupé pendant quelques années une charge dans l'ordre judiciaire pour être nommé juge de paix. Chez nous, aucune condition particulière n'est exigée, si ce n'est d'avoir l'âge de 25 ans accomplis et de jouir de ses droits civils et politiques. Il est à souhaiter qu'une loi soit rendue dans le sens de la loi française. Car, on le sait, le recrutement de cette magistrature populaire laisse beaucoup à désirer.

Peut-on se faire une idée de la qualité de la justice que rendent la plupart de nos tribunaux de paix ? « *Les tribunaux de paix*, s'écrie un document officiel, *nous offrent le triste spectacle d'une odieuse exploitation.* » (1) En effet. si nos pauvres paysans pouvaient parler, s'ils pouvaient exprimer leurs doléances, que de choses monstrueuses ne révéleraient-ils pas à l'actif de certains juges de paix !... Tout le monde sait ce que coûtent les procès dans les campagnes parmi les cultivateurs et les propriétaires. Ces magistrats peu scrupuleux les exploitent sans merci, étant assurés de l'impunité.

Vraiment, quelle justice faut-il attendre des hommes sans moralité qui n'ont aucune notion du droit? Peuvent-ils avoir conscience de leurs fonctions, quand rien ne les avait préparés à la magistrature qu'ils exercent ? Tant vaut le juge, tant vaut la justice. Aussi longtemps que nous n'aurons pas pris la résolution de nommer des citoyens qui, par leur tenue intellectuelle et morale, sont propres à faire des juges, nous aurons toujours à enregistrer de telles iniquités. D'autre part, n'est-il pas équitable d'accorder une rémunération suffisante à ceux qui rendent un si grand service à la communauté ? Si

---

(1) Exposé général de la situation, année 1905.

l'Etat haïtien payait convenablement et régulièrement ses serviteurs, le recrutement de cette magistrature n'offrirait pas tant de difficultés.

Cette question d'*odieuse exploitation* dont parle
le document officiel ne date pas d'aujourd'hui. M.
F.-E. Dubois, secrétaire d'Etat de la Justice, dans
un rapport soumis en 1860 au président Geffrard,
s'exprimait en ces termes :

« Il est à regretter que la juridiction paternelle
des tribunaux de paix laisse à désirer, surtout dans
les petites localités. Là, dès que cette charge si
honorable vient à vaquer, la difficulté se présente.
Les hommes capables de la remplir s'y refusent,
prétextant de leurs occupations journalières de leur
commerce, ou de leur industrie, etc. Il faut donc
demander des candidats ; ceux qui acceptent sont
rarement à la hauteur de leur mission ; de là, des
plaintes parties des justiciables et grand'peine pour
moi de rectifier, quand il est possible, les erreurs de
ces juges. Si des hommes éclairés et honnêtes qui
habitent les petites localités consentaient à faire le
petit sacrifice dont un citoyen honorable vient de
leur offrir l'exemple, ils rendraient un bien grand
service à la Patrie : j'ai nommé le juge F. Poisson.
(Il s'agit de la commune de Grand-Goâve.)

« Espérons qu'à l'aide des écoles de Droit, et nos
concitoyens venant à apprécier le besoin pour eux
d'être bien jugés, les justices de paix se relèveront
de toutes parts et rendront au pays les importants
services qu'il attend d'elles. »

A l'aide des écoles de Droit.... C'est un *deside-
-ratum* qui n'est pas encore réalisé. M. Dubois avait
compris qu'on ne pourrait relever cette magistrature que par les sujets sortis des écoles de Droit
de la République. Nous le croyons aussi. Il se rencontre cependant d'estimables esprits qui contes-
tent l'utilité de ces écoles. Ceux-là portent un mau-

vais jugement ou plutôt leur raisonnement porte à faux. Le grand nombre des écoles de Droit ne saurait être inutile dans un pays comme le nôtre où l'on trouve difficilement un personnel politique, un personnel administratif compétents. Ces écoles n'ont pas seulement pour but — comme on semble le croire — de fournir des avocats et des magistrats, elles font aussi acquérir une culture supérieure permettant d'embrasser n'importe quelle carrière. Au reste, le législateur, le juriste, le diplomate, le publiciste, l'ingénieur, le médecin, ne doivent-ils pas connaître peu ou prou le droit, pour remplir utilement leurs devoirs ? Ce qu'il importe, c'est que ces écoles aient un personnel sérieux, travaillant sur un programme uniforme. Par un sentiment intelligent de sa responsabilité sociale, l'Etat doit également créer des écoles professionnelles des Arts et Métiers, des écoles des Sciences appliquées, des Fermes Ecoles qui sont les premiers besoins des sociétés naissantes. Voilà comment on comprend le progrès dans les centres civilisés.

.... L'institution des justices de paix, quoique d'origine hollandaise, appartient tout entière à l'Angleterre. En effet, dans ce pays, les juges de paix de chaque comté qui forme un ou plusieurs collèges, réunissent entre leurs mains, d'une façon presque complète, tous les pouvoirs locaux. Ils sont chargés : 1° de la police générale, civile ou criminelle des comtés et, sous ce rapport, ils s'assurent des délinquants, les interrogent, et punissent les légers délits. Les offenses contre les personnes ou les propriétés, les fraudes quelconques, la police des marchés, les contestations de toute nature, la recherche de la paternité, la répression de la mendicité, les mœurs publiques, la police et l'autorisation des lieux publics, etc., sont de leur ressort ; 2° de la surveillance générale de tous les établissements d'utilité publique et de l'exécution des actes du Parlement concernant ces établissements, de la police des fabriques et des ouvriers, celle des spectacles, mines, cours d'eau, propriétés communes, etc.; 3° de juger toutes les fraudes et contraventions en matière fiscale, et de veiller à la répartition et à la perception des taxes ; 4° de recevoir le serment des soldats et des matelots, de poursuivre les déserteurs, de contrôler l'administration militaire, de pourvoir au transport des vivres et au logement des troupes, etc.; 5° de l'administration des biens et revenus du Comté.

C'est le roi, ou plutôt le chancelier qui nomme les juges de paix et leur délivre leur commission, qui ne dure qu'autant qu'il plaît au roi ; le nombre des juges de paix n'est pas limité pour chaque comté ; seulement ils doivent y avoir leur domicile et posséder un revenu net de 100 livres sterling en bien fonds.

Ces magistrats ont le pouvoir, sans assembler le jury, de juger sommairement et de punir plusieurs genres de délits ou crimes ; plusieurs juges de paix qui s'assemblent à des époques fixes, pour décider sur leurs affaires administratives locales, forment ce qu'on appelle les *petites sessions* ; enfin tous les juges depaix d'un comté sont obligés de se réunir quatre fois par an à jour fixe, en assemblée générale au chef-lieu du comté, pour y tenir le *général quarter sessions* ; c'est là qu'on suit et qu'on termine, sur la déclaration du grand jury, les poursuites commencées contre les personnes détenues ou prévenues de crimes, qu'on prononce en appel sur les décisions individuelles de ces juges et qu'on règle enfin les affaires administratives relatives à tout le comté.

Quelques juges de paix reçoivent des commissions pour une portion seulement des attributions de ces magistrats. (1)

---

(1) Tableau historique des Institutions modernes par Malpeyre aîné.

On le voit, leurs fonctions n'ont aucune analogie avec celles des juges de paix chez nous.

Nous n'achèverons pas ce chapitre, sans faire un suprême appel aux pouvoirs publics pour une réforme intégrale de nos justices de paix. Ce ne sont pas les sujets qui manquent. Nos écoles de Droit en fournissent. Il convient de les choisir en raison des garanties qu'ils présentent et de les rétribuer comme il convient, pour qu'ils remplissent avec zèle et constance les devoirs de leurs charges.

Suivant l'art. 22 de notre code de procédure civile, modifié par la loi du 20 novembre 1876, les juges de paix peuvent prononcer, sans excéder leur compétence, sur une valeur de 150 gourdes, tant au civil qu'au commerce. Leur jugement, s'ils prononcent sur une demande de cent gourdes et au-dessous, sont sans appel, c'est-à-dire en dernier ressort. Ils sont soumis à l'appel s'il s'agit d'une demande excédant cent gourdes, jusqu'à cent cinquante gourdes. Pour mieux dire, les tribunaux de paix connaissent de toutes les affaires civiles et commerciales dont la valeur n'excède pas cent cinquante gourdes.

Le délai de l'appel de leurs jugements est de 30 jours pour les jugements contradictoires, à dater du jour de leur signification faite par l'huissier, (art. 21, c. proc.) et pour les jugements par défaut à dater de l'expiration du délai de l'opposition. Une question surgit. Devant quels tribunaux doivent être portés les appels de sentence de justice de paix, en matière commerciale ?

Selon nous, les tribunaux de commerce sont seuls compétents.

Il va sans dire que l'appel des jugements des

tribunaux de paix en matiére civile est porté au tribunal civil dans la juridiction duquel se trouve le tribunal de paix, et que l'appel des jugements en matière de police est déféré au tribunal correctionnel. (1)

---

(1) Selon la loi française du 12 juillet 1905, les juges de paix connaissent des affaires civiles mobilières, depuis la somme la plus minime jusqu'à 300 francs en premier et en dernier ressort et depuis 300 francs jusqu'à 600 francs de principal à charge d'appel au tribunal d'arrondissement sauf les exceptions consacrées soit par cette même loi, soit par des lois spéciales....

CHAPITRE VII

Des Tribunaux de Commerce

SOMMAIRE :

Déjà la loi de 1805 avait organisé les tribunaux de commerce. — Un tribunal de commerce a le même ressort que le tribunal civil de la ville dans laquelle il est placé. — Dans les localités où il n'y a pas de tribunaux de commerce, les tribunaux civils jugent les affaires commerciales et maritimes. — Les élections des juges consulaires ne sont pas le meilleur mode de procéder. — L'économie de la loi du 2 Juillet 1907. — La liste des commerçants relève du commissaire du gouvernement. — Il importe de combattre la tiédeur des commerçants. — Les agents de change et les courtiers de commerce ne peuvent figurer sur les listes comme commerçants. — Législation française. — Tout commerçant patenté du ressort a le droit de provoquer des radiations. — Pour être doyen, il n'est pas nécessaire d'exercer actuellement le commerce. — Des agréés. — Des conseils de prud'hommes. — La loi du 21 Germinal, an VI. — La loi du 1er Juin 1853, modifiée par la loi du 15 juillet 1905, régit actuellement cette institution. — Opinion de M. Duvergier, le rapporteur de cette loi. — Les prud'hommes sont les juges de paix de l'industrie.

1

Le code de commerce promulgué en 1826 règle aujourd'hui l'organisation des tribunaux de commerce (art. 608 à 619).

Déjà la loi de 1805 avait organisé ces tribunaux « en vue de procurer aux justiciables dans les affaires de commerce, une justice plus simple et plus expéditive, et surtout la garantie de l'expérience d'hommes habitués à ces affaires d'une nature spéciale ». Mais celle de 1835, en son art. 46, les supprima et confia leurs attributions aux tribunaux civils. La loi du 16 juillet 1857 abrogea, à son tour, cet art. 46 et remit en vigueur la loi du 9 octobre 1830 portant amendement à la loi n° 4 du code de commerce. La loi du 28 mai 1857 modifia la précédente en rétablissant les anciens tribunaux de commerce, sous la dénomination de cours impériales de commerce. Mais cette dernière loi comme ses aînées, n'a eu qu'une durée éphémère. A la restauration de la République, on revint à l'ancienne dénomination de tribunaux de commerce.

. A l'heure actuelle, on compte six tribunaux de commerce spéciaux ; ils ont leur siège dans les villes suivantes : Port-au-Prince, Cap-Haïtien, Cayes, Jacmel, Jérémie, Gonaïves (1). Ainsi l'article 608 de la loi du 9 Octobre 1830 se trouve virtuellement modifiée.

En vertu du deuxième alinéa de cet article, un tribunal de commerce a le même ressort que le tribunal civil de la ville dans laquelle il est placé.

Dans les localités où il n'y a pas possibilité d'organiser des tribunaux de commerce, les tribunaux civils jugent les affaires commerciales et maritimes

---

(1) Les tribunaux de commerce de la République, dit l'exposé de la situation de 1909, ont fait leur élection aux époques fixées et continuent à fonctionner avec régularité. Cependant, je dois vous signaler que, conformément à l'art. 2 de la loi du 16 juillet 1857 qui remet en vigueur celle du 9 octobre 1830 portant amendement à la loi n° 4 du code de commerce, le département de la Justice a, par son arrêté du 28 janvier 1909, autorisé le tribunal civil des Gonaïves à connaître de toutes les affaires maritimes et commerciales de la juridiction ; plusieurs rapports du commissaire du gouvernement de ce ressort ayant établi qu'il n'y avait pas possibilité d'organiser actuellement le tribunal de commerce dans cette ville, faute d'un nombre suffisant de commerçants ayant patentes des trois premières classes.

(art. 2 de la loi du 16 juillet 1857) (1). Nous verrons plus loin la procédure que l'on doit suivre en pareilles matières. L'art. 609 modifié par l'art. 2 de la loi de 1830, fixe le nombre de juges. Chaque tribunal est composé d'un juge doyen et de huit juges titulaires. La suppléance a été supprimée. La loi française plus sage que la nôtre décide qu'un règlement d'administration publique fixe, pour chaque tribunal, le nombre des juges et celui des suppléants. Il y a aussi des juges complémentaires créés par la loi du 8 décembre 1883. Pour la fixation du nombre de tribunaux de commerce, la loi se repose également sur l'administration supérieure « mieux placée que le législateur même pour apprécier ce besoin. »

Comme on le sait, les fonctions de juge de commerce sont électives, mais s'il faut en croire la

---

(1) Dans les arrondissements où il n'y a pas de tribunal de commerce, la connaissance des affaires commerciales est attribuée au tribunal civil (c. com. fran. 640). Le tribunal civil, selon l'expression reçue, juge alors commercialement. On s'est demandé si, dans ce cas, la composition du tribunal doit rester ce qu'elle est pour jugement des affaires civiles, et spécialement si le ministère public peut donner des conclusions à l'audience. Des auteurs ont pensé que le ministère public ne pouvait jamais être entendu dans les causes commerciales, les juges du tribunal civil, dont parle l'art. 640 ne comprennent pas le ministère public. Dans leur opinion, les tribunaux civils n'ont pas la plénitude de juridiction, chaque juridiction a sa compétence réglée, si bien qu'un tribunal civil saisi d'une affaire commerciale dans un arrondissement où il existe un tribunal de commerce peut se déclarer d'office incompétent.

Mais l'opinion contraire a généralement prévalu.

Il a été dit avec raison, selon nous, que lorsque les tribunaux civils dotés par la loi de leur institution de la plénitude de juridiction, sont appelés, en vertu de l'art. 640, c. com., à connaître les affaires commerciales, la composition de ces tribunaux n'est pas modifiée ; que par suite, le ministère public, partie intégrante de ces tribunaux, doit participer aux audiences commerciales de la même manière qu'aux audiences civiles ordinaires. (Dalloz, répertoire de la législation, 34e volume.

plupart des commerçants, les élections ne sont pas le meilleur mode de procéder.

La loi du 2 juillet 1907 vient de modifier les articles 610 et 611 relatifs au mode d'élection et aux conditions d'éligibilité des juges consulaires.

Le nouvel article 610 est ainsi conçu : « Les membres des tribunaux seront élus par les citoyens haïtiens, commerçants, payant patente de banquiers, de négociants consignataires et de négociants importateurs ou exportateurs. »

« Le nombre des électeurs ne pourra pas être inférieur à quinze.

« La liste de ces commerçants sera dressée à la fin de chaque année par le conseil communal pour qu'il puisse être procédé à l'élection dans les quinze jours de l'année suivante. »

D'après l'ancien article 610, il suffisait que les commerçants payassent patente des trois premières classes, pour qu'ils fussent aptes à exercer le droit de suffrage. Et puis la liste de ces commerçants était dressée par le conseil des notables ; cet article ne faisait pas mention du nombre de commerçants que devait comporter cette liste pour l'élection. En ces points le nouvel article a heureusement innové. Mais nous le trouvons incomplet, en ce sens qu'il ne se préoccupe ni des incapacités, ni des indignités qui peuvent atteindre les commerçants électeurs ; non plus qu'il ne se préoccupe de la durée de leur domicile, de leur patente dans le ressort du tribunal. D'autre part, par quelle autorité la liste doit être contrôlée, approuvée ? Le code est muet à cet égard. En réalité, la liste de commerçants relève du commissaire du gouvernement près le tribunal civil du ressort où les élections consulaires doivent avoir lieu. C'est lui qui est autorisé par le secrétaire d'Etat de la Justice à

7

convoquer les commerçants au tribunal de commerce de la place, afin de procéder au remplacement des juges dont le mandat a pris fin. Il faut le dire, par suite des difficultés de toutes sortes qui paralysent actuellement l'action commerciale, on trouve difficilement dans certaines localités le nombre de commerçants réunissant les qualités requises pour être électeurs et éligibles. Il importe de combattre la tiédeur des commerçants de certaines villes quand il s'agit d'élections plénières ou partielles des juges consulaires. Il n'est pas besoin de dire que les agents de change et les courtiers de commerce qui sont des officiers publics, ne peuvent pas figurer sur les listes comme commerçants.

II

Les dispositions de la loi française du 8 décembre 1880, au pcint de vue qui nous occupe, sont très importantes. Nous croyons devoir les rappeler ici. Tous les ans, la liste des électeurs du ressort de chaque tribunal est dressée dans chaque commune, par le maire, assisté de deux conseillers municipaux désignés par le conseil, dans la première quinzaine du mois de septembre. Le maire envoie la liste ainsi préparée au préfet ou au sous-préfet. Celui-ci fait dresser une liste pour tout l'arrondissement, il envoie cette liste au greffe du tribunal de commerce; puis, ayant dressé autant de listes spéciales qu'il y a de cantons, il adresse chacune de ces listes au greffe de la justice de paix. Ces deux dépôts doivent être effectués trente jours au moins avant l'élection. Les listes électorales sont communiquées sans frais à tout requérant, (art. 5). Pendant quinze jours, à dater du dépôt de ces liste, soit au greffe du tribunal de commerce, soit à ceux des justices de paix, tout électeur du ressort a le droit de demander la radiation des incapables ou des indignes, ou bien sa propre inscription,

s'il a été omis. Tout commerçant patenté du ressort
a le droit de provoquer des radiations. Ces réclamations sont portées devant le juge de paix du
canton, par simple déclaration au greffe de la justice de paix du domicile de l'électeur dont la qualité est mise en question. Une procédure spéciale,
rapide et sans frais, est établie pour ces affaires
par l'art. 5. (1)

Le nouvel art. 611 dispose : « Pour être juge au
tribunal de commerce, il faut :

1° Etre citoyen haïtien jouissant de ses droits
civils et politiques ;

2° Etre âgé de 25 ans au moins ;

3° Etre patenté banquier, négociant consigna-
taire, importateur ou exportateur.

4° Ne pas être sous le coup d'une condamnation,
soit à des peines afflictives ou infamantes, soit à
des peines correctionnelles pour les faits qualifiés
crimes par la loi ou pour délit de vol, escroquerie,
contrebande et abus de confiance ;

5° Ne pas être en liquidation judiciaire. (2)

« Le doyen, après la première élection, ne pourra
être choisi que parmi les anciens juges, et les juges
consulaires pourront continuer leurs fonctions jusqu'à l'installation de leurs successeurs. »

Les conditions d'éligibilité de l'ancien article
laissaient beaucoup à désirer. Il suffisait pour être
nommé juge d'être un commerçant patenté et
d'avoir 25 ans révolus. Il n'était pas besoin, selon

---

(1) Procédure civile, Glasson, t. 1, p. 37. Loc. cit.

(2) La loi sur la liquidation judiciaire a été abolie par celle
du 30 juillet 1907.

nous, d'énumérer dans le nouvel article toutes ces causes d'empêchement. La rédaction de l'article français est préférable en ce sens qu'on exige du commerçant « l'exercice du commerce avec distinction et honneur depuis cinq ans ». Cela implique qu'on peut attaquer l'élection d'un juge qui aurait subi une condamnation « entachant sa loyauté commerciale, ou qui aurait fait faillite et ne serait pas réhabilité ». Notre article exige pour le doyen, outre les conditions requises pour être juge, qu'il ait déjà exercé les fonctions de juge. Il en résulte que, pour être doyen, il n'est pas nécessaire d'exercer actuellement le commerce ; il suffit d'avoir été commerçant. Quant aux attributions du doyen, elles sont analogues à celles du doyen du tribunal civil, mais à la différence de ce dernier, il n'exerce aucune juridiction de référé.

Aux termes de l'art. 612, l'élection se fait au scrutin individuel à la pluralité absolue des suffrages, l'objet spécial de cette élection est annoncé avant d'aller au scrutin. A la première élection, déclare l'art. 613, le doyen et la moitié des juges sont nommés pour deux ans, la seconde moitié des juges est nommée pour un an ; aux élections postérieures toutes les nominations sont faites pour deux ans. Enfin, dit l'art. 14, les doyens et les juges sont élus pour deux ans, et sont indéfiniment rééligibles. C'est depuis la loi du 4 octobre 1860 que ce texte est en vigueur. L'ancien article portait que les juges ne pouvaient rester plus de deux ans en place, ni être réélus qu'après un an d'intervalle.

Est-il besoin de dire que la nullité totale et partielle de l'élection peut être prononcée, en cas de manœuvres frauduleuses, ou si l'un ou plusieurs élus sont incapables. Mais qui peut attaquer l'élection ? En France, tout électeur a le droit de l'attaquer pendant cinq jours à partir de celui où elle a eu lieu. Le même droit appartient aussi au procureur général.

Chez nous, les procès-verbaux d'élections des membres des tribunaux de commerce sont transmis par le commissaire du Gouvernement au Secrétaire d'Etat de la Justice.

Disons-le franchement, ce mode d'élection ne donne pas les résultats qu'on était en droit d'en attendre. L'expérience a prouvé que le suffrage des commerçants n'offre pas toujours des garanties suffisantes. La plupart du temps, sont nommés juges ou doyens des individus qui ne réunissent pas les conditions prescrites par la loi.

Chaque tribunal a un greffier et des huissiers nommés par le président d'Haïti : leurs droits, vacations et devoirs sont les mêmes que ceux des greffiers et huissiers des tribunaux civils, (art. 615).

Pour éviter les lenteurs et les frais, l'art. 616 laisse aux parties la faculté de comparaître et de plaider elles-mêmes ou par un tiers qui doit être muni d'un pouvoir spécial, si la partie présente à l'audience ne l'autorise. Ce pouvoir qui peut être donné au bas de l'original ou de la copie, est exhibé au greffier avant l'appel de la cause et par lui visé sans frais.

Les parties qui sont libres dans leur choix, prennent ordinairement comme mandataire un avocat, mais elles ne peuvent pas se faire représenter par un huissier.

En France, dans certaines localités, les tribunaux ont une liste de mandataires qu'ils recommandent au choix des justiciables. Ces mandataires qui ne sont pas des officiers ministériels sont appelés *agréés* parce qu'ils ont l'agrément du tribunal.

Les fonctions de juge de commerce sont seulement honorifiques ; elles ne comportent aucun traitement (art. 617). Ils prêtent serment avant d'entrer en fonctions, à l'audience du tribunal civil dans le ressort duquel le tribunal de commerce est établi (art. 618). Les tribunaux de commerce n'ont pas de vacances comme les tribunaux civils. L'art. 619 termine l'organisation des tribunaux de commerce en disant que ces tribunaux sont dans les attributions et sous la surveillance du Grand-Juge, lisez secrétaire d'Etat de la Justice. Il en résulte que ce haut personnage a une autorité directe et personnelle sur la magistrature consulaire. Le secrétaire d'Etat du commerce, comme on pourrait le croire, n'y joue aucun rôle.

Dans le même ordre d'idées, nous mentionnons les conseils de prud'hommes — *prudentes homines* — qui fonctionnent en France et dont les attributions judiciaires s'exercent en matière civile et de police. Cette institution créée par la loi du 21 Germinal, an XI, a pour principale fonction de juger les contestations entre patrons et ouvriers ou contre-maitres, chefs d'atelier, relatives aux rapports particuliers qu'établit entre eux l'industrie. Ils statuent en premier et en dernier ressort jusqu'à 300 francs de capital inclusivement et au-delà de cette somme, à charge d'appel, devant le tribunal de commerce.

Ils sont aussi juges de simple police pour les délits qui tendent à troubler le bon ordre de l'atelier, et ils exercent des attributions administratives qui sont assez nombreuses.

La loi du 1er Juin 1853, modifiée par la loi du 15 Juillet 1906, régit actuellement cette institution. M. Duvergier, le rapporteur de cette loi, s'exprima en ces termes : « L'expérience a démontré que le commerce et l'industrie avaient besoin, pour le règlement des différends auxquels leurs opérations donnent lieu, d'une juridiction spéciale qui fut initiée à tous leurs usages, à toutes leurs traditions, et qui, exempte de formalités coûteuses. dégagée des complications et des lenteurs de la jutice ordinaire, participât en quelque sorte de la rapidité du mouvement des affaires...

Les prud'hommes sont, pour ainsi dire, les *juges de paix de l'industrie.* » (1)

---

(1) Depuis la loi du 15 Juillet 1905, les conseils de prud'hommes sont considérés comme une juridiction de l'ordre judiciaire et rattachés au ministère de la Justice. (V. Glasson, pr. civ. t. 1.)

CHAPITRE VIII

Du Tribunal de Cassation

Sommaire :

La création du tribunal de cassation remonte, chez nous, à la Constitution de 1816. — La loi de 1868 règle aujourd'hui le service de ce tribunal. — Il y a pour toute la République un tribunal de cassation. — La cassation n'est pas un 3e degré de juridiction (en note). — La maxime : *res judicata pro veritate habetur* (en note). — le terme juge est inexact. — Les juges de la cour de cassation se nomment, en France, conseillers. — La législation française. — Il y aurait grand avantage à établir, chez nous, une chambre de requêtes. — Le roulement du tribunal. — Ses attributions. — Le conflit qui peut s'élever entre le tribunal de cassation et les juridictions de renvoi. — La manière dont on se pourvoit en cassation (en note). — La loi du 21 août 1907 (en note). — L'interprétation législative. L'interprétation règlementaire. L'interprétation judiciaire. — D'après l'art. 147 de la constitution de 1889, les tribunaux doivent refuser d'appliquer une loi inconstitutionnelle. — Ce système qui est celui des Etats-Unis, ne saurait convenir à un Etat unitaire. — Opinion de l'auteur. — Heureusement que nos tribunaux n'ont jamais abusé ou plutôt usé de ce droit. — L'art. 147 est sans application possible. — Opinion de M. Storey. — Opinion de M. de Tocqueville. — Opinion de M. Boutmy. — Opinion de M. Esmein. — Pourquoi a-t-on confié à des juges la vérification de la constitutionnalité d'une loi ? — L'origine historique de cette institution est dans la constitution anglaise. — Le rapport du juge rapporteur. — Opinion de M. Luc Dominique (en note). — Il serait souhaitable de voir le juge rapporteur émettre son opinion sur l'admissibilité ou l'irrecevabilité du pourvoi (en note). — Le tribunal doit adresser un mémoire au Sénat et à la Chambres des

Représentants. — Ce tribunal rend chaque année des arrêts qui lui font honneur. — Nous devons souhaiter que l'on appelle, pour remplir ces hautes et délicates fonctions, des magistrats d'élite.

I

Le tribunal de cassation, appelé aussi tribunal suprême ou tribunal régulateur, est placé à la tête de la hiérarchie judiciaire. (1) Sa création remonte chez nous, à la constitution de 1816. La loi du 28 Juillet 1817 l'organisa.

Jusque là le Sénat de la République, chambre unique, en remplissait les fonctions. Plus tard, la loi organique de 1835 modifia la loi de 1817 en ses différentes dispositions. A son tour, la loi du 9

(I) La cassation n'est pas un 3ᵉ degré de juridiction. Le recours en cassation est une garantie contre l'erreur du juge. Mais il arrive un moment où le plaideur doit s'arrêter. C'est ce que dit la maxime : *Res judicata pro veritate habetur.*

L'autorité de la chose jugée est arrivée fort tard. Elle n'est pas du tout contemporaine du moment où l'Etat s'est emparé du rôle judiciaire. Cependant la chose peut être jugée fausse… Cette autorité de la chose jugée ne pourra-t-elle jamais être entamée ? Cette question a trait aux réformes des erreurs judiciaires. En matière criminelle, on a établi, en France et dans quelques autres pays, sous le nom de Révision, un système dans lequel, sur des preuves nouvelles de l'innocence du condamné, la procédure pénale pourra être reprise, quel que soit le laps de temps survenu depuis la condamnation.

En toute autre matière, la chose jugée est irrévocable. En matière civile, en effet, la sentence erronée a créé un droit pour la partie qui a gagné son procès et celle-ci en a usé légitimement.

Mais qu'on ne l'oublie pas. Un arrêt isolé ne suffit pas pour établir la jurisprudence, malgré l'autorité qu'on reconnait à la chose jugée. On ne peut aboutir à l'uniformité de la jurisprudence qu'en rendant de nombreux arrêts dans des espèces semblables. Il ne faut pas qu'une question d'amour-propre empêche le juge de changer d'opinion dans une affaire de même nature. Les circonstances, les époques, les lieux, les lacunes des lois et leurs contradictions sont toutes choses qui peuvent y concourir.

Janvier 1868 vint abroger les douze articles de la loi de 1835. C'est donc la loi de 1868 qui règle aujourd'hui le service de notre tribunal de cassation.

Il y a pour toute la République, porte l'art. 130 de la constitution de 1889, un tribunal de cassation composé de deux sections au moins. Son siège est dans la capitale (Port-au-Prince). Cet article ne fait que fortifier l'art. 1er de la loi de 1868. D'après l'art. 2 de cette loi, le nombre de juges est de quatorze y compris le président et le vice-président. Il y a près le tribunal, pour le service du greffe et des audiences, établit l'art. 4, un greffier, deux commis-greffiers assermentés (2) et deux huissiers audienciers salariés par l'Etat. L'art. 5 prescrit, en outre, près ce tribunal quatre huissiers exploitants, qui instrumentent exclusivement à tous autres pour les affaires de la compétence du dit tribunal dans l'étendue seulement du lieu de sa résidence, et concurremment avec les autres huissiers, dans tout le ressort du tribunal civil du lieu de cette résidence. L'art. 6 divise le tribunal de cassation, en conformité de la règle constitutionnelle, en deux sections : l'une sous le titre de section civile, pour les affaires civiles, commerciales et maritimes, l'autre, sous le titre de section criminelle, pour les affaires criminelles, correctionnelles et de police.

Les sections, dit l'art. 7, siègent isolément ou se réunissent, soit en assemblée générale, soit en assemblée solennelle, suivant les cas déterminés par la loi. L'art. 8 fixe la compétence de chaque section, au nombre de 5 juges au moins, y compris le président ou le vice-président, ou le juge qui le remplace. La compétence du tribunal de cassation, sections réunies en assemblée générale ou en audience solennelle est fixé par l'art. 9, à 9 juges au

____

(2) Trois commis-greffiers, depuis la loi de 1907.

moins y compris le président ou le juge qui le remplace. Enfin, l'art. 10 veut qu'en cas d'absence du président, il soit remplacé par le vice-président, pour le service général, et, à défaut de ce dernier, par le juge le plus ancien dans l'ordre des nominations.

Telle est, à l'heure actuelle, la composition de notre tribunal de cassation. Sous l'empire de la loi de 1835, le tribunal se composait d'un doyen de six juges, de six suppléants et d'un huissier audiencier. La composition, on vient de le voir, n'est plus la même. La suppléance a disparu. Cette innovation avait une réelle utilité. Car le tribunal de cassation, placé dans une sphère élevée, au plus haut degré de l'échelle des pouvoirs judiciaires, ne doit avoir que des juges titulaires, des juges qui, par leur savoir et leur expérience, dominent les autres. Nous disons plus. Le terme *juge* est même inexact, car les membres de ce tribunal donnent plutôt des conseils qu'ils ne jugent. Comme on sait, les juges de la cour de cassation se nomment, en France, conseillers. Depuis l'ordonnance du 15 Février 1815, cette cour est composée de 49 conseillers, y compris le premier président et trois présidents de chambres.

La loi française, contrairement à la nôtre, divise la cour en trois sections ou chambres : la chambre des requêtes, la chambre civile et la chambre criminelle. Chacune de ces trois chambres a quinze conseillers et un président de chambre. Le premier président siège dans celle des chambres qu'il choisit et il peut présider les autres lorsqu'il le juge convenable, par exemple, à raison d'une affaire importante. (1) On dirige de sérieuses critiques contre la chambre des requêtes. D'aucuns

---

(1) Glasson, loco citato, t. 1, page 45.

prétendent que « oubliant le rôle que lui assigne la loi, elle n'admet les pouvoirs qu'autant qu'ils lui paraissent justifiés au fond, au lieu de laisser passer tous ceux qui présentent des questions douteuses. Avec cette façon de procéder, elle devient, dit-on, presqu'une seconde chambre civile et ses arrêts peuvent établir une jurisprudence différente de la jurisprudence admise par la chambre civile ; on arrive ainsi à une dualité d'interprétation absolument contraire au principe fondamental de l'unité de la loi. » (1) C'est pourquoi on demande à modifier l'organisation de cette chambre. Chez nous il y aurait grand avantage à établir une chambre de requêtes pour statuer sur l'admissibilité des pouvoirs en matière civile. On éviterait par ce moyen bien des procès dispendieux.

II

Pour ce qui est du roulement entre les membres du tribunal, notre loi est très explicite.

Les deux sections, dit l'art. 14, sont alternativement présidées par le président et le vice-président, de six mois en six mois. Les autres sont distribués par nombre égal dans les deux sections par roulement annuel. En conséquence, tous les ans, il est procédé en assemblée générale, en présence des commissaires du gouvernement, à un roulement dans l'ordre de l'inscription au tableau dont l'effet est de faire passer trois juges d'une section dans l'autre. Néanmoins, les juges qui ont été nommés rapporteurs dans la section d'où ils sortent, ensuite par l'effet du roulement, reviennent dans cette section pour y faire les rapports dont ils sont chargés, tout en faisant le service dans une autre section. En cas d'empêchement, le président et le vice-président sont remplacés dans la présidence

____

(1) V. Mourlon, procédure civile, p. 79.

de la section respective, par le juge de cette section le plus ancien dans l'ordre des nominations.

Si, par l'effet des empêchements ou des absences, le nombre des juges présents dans une section se trouve inférieur à celui fixé par l'art. 4 pour la compétence, il y est pourvu en appelant, selon l'ordre d'ancienneté, des juges de l'autre section (art. 15, 16, 17).

On se demande en France, s'il y a un roulement entre les membres de la cour de cassation. Sous la loi du 27 Ventôse, an VIII, il y avait un roulement chaque année, entre les magistrats des diverses chambres de la cour. Mais l'ordonnance du 15 Janvier 1826 qui l'a modifiée n'en ayant pas parlé, on considère ce règlement comme abrogé. Toutefois, dans chaque chambre, il y a un roulement annuel de quatre conseillers, qui sont répartis au sort entre les deux chambres.

Dans notre législation, comme du reste dans celle de la France, le droit de présider n'appartenait pas exclusivement au président du tribunal. En effet, suivant l'art. 938 de notre code de procédure civile, le Grand-Juge (le secrétaire d'Etat de la Justice) présidait le tribunal lors d'un second recours formé sur les mêmes moyens. Cette règle pour le moins injustifiable ne tarda pas à disparaître. Aussi, dans un arrêt rendu le 30 Mai 1859, le tribunal de cassation a décidé « que par le fait de la mise en vigueur de la Constitution de 1846, l'art. 938 du c. de proc. civ. demeure nécessairement abrogé. Cette constitution déclare en termes formels que les pouvoirs sont indépendants les uns des autres. De plus, le Secrétaire d'Etat de la Justice, fonctionnaire faisant essentiellement partie du pouvoir exécutif, n'est même point le Grand-Juge dont parle l'art. 938, fonctionnaire qui n'existait que d'après la Constitution de 1816.

Donc, le tribunal doit se déclarer compétent pour statuer sur un second pourvoi fondé sur les mêmes moyens « et ce, sans l'assistance du Secrétaire d'Etat de la Justice. » (1)

Cet argument est tiré de la loi française du 20 Juillet 1828 qui écarte la présidence du ministre de la Justice, excepté dans le cas où il s'agit de la juridiction disciplinaire de la cour.

III

En ce qui a trait aux attributions du tribunal de Cassation, voici les disposition de la loi de 1868.

Selon les termes de l'art. 11, la section civile connaît : 1° des demandes en cassation contre les jugements définitifs rendus en matières civiles, commerciales et maritimes. Pour vice de forme, pour excès de pouvoir, pour violation de la loi, pour fausse interprétation de la loi. La contrariété des jugements rendus sur une même affaire, entre les mêmes parties, sur les mêmes moyens, en différents tribunaux donne aussi ouverture à cassation devant la section civile (2) ; 2° des demandes en cassation contre les jugements définitifs rendus en dernier ressort par les tribunaux de paix, mais seulement pour cause d'incompétence ou excès de pouvoir ; 3° des demandes en règlement de juges et en renvoi d'un tribunal à un autre et d'après les règles tracées au code de procédure civile. Ces demandes sont prévues et réglées par les

---

(1) Cependant, il est admis que si le Secrétaire d'Etat de la Justice, dans l'examen de certains jugements, constate qu'ils méritent d'être réformés, il peut en demander la transformation au tribunal de Cassation dans l'intérêt de la loi.

(2) Cette disposition de l'art. 11 ne diffère de celle de l'art. 920 du c. de proc. civ. qu'en ce qu'elle précise la section qui doit connaître du pourvoi.

art. 362 et suivants du code de procédure civile. En France, c'est la chambre des requêtes qui statue en matière de règlements de juges, de prises à partie, d'une manière définitive ; 4° des demandes à partie contre les juges des tribunaux civils et de leurs suppléants : les officiers du ministère public près ces tribunaux, les juges des tribunaux de commerce et les arbitres jugeant en matière d'arbitrage forcé, les juges de paix et leurs suppléants dans les cas et suivant les formes déterminées par le code ci-dessus visé ; 5° des réquisitoires présentés d'office par le ministère public ou de l'ordre exprès du Secrétaire d'Etat de la Justice pour faire annuler dans les cas prévus par le numéro 1er, les jugements des tribunaux civils, de commerce ou de police.

D'après l'art. 12, la section criminelle connaît :

1° Des demandes en cassation contre les jugements rendus par les tribunaux en matières criminelles, correctionnelles ou de police, ainsi que contre les ordonnances des chambres du conseil et les actes de l'instruction et les poursuites qui précèdent lesdits jugements, mais d'après les règles établies au code d'instruction criminelle (art. 333 et suivants) ;

2° Des demandes en règlements de juges en matières criminelles et en renvoi d'un tribunal à un autre pour crime de sûreté publique ou de suspicion légitime, ainsi qu'il est déterminé par le code d'instruction criminelle (art. 414 et suivants) ;

3° Des plaintes en dénonciations contre les juges des tribunaux civils et leurs suppléants, les officiers du ministère public près ces tribunaux, les juges de paix ou leurs suppléants, pour crimes ou délits par eux commis, dans l'exercice de leurs fonctions ou hors de cet exercice, suivant qu'il est énoncé dans le code ci-dessus cité (art. 380 et suivants).

Si, par suite d'une instruction régulière, il existait de suffisantes charges contre le magistrat inculpé, il sera procédé conformément à la loi (art. 316 et suivants) ;

4° Des demandes en revision de procès criminel dans les cas prévus par le même code (art. 349 et suivants) ;

5° Des recours contre les jugements des tribunaux militaires pour cause d'incompétence, et, dans le cas de la cassation du jugement, la chambre criminelle renverra au tribunal qui devra en connaître ;

6° Des réquisitions du commissaire du gouvernement, agissant en vertu de l'ordre exprès du Secrétaire d'Etat de la Justice, ou d'office pour faire annuler, conformément aux articles 343 et 344 du code d'instruction criminelle, les actes judiciaires ou jugements contraires à la loi.

Enfin, suivant l'article 13, le tribunal de Cassation, sections réunies, connait de toutes les matières prévues aux articles 145 et 162 de la Constitution de 1867 (art. 131 et 146 de la Constitution de 1889.

III

Comment est vidé le conflit qui peut s'élever entre le tribunal de Cassation et la juridiction de renvoi ? (1)

---

(1) Voici, d'après les différentes lois qui ont modifié notre code de procédure, la manière dont on se pourvoit en cassation :

Les parties, leurs héritiers ou ayants-cause ont trente jours pour faire leur déclaration de pourvoi, à dater de la signification du jugement à personne ou à domicile. Ce délai

Comme nous venons de le voir, le tribunal de Cassation, ne formant pas un troisième degré de juridiction, a pour fonction essentielle de faire respecter la loi, en cassant les décisions qui la

---

emporte déchéance, il court contre toutes personnes, sauf le recours des personnes incapables contre ceux qui auraient dû agir pour elles.

Il est ajouté au délai ordinaire de recours en cassation, trente jours quand le demandeur demeure dans les Antilles ou sur le continent américain, et soixante jours s'il demeure au-delà de l'un ou de l'autre Océan (art. 922 de la loi du 18 Juin 1896).

Les parties et le ministère public près les tribunaux civils qui veulent se pourvoir en cassation contre un jugement doivent en faire la déclaration au greffe du tribunal qui a rendu le jugement.

Le ministère public près le tribunal de Cassation doit faire sa déclaration de pourvoi au greffe du tribunal de Cassation (art. 926).

Il y a, au greffe de chaque tribunal, un registre pour inscrire les déclarations de pourvoi en cassation. La forme de cette déclaration consiste dans la mention du jugement, de sa date, de celle de sa signification, des noms et qualités des parties, du défenseur que le pourvoyant aura constitué, s'il en a constitué un ; l'acte est signé du pourvoyant, ou mention est faite qu'il ne sait pas signer ou ne peut pas signer.

Sur le registre du greffe du tribunal de Cassation il est, de plus, fait mention du tribunal qui a rendu le jugement (art. 927).

Dans la huitaine de la déclaration de pourvoi, outre un jour pour cinq lieues de distance si la signification a lieu à domicile, le demandeur fera signifier au défendeur un acte contenant ses moyens avec élection de domicile à Port-au-Prince s'il n'y demeure pas, et assignation dudit défendeur, à fournir ses défenses au greffe du tribunal de Cassation, dans les trente jours s'il demeure en Haïti, dans les soixante jours s'il demeure aux Antilles ou sur le continent américain, dans les quatre-vingt-dix jours s'il demeure au-delà de l'un ou de l'autre Océan ; le tout, à peine de déchéance du pourvoi, sauf recours prévu au second alinéa de l'article 922 (art. 929 de la loi du 21 Août 1907).

Dans les vingt-cinq jours de la signification de ses moyens, outre un jour par chaque lieue de distance entre le lieu de cette signification et le siège du tribunal de Cassation, le demandeur devra, a peine de déchéance, s'inscrire au greffe du tribunal et y déposer : 1° une amende de cinq gourdes ; 2° l'acte dûment signifié contenant ses moyens ; 3° une expédition de la déclaration du pourvoi ; 4° une expédition signifiée

violent, lorsque ces décisions sont attaquées devant lui. Pour mieux dire, il ne parle qu'au nom
de la loi et force tous les magistrats du pays à
conformer leurs décisions aux règles légales.

---

ou une copie signifiée du jugement dénoncé ; 5° les pièces à
l'appui.

. Il sera fait mention des pièces produites au bas ou en
marge de l'acte de dépôt (art. 930 de la loi du 21 Août 1907).

Le premier jour d'audience de chaque semaine, le doyen
nommera des rapporteurs pour prendre connaissance des
affaires nouvellement inscrites au registre (art. 931).

Dans la huitaine qui suivra l'expiration des délais à lui accordés, outre un jour par cinq lieues de distance si la signification a lieu à domicile, le défendeur fera signifier ses réponses au demandeur, soit à personne, soit à domicile réel
ou élu, et remettre ses pièces si déjà il ne l'a fait.

Ce délai emportera déchéance contre le défendeur, sauf le
recours prévu au second alinéa de l'article 922 (art. 932 de la
loi du 21 Août 1907).

... « A l'audience indiquée, le rapporteur expose les faits et
analyse les moyens employés par les parties, sans émettre
son opinion personnelle. Le demandeur ne peut employer de
nouveaux moyens qu'autant qu'il les aura signifiés dans le
délai. »

Après la plaidoirie, le ministère public donne ses conclusions, et le tribunal procède au jugement (art. 935).

Si l'arrêt rejette le pourvoi, l'amende demeure acquise à
l'Etat, et l'arrêt ne peut plus être attaqué par aucune voie ;
la tierce opposition seule reste ouverte aux parties intéressées qui n'auraient pas été appelées (art. 936).

Si le tribunal annule le jugement, il ordonne la remise de
l'amende et renvoie le fond au tribunal le plus voisin de
celui qui aura rendu le jugement, sauf le cas de suspicion
légitime dûment prouvée (art. 937).

... « Le jugement rendu par le tribunal de renvoi peut
être attaqué par voie de cassation si le second pourvoi est
fondé sur des moyens autres que ceux sur lesquels a été
prononcée l'annulation du premier jugement ; le pourvoi se
fait et se juge de la même manière que le premier. Les tribunaux étant indépendants, les juges du tribunal de renvoi
ne sont pas tenus de subordonner leur décison à l'opinion du
tribunal de Cassation », Si l'on se pourvoit de nouveau contre
ce dernier jugement, par les mêmes moyens que ceux qui
ont été employés lors du premier recours, « le tribunal de
Cassation, admettant le pourvoi, ne prononcera pas de renvoiet statuera sur *le fond*, sections réunies » Constitution 1889.
(art. 131).

La question de conflit entre la cour de Cassation et les tribunaux de renvoi avait donné lieu, en France, à de très vives discussions.

Pour la résoudre, on avait essayé plusieurs autres systèmes. Le premier, dit d'interprétation législative, consistant a faire décider la question de droit par les assemblées législatives, lorsqu'il y a divergence d'opinions entre la Cour suprême et la juridiction de renvoi (Décret du 27 Nov.-1er Déc. 1790, art. 21).

Le second, dit d'interprétation réglementaire, laissant, dans le même cas, la faculté à la Cour de demander l'interprétation de la loi ; cette faculté devenait une obligation si le second pourvoi, ayant abouti à la cassation, la seconde juridiction de renvoi statuait contrairement à la Cour suprême. C'est l'Empereur, en Conseil d'Etat, qui interprétait la loi (Loi du 16 Septembre 1801, art. 1 à 5).

Le troisième, enfin, consistait à donner à la cour d'appel de renvoi le droit de juger souverainement quand il y avait deux cassations successives (Loi du 30 Juillet 1828). Il substituait l'interprétation judiciaire à l'interprétation législative et réglementaire. (1)

IV

En Haïti, la question est bien loin d'être tranchée et des contradictions nombreuses existent sur ce point.

D'après l'art. 147 de la Constitution, les tribunaux doivent refuser d'appliquer une loi inconstitionnelle.

« Ils n'appliqueront les arrêtés et règlements

____

(1) Mourlon, p. 81, loc. cit.

généraux d'administration publique qu'autant qu'ils seront conformes aux lois. »

De cette règle constitutionnelle, il résulte que tous les tribunaux, humbles ou élevés, ont le droit d'être saisis de l'inconstitutionnalité d'une loi. Pour mieux dire, ils ont compétence pour faire tomber un acte législatif qui viole la Constitution. Ainsi, il suffit que, dans un procès, un individu ait déclaré que telle disposition de loi est en contradiction avec la Constitution pour que le juge surseoie à tout jugement jusqu'à plus ample informé. Ce système, qui est celui des Etats-Unis, ne saurait convenir à un Etat unitaire où il y a distinction entre la loi fondamentale et la loi ordinaire.

En l'admettant, nous n'aurions pas seulement constitué un pouvoir rival du pouvoir législatif, mais nous aurions gravement compromis l'autorité judiciaire du tribunal de Cassation ; il y a plus, nous aurions établi un conflit permanent entre ces tribunaux inférieurs et le tribunal de Cassation dont la fonction essentielle, nous venons de le voir, est de faire respecter la loi. Heureusement que nos tribunaux n'ont jamais abusé ou plutôt usé de ce droit. Ils restreignent d'eux-mêmes leur compétence dans les limites les plus étroites et se placent au point de vue d'une interprétation purement et strictement juridique.

Ce qui appartient, sans conteste, à tous les tribunaux, c'est le pouvoir d'interprétation. C'est leur droit essentiel. C'est même pour eux une obligation. « Tout juge qui, sous prétexte de silence, obscurité, insuffisance de la loi, refuse de juger, serait poursuivi pour déni de justice » (c. civ., art. 9).

Mais les tribunaux n'ont pas le droit de vérifier l'existence de la loi. Si un plaideur attaque une loi tombée en désuétude ou expressément abrogée, le tribunal n'a pas le pouvoir de constater si la loi existe ou non, ni examiner si la loi votée a bien été promulguée, si elle est devenue exécutoire. C'est ce qui ressort d'ailleurs de l'article 95 de notre code pénal, lequel déclare « coupable de forfaiture et punit de la dégradation civique, le juge qui se sera immiscé dans l'exercice des fonctions législatives, soit en suspendant l'application de certaines lois, soit en délibérant sur le point de savoir si les lois sont publiées et exécutées ».

Donc, l'art. 147 de la Constitution est sans application possible en ce qui nous touche. Ce qui revient à dire que, d'après l'idée qui domine chez nous, il est impossible de déférer la loi aux tribunaux et de la faire tomber.

V

D'après la conception qui domine aux Etats-Unis, ce système a, au contraire, sa raison d'être, c'est-à-dire les lois peuvent être discutées, au point de vue de leur égalité.

Ainsi, il est donné aux tribunaux le droit de faire tomber une loi qui violerait la Constitution fédérale ou celle des Etats. On a dit quelquefois que ce pouvoir n'était exercé que par la Cour suprême ; il n'en est rien. Ce n'est pas elle seulement qui peut être saisie de ces difficultés. Tous les tribunaux, quels qu'ils soient, tribunaux de l'Union ou tribunaux d'un Etat, ont le droit de refuser d'appliquer une loi inconstitutionnelle. Ce qui a pu tromper les auteurs au sujet de la Cour suprême, c'est que, presque toutes les fois qu'une question de ce genre s'est posée devant un tribunal inférieur, on est allé en appel devant la Cour suprême. Pour justifier le droit de ces tribunaux, on a cherché beaucoup d'explications. On l'a rattaché au caractère fédéral de la Constitution ; on a dit qu'il fallait

que les tribunaux pussent faire respecter la Constitution fédérale, c'est parce que c'est dans celle-ci
que sont renfermés les droits des Etats. Selon
Storey, ce droit des tribunaux est impliqué par la
mission même du juge : le juge ne peut pas faire
la loi, mais par la nature même de son institution,
il a le droit de rechercher si une loi ne viole pas
les principes inscrits dans la Constitution ; sans
quoi, c'est un juge incomplet. Il doit, avant tout, dire
quel est le sens d'une loi. Or, ici, il ne peut le dire
car il est en présence de deux lois contradictoires ;
il faut donc qu'il puisse indiquer quelle loi va s'appliquer. En matière de conflit des lois, lorsqu'il y
a en jeu cinq ou six lois qu'on pourrait appliquer,
il faut bien que le juge décide laquelle il appliquera ;
il en est de même ici, il y a conflit de lois entre la
loi ordinaire et la Constitution.

Dans son beau livre *De la Démocratie en Amérique*, M. de Tocqueville opine ainsi :

« Lorsqu'on invoque, devant les tribunaux des
Etats-Unis, une loi que le juge estime contraire à
la Constitution, il peut donc refuser de l'appliquer.
Ce pouvoir est le seul qui soit particulier au magistrat américain, mais une grande influence politique en découle.

« Il est, en effet, bien peu de lois qui soient de
nature à échapper pendant longtemps à l'analyse
judiciaire, car il en est bien peu qui ne blessent un
intérêt individuel, et que les plaideurs ne puissent
ou ne doivent invoquer devant les tribunaux, Or,
du jour où le juge refuse d'appliquer une loi dans
un procès, elle perd à l'instant une partie de sa
force morale ; ceux qu'elle a lésés sont alors avertis qu'il existe un moyen de se soustraire à l'obligation de lui obéir : les procès se multiplient et
elle tombe dans l'impuissance ; il arrive alors l'une
de ces deux choses, le peuple change sa Constitution ou le législateur rapporte sa loi.

» Les Américains ont donc confié à leurs tribunaux un immense pouvoir politique, mais, en les
obligeant à n'attaquer les lois que par des moyens
judiciaires, ils ont beaucoup diminué les dangers
de ce pouvoir, »

M. E. Boutmy, l'ancien directeur de l'Ecole libre
des Sciences politiques, dans ses études de droit
constitutionnel comparé, vient renforcer l'opinion
de M. de Tocqueville :

« La Cour suprême peut annuler virtuellement
ou en d'autres termes, déclarer implicitement an-
nulable les lois qui lui paraissent en contradiction
avec le pacte fédéral.

« J'estime avec Tocqueville que c'est là une des
inventions les plus originales, les plus inattendues
et les plus admirables qu'il y ait dans l'histoire du
droit public.

« Montesquieu n'avait l'idée de rien de pareil,
et non-seulement je ne vois en Angleterre aucune
pratique qui rappelle même de loin cette combinaison (M. Boutmy fait ici erreur), mais j'y rencontre une raison décisive pour que cette combinaison n'ait pu être, à aucune époque, mise en
pratique : c'est que les dispositions constitutionnelles ne sont pas distinctes en Angleterre, des lois
ordinaires, n'ont pas plus d'autorité qu'elles et
peuvent être modifiées régulièrement par de simples statuts. »

Suivant l'opinion de M. Esmein, qui semble la
plus concluante, « la règle américaine est une
simple conséquence de la souveraineté nationale et
de l'existence d'une Constitution écrite, supérieure
aux lois ordinaires et traçant aux juges une règle
dont ils ne peuvent s'écarter. Le peuple, qui fait
les lois aux Etats-Unis, a délégué son pouvoir au
Corps Législatif; toute loi votée en conformité de

cette délégation, faite en vertu de ce mandat donné au législateur, a toute l'autorité de la Constitution, laquelle est ce mandat lui-même. Mais, dès qu'une loi dépasse ce pouvoir, nous nous trouvons en présence d'une loi qui n'est plus valablement faite par une simple réunion d'hommes privés.

« Pourquoi a-t-on confié à des juges la vérification de la constitutionnalité d'une loi ? Pourquoi pas aux autres pouvoirs ? C'est parce qu'une telle question ne peut guère être tranchée d'une façon compétente que par ceux qui, par profession, connaissent de telles questions. Les seuls jurisconsultes qui puissent rendre des décisions officielles sont les juges. En effet, hors des juges, à qui pourrait-on confier l'interprétation ? Au Congrès ? Mais, par leur profession, les membres du Congrès ou des Chambres ne sont pas nécessairement aptes à interpréter une loi qu'ils font. On ne trouverait pas non plus, dans le Congrès, la garantie d'impartialité, puisque c'est lui qui a fait la loi. Au Président ? Au Gouvernement ? Non. Par la nature de leurs fonctions, ils ne sont pas nécessairement jurisconsultes. Puis, le Président n'est pas moins intéressé que le Congrès, il n'a pas fait la loi, mais il aurait pu y opposer son *veto* et, s'il ne l'a pas fait et qu'il refuse d'annuler la loi, on pourrait le soupçonner de partialité. »

L'origine historique de cette institution est dans la Constitution anglaise : la situation des cours en Angleterre. Faire intervenir les tribunaux dans les questions constitutionnelles, ce n'est pas autre chose, au fond, que d'imiter le droit anglais. Les cours anglaises ont souvent établi de véritables principes constitutionnels dans les procès intervenant entre simples particuliers. (1)

______

(1) Principe du droit public (Ecole de Droit de Paris). Notes personnelles.

VI

Les questions relatives aux audiences du tribunal de Cassation sont réglées également par la loi de 1868. (1)

L'article 18 veut qu'il y ait, dans chaque section, deux audiences par semaine ; les jours et heures d'ouverture de ces audiences sont fixés par le règlement du tribunal. Chaque section donne audience à des jours différents de l'autre. L'article 19 exige qu'il y ait, pour le service du tribunal, un registre général sur lequel sont inscrites toutes les affaires par ordre de dates et de numéros au moment de leur dépôt au greffe. L'article 20 commande qu'il y ait, en outre, deux rôles de distribution pour chaque section, l'un des affaires urgentes, l'autre des affaires ordinaires. Sont réputées affaires urgentes les réquisitions du ministère public ; les affaires qui requièrent célérité selon la loi ; les affaires criminelles où la peine de mort a été prononcée.

Les affaires sont distribuées aux sections qui doivent en connaître, dès qu'elles sont en état. Cette distribution est faite par le président. L'affaire est réputée en état lorsque les pièces ont été produites ou que les délais pour les produire ont été expirés. Lorsque les affaires sont mises en état, elles sont distribuées par le président de chaque section aux juges qui doivent en faire le rapport. Les rapporteurs sont tenus de préparer leurs rapports et de remettre les pièces au greffe du tribunal en observant, à cet égard, les prescriptions du code de procédure civile (art. 20 à 24, Proc. civ. 933).

L'article 25 veut que la date de la nomination

---

(1) La loi du 26 Septembre 1895 sur la durée des délibérés régit désormais ceux du tribunal de Cassation. Voir, en appendice, la loi du 21 Août 1907.

du rapporteur et celle de la remise par lui faite des pièces au greffe, soient inscrites par le greffier sur le rôle de distribution auquel l'affaire appartient. Dans le jour du dépôt des pièces au greffe par les juges rapporteurs, l'article 26 exige qu'elles soient transmises par le greffier au commissaire du gouvernement ou à son substitut, selon l'ordre qui est établi entre eux pour le service. Le ministère public est astreint à préparer ses conclusions dans le délai prescrit par le code de Procédure civile (Proc. civ. 934).

La date de la remise des pièces au ministère public et celle où il les rétablit au greffe sont aussi inscrites par le greffier sur le registre mentionné à l'article 25. (1)

---

(1) Dans un beau discours prononcé, à la solennité de rentrée des tribunaux du 1er octobre 1906, M. Luc Dominique, substitut du Commissaire du gouvernement près le tribunal de Cassation de la République. a émis le vœu que l'on modifiât les statuts du rapport du juge-rapporteur au tribunal de Cassation dont les fonctions consistent à lire la requête du demandeur en cassation et le mémoire de défense du défendeur.

« Etant donné, dit-il, qu'il n'existe pas dans notre législation, comme dans celle de la République française, dont cette fois nous n'avons pas calqué l'œuvre, une Chambre des requêtes, le juge-rapporteur pourrait être chargé d'examiner le mérite des fins de non recevoir, d'échéances et forclusions opposées à un pourvoi. Il se livrerait à un contrôle minutieux de l'exactitude des reproches et griefs allégués par la partie défenderesse sous forme de déchéances, supputerait les délais, vérifierait au greffe l'existence des dépôts et productions, et émettrait son opinion sur l'admissibilité ou la non recevabilité du recours. Cette besogne préliminaire simplifierait et allégerait passablement le travail du tribunal, en préparerait et faciliterait le terrain dans une certaine mesure. Au surplus, pour mieux couronner la justification des fonctions du juge-rapporteur, il lui serait décerné la mission de rédiger les arrêts, tâche qui lui serait plus facile qu'aux autres juges, par la raison qu'il a eu la latitude de mieux examiner les dossiers et de se rendre compte de l'état des causes, »

Nous partageons l'opinion du distingué magistrat, M. Luc Dominique, qui exerce aujourd'hui les fonctions de Commissaire du gouvernement près le même tribunal, et nous sou-

Il est ouvert, dans chaque section, un registre de présence, conformément à la loi organique sur les tribunaux. Afin d'éviter le partage des voix, l'article 30 oblige le tribunal à siéger au nombre impair dans toutes les affaires. Outre le plumitif, l'article 31 prescrit qu'il y ait, pour chacune des sections : 1° un registre où sont consignés les arrêts ; 2° un cahier-registre énumérant les recettes et le montant des amendes déposées. Ces registres, qui doivent être cotés et paraphés par le président de chaque section, sont examinés et arrêtés par ces magistrats et le ministère public, le premier lundi de chaque mois ; s'ils ne sont pas tenus régulièrement et que les arrêts rendus et les recettes faites pendant le mois écoulé n'y soient pas transcrits, le greffier et les commis-greffiers sont dénoncés au secrétaire d'Etat de la Justice pour être révoqués de suite. L'article 33 dispose que le président, le vice-président et le commissaire du gouvernement prêtent serment devant le tribunal, sections réunies, en audience solennelle. Les juges, les substitututs et les officiers ministériels, devant l'une des sections.

- L'article 33 rappelle que le mode de procéder devant le tribunal de cassation, les délais et la forme des pourvois sont déterminés par les lois sur la procédure civile (Procéd. civ. 629 et suiv.).

L'article 34 règle que le tribunal de Cassation prend rang et séance, dans les cérémonies, immédiatement après le Corps Législatif. L'article 35 prescrit que les arrêts du tribunal soient intitulés comme suit : « Le tribunal de Cassation, section

---

haitons qu'une réforme soit faite dans le sens qu'il a indiqué. En effet, il serait souhaitable de voir le juge-rapporteur émettre son opinion sur l'admissibilité ou l'irrecevabilité du pourvoi ; il remplirait ainsi l'office d'une Chambre des requêtes, ce qui vaudrait mieux au lieu de ce compte-rendu du litige et des griefs formulés.

civile ou criminelle, ou sections réunies, a rendu l'arrêt suivant. »

L'article 36 commande d'envoyer tous les arrêts au secrétaire d'Etat de la Justice pour être imprimés et publiés dans un bulletin ayant pour titre « Bulletin du tribunal de Cassation ». (1)

L'article 37 veut qu'à la fin de chaque année le tribunal de Cassation adresse au Pouvoir Exécutif un mémoire contenant les observations qu'il a faites ou qui lui ont été communiquées sur les vices et les lacunes des lois et particulièrement celles qui traitent de la procédure. Le tribunal doit adresser aussi le même mémoire au Sénat et à la Chambre des Représentants, à l'ouverture de la session suivante.

VII

Disons-le, à la louange de notre tribunal de Cassation, tous ces articles reçoivent leur exécution, excepté le dernier dont l'observance laisse à désirer. Il est bien certain que si ce mémoire dont il est parlé était présenté annuellement, notre législation s'améliorerait à plus d'un point de vue.

Desservi par des hommes qui joignent à la science du droit, la pondération, la gravité, l'impartialité, la probité de conscience, la tenue morale — vertus essentielles à leurs fonctions — ce tribunal rend chaque année des arrêts qui lui font honneur et qui définissent parfois, avec beaucoup de clarté, les points controversables de notre législation.

« Ce n'est pas sans raison que l'on rend hommage à l'importance des arrêts du tribunal de

(1) Ce bulletin vient d'être édité à nouveau sur l'initiative du secrétaire d'Etat de la Justice (année 1906). Il contribuera, à n'en pas douter, à établir l'uniformité de la jurisprudence.

Cassation. Toujours inspirés par les progrès incessants qui s'opèrent dans la science juridique moderne, les arrêts de ce haut tribunal ont cette valeur de n'être point de sèches reproductions de décisions de justice. Ils renferment le plus souvent de riches développements doctrinaux, des considérations substantielles et intéressantes sur la science du droit en général. (2)

Pendant l'année 1905, il a rendu 130 arrêts dont 95 par la section civile et 35 par la section criminelle. L'année 1906 accuse 198 arrêts dont 145 pour la section civile et 53 pour la section criminelle. En 1907 il a prononcé 165 arrêts dont 119 au civil et 46 au criminel.

« Le tribunal de Cassation, dit l'Exposé général de la Situation de 1909, placé hiérarchiquement à la tête de la magistrature haïtienne, se fait toujours remarquer par ses travaux juridiques. Ce haut tribunal a prononcé, au cours de l'année judiciaire expirée (1908), en toutes matières, cent quatre-vingt-trois arrêts (183). »

Toutefois, nous devons souhaiter que l'on appelle, pour remplir ces hautes et délicates fonctions, des magistrats d'élite ou des hommes qui, sortis du Parquet, du barreau ou de nos Ecoles de Droit ont retenu l'attention par leur savoir juridique et leur honneté ! Car, ne l'oublions pas, cette suprême magistrature doit être le dernier terme de la sélection dans les carrières honorablement remplies, quelque chose comme le maréchalat de la Justice.

---

(2) *Bulletin officiel du Département de la Justice,* n° 1er, p. 1.

CHAPITRE IX

Du Ministère Public

Sommaire :

Ces magistrats dépendent directement du Pouvoir Exécutif. — La plume est serve et la parole est libre. — Ils sont complètement indépendants des tribunaux auprès desquels ils sont établis. Chez nous. on ne trouve de ministère public que près des tribunaux civils et du tribunal de Cassation. — Les attributions sont complexes. — Cette distinction entre l'intérêt de l'Etat et celui de la société choque à première vue. — Dans certains. pays, le ministère public est assisté d'un ou plusieurs avocats. — L'Etat haïtien, pour certaines affaires, se trouve privé de défense. — Le recrutement de cette magistrature se fait quelquefois dans de mauvaises conditions. — Dans les causes, le ministère public agit, ou par voie d'action, ou par voie de réquisition. — Les causes qui doivent lui être communiquées (en note). — Opinion de M. Glasson. — Il est des pays où le ministère public n'existe pas. — Chez les Romains, il n'y eut pas de ministère public. — En Angleterre, les officiers légaux ou conseillers de la Couronne sont l'*attorney general*, le *sollicitor general* et l'avocat du roi.

I

La Constitution de 1806, dans son article 139, est la première en date qui ait établi, auprès de chaque tribunal, un commissaire du pouvoir exécutif et un substitut. La loi de 1835 n'a fait qu'organiser cette magistrature spéciale.

Les commissaires du gouvernement et leurs substituts, également désignés par la dénomination de ministère public, sont, déclare l'article 79, les agents du pouvoir exécutif près les tribunaux auxquels ils sont attachés, et dans le ressort desquels ils étendent leur surveillance pour le maintien de l'ordre, et pour l'exécution des lois et des jugements. Ils sont salariés par l'Etat. Ils correspondent entre eux pour le bien du service, et avec le secrétaire d'Etat de la Justice pour tout ce qui concerne leur ministère respectif (art. 80).

De la contexture de ce texte, il faut inférer que ces magistrats dépendent directement du pouvoir exécutif, c'est-à-dire qu'ils relèvent du secrétaire d'Etat de la Justice qui peut leur ordonner d'exercer des poursuites et de formuler des réquisitions. Toutefois, malgré cette dépendance, les membres du ministère public ont pleine liberté d'agir dans leurs conclusions. La plume est serve et la parole est libre. Par contre, ils sont complètement indépendants des tribunaux auprès desquels ils sont établis. « Les juges n'ont pas le droit de les censurer ni de critiquer leurs conclusions, et le ministère public ne doit compte de sa conduite qu'au gouvernement. Il y aurait excès de pouvoir de la part d'un tribunal qui se permettrait de critiquer le ministère public ».

Chez nous, on ne trouve de ministère public que près des tribunaux civils et du tribunal de Cassation. On compte, par conséquent, onze Parquets, non compris celui du tribunal de Cassation. Mais, quand les juges de paix statuent en matière de simple police, les fonctions du ministère public sont remplies par certains officiers de police.

II

Les attributions du ministère public sont complexes, mais notre loi a eu bien soin de les déterminer tant au point de vue civil et judiciaire qu'au point de vue pénal et administratif.

Aux termes de l'article 81, le ministère public

près les tribunaux est chargé de poursuivre et de défendre toutes les causes qui intéressent l'Etat.

Il procède d'office dans toutes les affaires qui intéressent la société en général. Il s'intéresse dans toutes les causes qui concernent les mineurs, les absents ou les interdits lorsque leurs intérêts sont négligés par les tuteurs, subrogés-tuteurs ou curateurs.

De cet article, il ressort que le ministère public a trois fonctions différentes à remplir. D'abord, il représente l'Etat auprès des juges ; ce qui veut dire qu'il est obligé d'agir toutes les fois que l'Etat est intéressé. Cette distinction entre l'intérêt de l'Etat et celui de la société choque à première vue.

L'Etat étant la société organisée ne peut avoir des intérêts autres que ceux de la société. Comment distinguer ce qui ne peut être séparé ? Cependant, il n'en est rien. Il est des cas où l'intérêt de l'Etat se trouve exclusivement en jeu. Cela est si vrai que, dans certains pays, le ministère public est assisté d'un ou de plusieurs avocats qui ont pour principale fonction de porter la parole au nom de l'Etat.

En France, à chaque cour sont attachés, outre le procureur général et leurs substituts, un nombre plus ou moins grand d'avocats généraux auxquels appartiennent la mission de régler le service des audiences et d'y porter la parole.

En Angleterre, il y a mieux. Les avocats les plus renommés ont le titre de conseils de la Couronne. Ils ne peuvent alors plaider pour des particuliers sans une autorisation spéciale, pour laquelle les parties doivent payer un droit.

Est-il besoin de faire sentir l'excellence de ce système et les avantages qu'il présente. Il est à souhaiter qu'une organisation analogue soit établie auprès de nos tribunaux. En effet, il arrive fort souvent que l'Etat haïtien, pour certaines affaires, se trouve privé de défense : l'affaire de la Consolidation est dans toutes les mémoires. Pareil inconvénient n'existerait pas si le ministère public pouvait se faire assister par un ou deux avocats de talent toutes les fois que le besoin l'exige.

Deuxièmement, le ministère public représente la société et agit d'office quand l'intérêt public est en jeu. C'est ici sa fonction essentielle. S'il faut en croire les circulaires ministérielles, la plupart de nos commissaires de gouvernement négligent de remplir cette fonction comme il convient. Cela provient de ce qu'on ne fait pas toujours un choix judicieux des officiers du ministère public. En effet, le recrutement de cette magistrature se fait quelquefois dans de mauvaises conditions. On ne doit pas oublier qu'il faut, dans les parquets, des citoyens qui joignent, aux connaissances juridiques, la moralité, l'honnêteté, vertus nécessaires à ceux qui sont appelés à porter la parole au nom de la société. Ils doivent être, en outre, incapables de faiblesse, et diligents dans les poursuites des crimes et des délits. (1)

Troisièmement, le ministère public représente tous ceux qui, à raison de leur situation, ne peuvent valablement se défendre ou sont censés ne pouvoir se défendre. Il est leur protecteur. Exemple : les mineurs, les interdits, les absents, etc.

---

(1) Il serait désirable que l'on appelât, pour occuper ces onctions, des jeunes gens qui ont fait leurs études de Droit et qui ont une tenue morale irréprochable. En France, pour être officier du ministère public, il faut être citoyen français, avoir atteint un certain âge qui varie suivant les fonctions, avoir obtenu le grade de licencié en droit et suivi le barreau pendant deux ans au moins (Loi du 20 Avril 1810, art. 64 et 65).

III

.Le ministère public près le tribunal de Cassation, porte l'article 81, exerce ses fonctions, soit comme partie jointe, soit comme partie principale, suivant les cas établis par la loi. Ce texte, on le voit, ne mentionne que le tribunal de Cassation. Faut-il en inférer que le ministère public n'exerce pas ses fonctions de la même manière près les tribunaux civils ? Il n'en est rien ; dans toutes les causes il agit ou par voie d'action, ou par voie de réquisition ; dans le premier cas il est partie principale, et dans le second cas il est partie jointe aux procès. Le ministère public agit comme partie principale ou par voie d'action lorsqu'il joue le rôle d'un plaideur ordinaire dans un procès où il exerce une action au nom et dans l'intérêt de la société. De là découlent les conséquences suivantes : il peut interjeter appel ou se pourvoir en cassation contre un jugement qui l'a débouté de sa demande ; il parle le premier, et le défendeur a le droit de lui répondre ; il peut former toutes les demandes que l'intérêt public commande ; il peut récuser un juge ; il doit être appelé dans toutes les opérations judiciaires, telles que expertises ou enquêtes qui exigent la présence des parties au procès.

Toutes ses conséquences ne se produisent pas quand il agit par voie de réquisition, c'est-à-dire comme partie jointe. Ici, il est juge, il donne des conclusions ou fait des réquisitoires après que les défenses des parties sont terminées, et celles-ci ne peuvent plus à leur tour prendre la parole. Son intervention comme partie jointe est tantôt facultative, tantôt obligée. Elle est facultative, parce qu'il lui est permis de se faire entendre dans toutes les affaires où il juge à propos d'intervenir. Mais, quand l'affaire est surtout sujette à communication, la loi lui fait l'obligation d'y intervenir.

Le ministère public peut être récusé, quand il agit comme partie jointe, et ne peut pas l'être en tant que partie principale (1). Voici, à cet égard, l'opinion de M. Glasson :

« En matière criminelle, le ministère public est nécessairement partie principale dans tout procès criminel, surtout dans les matières criminelles proprement dites ; dans celles qui sont dévolues aux cours d'assises, le ministère public est nécessairement demandeur. C'est entre lui partie poursuivante et l'accusé, que se passe le principal débat ; une partie civile peut bien y figurer aussi, mais accessoirement ; la partie publique joue toujours le rôle principal et dominant.

En matière civile, au contraire, le ministère public n'est, en général, que partie jointe, sauf les cas particuliers dans lesquels la voie d'action, le rôle de partie principale lui sont formellement attribués par la loi ». (2)

---

(1) Procédure civile, t. Ier, p. 81.

(2) Les causes qui doivent être communiquées au ministère public sont les suivantes : 1º celles qui concernent l'ordre public, l'Etat, le domaine, les établissements et administrations publics, les dons et legs au profit des pauvres ; celles qui concernent l'état des personnes et des tutelles ; 3º les dé-, clinations ou incompétences ; 4º les règlements de juges, les récusations et renvois pour parenté et alliance ; 5º les prises à partie ; 6º. les causes des femmes non autorisées par leurs maris, ou mêmes autorisées, lorsqu'il s'agit de leur dot et qu'elles sont mariées sous le régime dotal ; les causes des mineurs, et généralement toutes celles où l'une des parties est défendue par un curateur ; 7º les causes concernant ou intéressant les personnes présumées absentes (art. 89 code Procéd. civ.).

Le ministère public, indépendamment de l'article 89 du code de Procédure civile, peut prendre communication de toutes les autres causes dans lesquelles il croit son ministère nécessaire. Le tribunal peut aussi ordonner d'office cette communication.

Suivant les articles 91 et 92 de la loi organique, citée plus

IV

D'après l'article 83, le ministère a le droit de faire, au nom de la loi, toutes les réquisitions qu'il juge utiles. Le tribunal est tenu de lui en donner acte, d'en délibérer et de prononcer audience tenante.

Dans aucun cas, déclare l'article 84, le ministère public n'est passible d'aucuns frais de justice, ni d'aucune consignation d'amende. Par une juste réciprocité, l'article 85 dit qu'il ne perçoit aucuns frais pour aucun acte.

Il est chargé, porte l'article 86, de vérifier la comptabilité du greffe du tribunal près lequel il exerce ses fonctions. Il convient de le dire, cet article 86 n'est guère appliqué, on le verra plus loin.

En cas d'empêchement ou d'absence des officiers du ministère public près un tribunal civil, l'article 87 autorise le tribunal à désigner un juge pour occuper le parquet.

Pour le tribunal de Cassation, l'article 88 dispose que le Grand-Juge désigne lui-même la personne qu'il croit propre à remplir les fonctions du minis-

---

loin, si l'affaire est de la nature de l'une de celles énumérées dans l'article 89, et que le ministère public doit être entendu comme partie jointe, le demandeur et le défendeur doivent lui communiquer leurs conclusions et les pièces à l'appui ; cette communication doit être faite dans la demi-heure au moins qui précède l'audience, si l'affaire est introduite à bref délai, et dans les trois jours avant l'audience, si l'affaire est introduite dans les délais ordinaires.

Mais si le ministère public agit comme partie principale, il est l'adversaire de l'autre partie et, en cette qualité, il ne pourra demander communication que des pièces qui doivent être communiquées entre les parties et en suivant les formalités tracées par la loi à cet effet (Voir *Catéchisme de la Procédure,* par Mullery, t. Ier, p. 114).

tère public. Comme le Grand-Juge n'existe plus dans notre administration judiciaire, lorsque le cas prévu par l'article 88 se présente, c'est le secrétaire d'Etat de la Justice qui, sur l'avis du président du tribunal, désigne celui qui doit remplir provisoirement l'office du ministère public.

Suivant l'article 89, le ministère public près chaque tribunal doit veiller à ce que les lois et jugements soient exécutés et, sur sa demande, le doyen est tenu de convoquer une assemblée générale pour entendre ses observations à cet égard. Il est tenu d'envoyer, tous les six mois, au secrétaire d'Etat de la Justice, un état contenant le nombre des causes portées sur le rôle dans le semestre précédent, le nombre des affaires jugées par défaut, celui des affaires restant à juger et, enfin, tous les motifs du retard des affaires arriérées. Toutes les fois qu'il y a lieu, dans les tribunaux civils, de communiquer sommairement au ministère public, les parties sont tenues de faire cette communication au parquet, dans la demi-heure au moins qui précède l'audience ; mais dans les causes introduites dans les délais ordinaires, cette communication est faite dans les trois jours qui précèdent l'audience indiquée par la plaidoirie. Si la communication n'a pas été faite dans le temps prescrit, elle ne passe point en taxe. Lorsque le ministère public ne porte pas la parole sur le champ, il ne peut demander qu'un seul délai et il en est fait mention sur la feuille d'audience. Dans les procès instruits par écrit, le rapporteur a le devoir de veiller à ce que les communications au ministère public soient faites à temps pour que le jugement n'en soit pas retardé (art. 90 à 95).

Dans les tribunaux civils, dit l'article 96. après avoir pris communication des pièces, le ministère public les fait remettre sans délai au rapporteur, si c'est de ses mains qu'il les avait prises, sinon au greffier.

En toutes affaires, dispose l'article 97, une fois le ministère public entendu, aucune des parties ne peut obtenir la parole, il leur est permis seulement de remettre, sur le champ, de simples notes.

Néanmoins, dans les tribunaux civils, s'il s'agit d'une cause correctionnelle ou criminelle, l'accusé et son défenseur ont toujours le droit de parler en dernier (Inst. crim., 166, 268). Le ministère public ne doit point assister aux délibérations du tribunal, mais l'article 98 en excepte celles qui regardent l'ordre et la police intérieure.

Il est des pays où le ministère public n'existe pas (1). Par exemple, en Angleterre, les actions criminelles sont intentées par les parties lésées ou, dans les cas graves, par la Couronne. Les officiers légaux ou conseillers de la Couronne sont l'*attorney general*, le *sollicitor general* et l'*avocat du roi*. Les deux premiers sont choisis parmi les conseils du roi les plus distingués et leurs postes sont considérés comme politiques. Les conseillers de la Couronne ont pour mission de donner leur avis sur toutes les questions légales qui leur sont soumises, particulièrement en ce qui concerne les points de droit international. Ils représentent le souverain dans les cours de loi et d'équité, l'attorney général ayant particulièrement pour mission de défendre les criminels dans les affaires les plus importantes. L'avocat du roi siège, au nom de la Couronne, à la cour d'Amirauté et dans les autres cours de loi civile. A côté de ces officiers, il y a les *sheriffs*

____

(1) Chez les Romains, il n'y eut pas de ministère public. Le droit de surveiller et d'accuser était confié à chaque citoyen.

dont les fonctions consistent à veiller à l'exécution des décisions de la justice. Au-dessous des sheriffs se trouvent les *coroners* qui sont chargés de s'enquérir de tous les cas de morts accidentelles ou violentes. (2)

---

(2) De Franqueville, loco citato.

Il est bon de noter que *l'on qualifie* les magistrats du ministère public de magistrats *debout* parce qu'ils se lèvent à l'audience chaque fois qu'ils prennent des conclusions, à la différence des autres magistrats qui restent *assis*. Notons également que l'on qualifie de *parquet* la réunion des magistrats du ministère public devant une juridiction. « Ce nom, dit M. Garçonnet, vient de ce que les membres du ministère public étaient placés, autrefois, sur le plancher même de la salle d'audience, au pied de l'estrade où se tenaient les juges ».

CHAPITRE X

Des Officiers ministériels — Des Greffiers

Sommaire :

Il n'y a pas chez nous des avoués, ce sont les avocats qui
en remplissent l'office. — Le greffier, c'est un officier
qui est chargé de la garde du depôt des archives. —
C'était le Sénat qui nommait les greffiers sur la proposition et l'avis du tribunal. — Il n'est alloué aucuns frais
de bureaux au greffier. — A quelques exceptions près,
ils n'observent guère les prescriptions de la loi. — La
circulaire de M. F.-E. Dubois, secrétaire d'Etat de la
Justice. — Dernièrement, le secrétaire d'Etat de l'Intérieur a écrit à son collègue de la Justice à propos de la
valeur perçue au greffe du tribunal civil de chaque juridiction. — Les greffiers, en tant qu'ils perçoivent des
sommes pour l'Etat, sont comptables envers lui. — Les
droits de greffe sont partout, pour l'Etat, une source de
revenus. — L'article 44ù du code d'Instruction criminelle. — C'est ici une mesure de prévoyance de la part
du législateur. — M. P. Bonneville fut le premier, en
France, qui exposa l'idée des casiers judiciaires. — M.
Bertillon, directeur du service anthropométrique à la
Préfecture de Police à Paris, a fait, de cette création,
une véritable science. — En Haïti, on ne se contente pas
d'ignorer l'existence de ce système, mais..... — On ne
saurait trop recommander aux greffiers d'apporter le
soin le plus minutieux à tenir leurs greffes dans un
ordre parfait.

I

« Les officiers ministériels sont des agents institués par les lois pour prêter aux magistrats et
aux particuliers un ministère défini par les lois et
qu'ils ne peuvent refuser quand ils sont légalement
requis. »

Cette définition comprend, d'une part, les greí-fiers et les huissiers, qui sont les auxiliaires de la justice et, d'autre part, les avocats, les notaires, les commissaires-priseurs, etc. Il n'y a pas, chez nous, des avoués comme en France, ce sont les avocats qui en remplissent l'office.

Ici, nous nous occupons des greffiers des huis-siers et des avocats, en conformité du 2e alinéa de l'article 1er de la loi de 1835.

... Le mot greffier vient, dit-on, de γραφειν, *graphein* (écrire) et l'on en a fait, dans la basse latinité, *graffarius*. Le greffier, c'est un officier qui est chargé de la garde du dépôt des archives et des minutes d'un tribunal. Il assiste le juge dans toutes les opérations et donne à ses actes l'authen-ticité, comme les notaires donnent l'authenticité aux actes des particuliers.

En ce qui concerne les greffiers, notre législation a varié suivant les époques. D'après la loi organique du 7 Juin 1805, il y avait, en chaque tribunal, un greffier âgé de 25 ans. A cette époque, les greffiers étaient nommés à vie et ne pouvaient être destitués que pour cause de prévarication jugée. Ils étaient tenus de fournir un cautionnement de 18,000 livres en immeubles qui étaient reçus par le juge. Sous la loi du 24 Avril 1908, c'était le Sénat qui les nommait sur la proposition et l'avis des tribunaux. La loi du 25 Mai 1819 y apporta une modification, Ils étaient nommés au choix des tribunaux, ils étaient commissionnés par le Président d'Haïti.

La loi du 13 Février 1826 décida, à son tour, que les greffiers devaient être nommés par le Pré-sident d'Haïti sur une liste de trois candidats pré-sentés par le doyen du tribunal.

A l'heure actuelle, c'est la loi du 9 Juin 1835 qui régit leurs fonctions. Comme ils ne pouvaient accomplir seuls les diverses missions dont ils étaient chargés, l'article 99 leur permettait de prendre à leur charge deux commis greffiers au plus, mais assermentés. Mais ce texte fut modifié par la loi du 19 Juillet 1847 qui fit entrer trois commis greffiers dans la composition du tribunal civil de Port-au-Prince et un dans celle de chacun des autres tribunaux, à la charge de la caisse publique. Plus tard, la loi du 1ᵉʳ Juin 1863, qui créa les commis greffiers au tribunal de commerce de Port-au-Prince et un à chacun des autres tribunaux de cette catégorie, en désignait trois pour chacun des tribunaux civils du Cap-Haïtien, des Cayes et des Gonaïves, et deux pour ceux de Jacmel, Jérémie et Port-de-Paix. Les lois des 14 Septembre 1870 et 23 Juillet 1877 accordèrent de traitement à un commis greffier pour chacun des tribunaux de paix de Port-au-Prince, Cap-Haïtien, Jacmel, Jérémie, des Cayes et Gonaïves. Quant aux autres justices de paix, ils n'ont pas de commis greffiers à la charge du trésor...

II

Aux termes de l'article 100 de la loi de 1835, les greffiers sont chargés de la régie des greffes qui leur sont confiés et personnellement responsables des deniers qu'ils perçoivent et des pièces dont ils sont dépositaires. L'article 101 porte que les greffes des tribunaux civils et celui du tribunal de Cassation sont régis pour le compte de la République. Les greffes des tribunaux de commerce sont aussi régis pour le compte de la République, mais l'article 101 ne le dit pas parce que les tribunaux de commerce étaient supprimés avant la loi organique de 1835.

L'article 102 veut qu'il soit versé dans les caisses des greffes, dont la comptabilité est arrêtée chaque mois par les doyens, concurremment avec les com-

missaires du gouvernement ou leurs substituts, le
coût de tous les jugements rendus par les dits tribunaux, les amendes, les confiscations, le produit
de la vente des épaves, les taxes pour les ventes
judiciaires, affermages et autres actes prévus par
la loi, ainsi que la moitié du coût de toutes les
expéditions, extraits en copies des actes ou pièces
déposées aux greffes.

Lorsque les retenues prescrites par l'article 20
surpassent le montant des allocations accordées aux
suppléants des juges, conformément à l'article 24,
l'excédent est aussi versé dans la caisse du greffe.

Cet article est nécessairement modifié par l'article 5 de la loi du 17 Octobre 1885, lequel dispose
que les suppléants de service reçoivent une indemnité mensuelle égale à la moitié du traitement des
juges du tribunal.

Par l'article 103, on voit qu'il n'est alloué aucuns frais de bureaux aux greffiers, mais ils perçoivent, pour leur propre compte, la moitié du coût
de toutes les expéditions, extraits et copies des actes
et pièces déposées dans les archives de leurs
greffes respectifs. L'article 104 veut que les dits
extraits, expéditions et copies soient visés par le
doyen, et par lui taxés conformément au tarif.

III

Ces articles, si clairs dans leur contexture, de-
vraient être d'une application facile ; malheureusement il n'en est rien. Les greffiers, à quelques exceptions près, n'en observent guère les prescriptions. Cela tient surtout à ce que la plupart des
doyens et des commissaires du gouvernement,
auxquels est confiée la mission de les contrôler,
négligent de leur côté, de remplir leurs devoirs.

Ce qu'il faut noter, c'est que, de tout temps, les

chefs du département de la Justice ont eu à leur adresser des circulaires à cet effet. « Je sais, dit M. F.-E. Dubois, en 1859, que quelques juges de paix et des greffiers font payer aux parties plus de frais que ne le comporte le tarif. Ce fait grave arrête beaucoup de malheureux qui, ne pouvant donner ce qu'on leur impose, aiment mieux renoncer à un droit juste.

« Soyez très sévere sur ce point, M. le Commissaire, que votre surveillance soit incessante. Je n'entends pas que la justice soit refusée au pauvre parce qu'il ne peut satisfaire au paiement d'une plus forte taxe que celle fixée par la loi. (1)

« Dernièrement, le Secrétaire d'Etat de l'Intérieur a dû écrire à son collègue de la Justice pour lui demander à passer des instructions à tous les doyens des tribunaux civils de la République, relatives à la valeur proportionnelle au nombre des communes de la juridiction, dans les amendes prononcées par les tribunaux de police correctionnelle, laquelle valeur n'est pas versée à la caisse communale, conformément à l'article 63, 7e alinéa de la loi sur les conseils communaux.

« J'en fis l'observation, dit le secrétaire d'Etat de l'Intérieur, en exigeant que la valeur perçue au greffe du tribunal civil de chaque juridiction figure au compte de recettes communales. J'ai donc reçu de partout la même réponse à savoir que le doyen du tribunal civil de chaque juridiction refuse de verser cette part proportionnelle au receveur communal du lieu. (2)

On le pense bien, le secrétaire d'Etat de la Justice n'a pas manqué d'écrire aux doyens pour

---

(1) *Deux ans et demi de Ministère,* p. 6. loc, cit.

(2) V. *Moniteur* du 18 Décembre 1906. n° 98.

leur rappeler les termes précis et catégoriques de la loi.

Et l'on s'en est tenu là ....

Que l'on y tienne la main. Les greffiers, en tant qu'ils perçoivent des sommes pour l'Etat, en sont comptables envers lui ; ils doivent pouvoir justifier, par ses registres, le montant des valeurs perçues au profit du Trésor, et le prélèvement qu'ils opèrent à leur profit. Les droits du greffe sont partout, pour l'Etat, une source de revenus. En France, pour ce qui a trait à la comptabilité, les greffiers inscrivent, dans des registres, les droits de greffe, jour par jour, les actes sujets aux droits du greffe, les expéditions qu'ils délivrent, la nature de chacune d'elles, le nombre des rôles et le nom des parties, avec mention de celle à laquelle l'expédition est délivrée. Est-il besoin d'ajouter que tous ces registres sont tenus avec soin et la plus parfaite régularité. Aussi, est-ce par dizaines de millions de francs que l'on compte les sommes des droits de greffe destinés à rémunérer le Trésor. Il est bon de reconnaître qu'à côté des dispositions légales, il y a le contrôle sévère et rigoureux des chefs des tribunaux, jaloux de respecter et de faire respecter la loi.

IV

Selon la teneur de l'article 440 du code d'Instruction criminelle, les greffiers des tribunaux correctionnels et des cours d'assises doivent consigner, sur un registre particulier, les noms, prénoms, professions, âges et résidences de tous les individus condamnés à un emprisonnement correctionnel ou à une plus forte peine, avec une notice sommaire de chaque affaire de la condamnation, à peine de 40 gourdes d'amende pour chaque omission. L'article 641 prescrit, de son côté, aux greffiers, sous peine de 80 gourdes d'amende, d'envoyer, tous les

trois mois, copie de ces registres au secrétaire
d'Etat de la Justice qui fait tenir, dans la même
forme, un registre général composé de ces diverses
copies.

On le voit bien, c'est ici une mesure de prévoyance de la part du législateur, et cela, dans un
but d'intérêt public et de sûreté générale. Par ce
moyen, on peut arriver à se procurer des renseignements sur les antécédents judiciaires des coupables. Ces deux articles, empressons-nous de le
dire, ne sont que la reproduction des articles français visant le même objet : la constatation de la
criminalité et particulièrement des récidives. Mais,
en France, comme nous avons eu l'occasion de le
dire plus d'une fois, les lois s'améliorent, se perfec-
tionnent, selon les exigences du moment. La preuve
en est que ces articles, dont l'utilité n'échappe à
personne, ont amené la création d'une institution
qui, aujourd'hui, fonctionne à merveille : *le Casier
judiciaire*. En effet, tout en reconnaissant l'excellence du système, on était frappé de l'inconvénient
qui résultait de la confusion des registres. M. B.
Bonneville fut le premier qui exposa l'idée des
casiers judiciaires dans son ouvrage : *De la nécessité de localiser, à l'avenir, au greffe de l'arrondissement natal, tous les renseignements judiciaires concernant chaque condamné*. L'idée fut
trouvé juste et le garde des sceaux l'adopta. Dans
une circulaire du 6 Novembre 1850, il décida qu'il
doit être établi, au greffe de chaque tribunal civil,
un casier destiné aux renseignements judiciaires.

Voici les mesures qui ont été présentées à cet
égard : le casier, divisé par compartiments et placé
dans un lieu inaccessible au public, est destiné à recevoir et à classer par ordre alphabétique, des bulletins constatant, à l'égard de tout individu né
dans l'arrondissement : 1° tout jugement ou arrêt
devenu définitif, rendu contre lui en matière cor-

rectionnelle ; 2° tout arrêt rendu contre lui par la cour d'assises ou par les tribunaux militaires ; 3° toute mesure disciplinaire dont il aura pu être l'objet ; 4° tout jugement déclarant sa faillite, s'il est négociant ; 5° toute réhabilitation qu'il aurait obtenue, soit comme condamné, soit comme failli.

Pour la formation des casiers particuliers et du casier central, on procède comme suit :

A l'expiration de chaque quinzaine, le ministère public transmet, au parquet de la Cour pour qu'ils soient vérifiés, les bulletins de cette quinzaine rédigés exactement et datés. Les extraits du casier ou bulletins demandés, soit par le ministère public, soit par les administrations publiques, sont délivrés dans le plus bref délai possible.

« Dans la plupart des tribunaux il existe des répertoires sur lesquels sont inscrits, par ordre alphabétique, les noms des condamnés dont les bulletins sont maintenus dans les casiers, avec la date du jugement et le nom du tribunal qui l'a prononcé. Ces répertoires. qui servent de contrôle aux casiers et qui, au besoin, fourniraient les moyens de remplacer le bulletin égaré, doivent être établis dans les greffes. (1)

Comme on le voit, parmi les moyens auxiliaires de la justice, l'établissement des casiers judiciaires est d'une utilité incontestable. M. Bertillon, directeur du Service anthropométrique à la Préfecture de police, à Paris, a fait de cette création une véritable science. Par des procédés signalétiques qu'il serait trop long d'énumérer ici, il arrive à établir, à coup sûr, l'identité du prévenu ou de l'accusé et l'existence d'une condamnation anté-

---

(1) V. *Traité théorique et pratique des Casiers judiciaires* (lois du 5 Août 1899 et du 11 Juillet 1900, et décrets du 12 Décembre 1899 et du 13 Novembre 1900), par Gustave Le Poittevin, 3ᵉ édition.

rieure. Chacun a sa fiche et l'on se trompe très rarement. Ce régime des casiers judiciaires a été introduit dans tous les pays civilisés. M. Bertillon, d'après *Les Débats* du 11 Octobre 1907, vient d'être chargé de construire, pour le compte du gouvernement russe, un « déplieur » muni de vingt-deux planches, sur lequel on applique des photographies de têtes humaines, de grandeur naturelle et devant servir à l'enseignement du « portrait parlé ».

En effet, M. Bertillon à qui on doit l'invention concernant la photographie des cadavres, a eu l'idée nouvelle et pratique de transmettre aux autorités étrangères des fiches anthropométriques pour permettre l'identification des malfaiteurs.

En Haïti, c'est un aveu pénible à faire, on ne se contente pas seulement d'ignorer l'existence de ce système, mais, malgré la prescription impérative de la loi, les registres dont il est parlé ne sont pas expédiés au secrétaire d'Etat de la Justice. Aussi, voit-on, tous les jours, appliquer à des individus déjà condamnés, — aux criminels endurcis, aux récidivistes — la peine qu'on applique aux individus qui ont commis la même infraction pour la première fois.

Bien que ce sujet n'entre pas dans le cadre de notre étude, nous en parlons néanmoins, pour qu'on remédie promptement à cet état de choses. On ne saurait trop recommander aux greffiers d'apporter le soin le plus minutieux à tenir leurs greffes dans un ordre parfait. Par ce moyen, le secrétaire d'Etat de la Justice pourra publier, tous les ans, un travail de statistique sur l'administration de la justice.

CHAPITRE XI
Des Huissiers

Sommaire :

Autrefois, on appelait huissiers certains agents préposés à la garde des portes. — Jusqu'à la loi de 1835, les fonctions d'huissier n'étaient guère définies. — Les huissiers audienciers sont nommés par le Président de la République. — Le tribunal peut prononcer la destitution de l'huissier, suivant la gravité des cas. — Les huissiers sont des personnages peu sympathiques au public. — Ils parlent une langue incompréhensible. — Ils exploitaient tant les paysans sous l'administration de Boyer... — Des procès-verbaux de carence. — Opinion de M. Jérémie. — La dépêche du Président Pétion. — Leurs démêlés en France avec Balzac, Alexandre Dumas père. — Ils ont une mauvaise presse. — Leur corporation en France, qui compte cinq mille membres, est des plus respectables. — Chez nous on nomme, la plupart du temps, à cette fonction, des hommes besoigneux, à moralité douteuse. — Ils ne sont guère rétribués. — Ils cumulent toutes sortes de fonctions. — Leurs états de frais d'après l'Exposé de la situation. — La réforme relative aux actes judiciaires a abouti, grâce à M. Henry Bréal. — Opinion de François Ier à propos du style de la procédure. — L'enquête du ministre de la Justice, M. Monis. — Le jargon judiciaire. — Ce sont ces formules, dont le style est clair et les énonciations précises, qui viennent d'être adoptées par M. Briand, ministre de la Justice.

I

« Les huissiers sont des officiers ministériels chargés par la loi de la signification des actes de procédure, de l'exécution forcée des actes publics et du service intérieur des tribunaux. »

10

Autrefois on appelait huissiers certains agents préposés à la garde des portes du tribunal et aux détails de sa police intérieure. Ce nom vient du mot *huis* qui signifie porte.

Jusqu'à la publication de la loi de 1835, les fonctions d'huissiers n'étaient guère définies. La loi du 24 Août 1808 qui les mentionnait parmi les employés de l'ordre judiciaire, assujettissait leurs exploits au visa du commissaire du gouvernement. Par conséquent, aucun jugement ne pouvait être rendu sur un exploit non visé. C'est donc la loi de 1835, avons-nous dit, qui fit entrer d'une manière précise et définitive le ministère d'huissier dans l'organisation de nos tribunaux.

L'article 110 impose aux huissiers audienciers les devoirs suivants : 1° ils sont chargés du service intérieur, tant aux audiences qu'aux assemblées générales ou particulières, de même qu'aux enquêtes et autres opérations ; 2° ils doivent se rendre au lieu des séances une heure avant l'ouverture de l'audience et prendre au greffe l'extrait des causes qu'ils doivent appeler ; 3° ils veillent à ce que personne ne s'introduise dans la chambre du conseil sans s'être fait annoncer ; 4° ils maintiennent sous les ordres du doyen, et du ministère public, la police des audiences ; 5° ils ont près le tribunal une chambre ou au tribunal même une table où se déposent les actes et pièces à notifier de défenseur à défenseur ; 6° ils sont chargés, à l'exclusion de tous autres, de la modification des actes d'instruction, de la publicité des affiches à la porte de l'audience, ainsi que les criées à la barre du siège.

Ajoutons que les huissiers audienciers sont nommés par le Président de la République. Les huissiers exploitants, porte l'article 111, sont à la nomination du doyen du tribunal civil auquel ils sont attachés, et prennent rang parmi les huissiers audienciers pour l'observance du service; ils font, concurremment avec eux, les actes, exploits et significations relatifs aux affaires contentieuses, autres que ceux d'instruction. En France, les tribunaux de première instance ont seuls des huissiers ordinaires, mais chaque juridiction donne une liste annuelle des huissiers qu'elle juge convenable d'attacher au service des audiences. C'est aux huissiers audienciers qu'il appartient de faire les actes d'avoué à avoué, mais ce privilège n'est qu'une règle de pure discipline. Les actes de ce genre faits par d'autres huissiers ne sont pas invalidés.

D'après notre article 113, les actes du ministère d'huissier sont enregistrés sur un répertoire à ce destiné, à peine de destitution de l'huissier.

Les huissiers, soit audienciers, soit exploitants, tiennent registre d'entrée et de sortie de tous les actes qui leur sont remis pour être signifiés. Ces registres doivent être paraphés par les doyens et arrêtés à la fin de chaque mois par le ministère public (art. 114).

Pour ce qui est de la discipline intérieure, le tribunal est armé du droit de rappeler à leurs devoirs les officiers ministériels qui s'en écartent et de punir les fautes de discipline dont ils se rendent coupables. Le tribunal juge audience tenante, les officiers ministériels inculpés de fautes de discipline qui auront été commises ou découvertes à son audience. Quant aux fautes dénoncées, il y est statué en assemblée générale, en la chambre du conseil, après que l'officier ministériel inculpé a été entendu ou appelé, et sur les conclusions du ministère public. Le tribunal peut prononcer la destitution de l'huissier, suivant la gravité des cas (art. 26 à 28).

II

Point n'est besoin de dire que les huissiers sont des personnages peu sympathiques au public. Combien de gens sont apeurés et décontenancés dès l'apparition d'un huissier ! Il est vrai de dire que leur littérature timbrée n'est pas faite pour rassurer. Ils parlent une langue incompréhensible et ne se gênent pas, parfois, de spéculer sur la faiblesse ou l'ignorance de ceux contre lesquels ils instrumentent (1). Les huissiers exploitaient tant les paysans sous l'administration du Président Boyer, qu'en 1844 des bandes de paysans, sous la direction de Jeannot Jean-François ou Jeannot Mouline, se mettaient en armes, dans la Grande-Anse, au cri de : « A bas les huissiers ! » (2) Dans son livre *L'Effort*, M. Jérémie signale l'abus qu'ils font, de nos jours, des procès-verbaux de carence dans les campagnes, « Dans un pays, dit-il, où la masse des travailleurs est inculte, il est contraire à la morale d'admettre qu'un procès-verbal de carence ferme — le jour même où il est dressé au domicile et en présence du pauvre paysan — toute voie de recours contre un jugement par défaut ». Leurs méfaits remontent jusqu'au Président Pétion. En 1814, celui-ci dut, à propos de leur ministère, adresser au juge de paix de Port-au-Prince, la dépêche que voici : « Je vous préviens, citoyen juge, que le gouvernement a décidé qu'à l'avenir, le ministère des procureurs (défenseurs publics) et des huissiers ne sera pas employé près les tribunaux de paix, comme nuisible et onéreux aux intérêts des particuliers, auxquels ils occasionnent des frais qui peuvent leur être épargnés ».

---

(1) V. l'article 952 du code de procd. civ., en ce qui concerne les actes frustratoires, c'est-à-dire les actes faits sans nécessité.

(2) *Haïti, son histoire et ses détracteurs*, par J.-N. Léger.

C'était excessif ; mais cela prouve que le gouvernement d'alors prenait en considération les intérêts des justiciables.

En France, ils ont été mal vus de tout temps, et depuis leurs démêlés avec des écrivains en renom tels que Balzac, Alexandre Dumas père, ils ont, pour ainsi dire, une mauvaise presse. Ils ne laissent pas pourtant d'être affectés du dédain et de la défiance qu'on professe pour eux. Quoi qu'il en soit, leur corporation qui, en ce pays, compte 5,000 membres, est des plus respectables ; elle est représentée par une chambre de discipline qui est organisée à l'instar de celle des avoués. Cette chambre, créée particulièrement dans le but de fournir des secours aux huissiers trop âgés ou infirmes, administre une bourse commune. Pour être nommé à la fonction d'huissier il faut avoir l'âge canonique de 25 ans, jouir de ses droits civils et politiques, avoir travaillé pendant deux ans au moins, soit dans l'étude d'un notaire ou d'un avoué, soit chez un huissier, ou pendant trois ans au greffe d'un tribunal ou d'une cour, obtenir un certificat de moralité et de capacité de la chambre de discipline, sauf le recours au tribunal en cas de refus.

Il n'en va pas de même chez nous. La plupart du temps, on nomme, à cette fonction, des gens besoigneux, à moralité douteuse et presque sans instruction, ou des déclassés dont l'être moral est marqué d'une tare. Comme ils ne sont guère rétribués. quelques-uns d'entre-eux cumulent toutes sortes de fonctions. Cependant ils ont des états de frais ; il paraît, d'après l'*Exposé de la Situation*, qu'ils sont toujours en souffrance ...... et l'instruction criminelle s'en ressent tout naturellement.

On le voit bien, une réforme s'impose dans le monde des huissiers, et il est nécessaire, selon nous, d'exiger d'eux quelques connaissances en droit. Une réforme non moins importante doit être également faite, celle relative à la rédaction des actes judiciaires (1). Il y a longtemps qu'elle était projetée en France et ce n'est que ces temps derniers qu'elle a abouti, grâce à M. Henry Bréal, avocat à la cour de Paris. En effet, François Ier, en parlant du style de la procédure, de cet amas de mots inutilement répétés, des *cautèles*, c'est-à-dire des clauses inutiles dont les actes sont chargés, s'exprima ainsi : « C'est un dédale obscur et tortueux dont l'entrée semblait interdite au plus grand nombre et dans lequel les hommes les plus éclairés s'égaraient »... M. Bréal entreprit donc une campagne ponr la réforme des actes judiciaires et la substitution d'un langage simple, compréhensible et net, à ce qu'il nommait le *jargon judiciaire*.

Sur son initiative, une commmission fut insti-

---

(1) « Il est regrettable, dit un journal de Paris, de voir qu'en France, dans le pays du style clair, pur et élégant, les actes importants de la vie judiciaire soient incompréhensibles ; la justice, qui s'adresse au peuple, ne parle pas la langue que le peuple parle et entend.

« Si vous avez jamais reçu un acte judiciaire, fût-çe une simple signification d'avoué ou un exploit d'huissier, vous avez certainement été étonné de voir en quel style il est rédigé. C'est un véritable problème, même pour un homme instruit. de se retrouver au milieu du jargon, encombré de tournures archaïques, de mots tombés en désuétude, dans lequel sont rédigées les formules les plus simples. Impossible à qui que ce soit — à moins de recourir aux coûteuses lumières de quelque agent d'affaires — de découvrir à première vue, le sens de la sommation ou du commandement qu'il vient de recevoir.... L'apparence elle-même de l'acte d'assignation ne suffit-elle pas à dérouter la personne assignée ? Le premier feuillet, qui contient la requête au président (la partie en somme la plus intéressante de l'acte, puisqu'elle expose les motifs pour lesquels le défendeur a été cité en justice) est couvert d'une écriture microscopique et serrée, d'un griffonnage impénétrable à l'œil, comme si une compagnie d'infusoires s'était déployée en tirailleurs le long des lignes ; la dernière partie de l'acte, sans intérêt aucun, est copiée, au contraire, d'une majestueuse écriture, aux jambages altiers, comme si le roi Louis XIV lui-même s'était, en tirant la langue, appliqué à grossoyer cette fastueuse anglaise. »

tuée en 1902, par M. Monis, ministre de la Justice, chargé de procéder à une enquête détaillée dans toutes les cours de France et de consulter, depuis les premiers présidents jusqu'aux plus humbles huissiers, sur l'opportunité des réformes à introduire dans la rédaction des actes judiciaires. « Et comme sur 885 avis exprimés, 726 se montrèrent favorables et 159 seulement hostiles, de nouvelles formules ont été rédigées, sous la présidence de M. Malepeyre, l'éminent conseiller à la cour de Cassation. Ce sont ces formules, dont le style est clair et les énonciations précises qui viennent d'être adoptées (1908) par M. Briand, ministre de la Justice. Pour en finir, nous exprimons le vœu de voir notre code de procédure de la justice civile incessamment réformé « de manière qu'elle soit rendue plus simple, plus expéditive et moins coûteuse ».

CHAPITRE XII

Des Avocats

Sommaire :

L'avocat est chez nous un officier ministériel. La constitution d'avoué est obligatoire, tandis que celle d'avocat est facultative. — L'avocat remplit, en Haïti, une double mission. — Opinion de M. Justin Dévot. — En Angleterre, il y a une toute autre organisation. — Le cabinet de tout avocat est inviolable. — L'avocat peut-il réclamer, en justice, ses honoraires ? — Opinion de M. Glasson. — C'est ici une des pages les plus intéressantes de notre histoire juridique. — La dépêche du Président Pierrot au ministre de la Justice. — Opinion de Napoléon Ier. — Les défenseurs publics ne méritaient ni cet excès d'honneur, ni cette indignité. — Sur l'initiative de F.-E. Dubois, alors secrétaire d'Etat de la Justice, on vota la loi du 29 Juin 1859 qui institua l'ordre des avocats et le conseil de discipline. — On créa une Ecole de Droit à Port-au-Prince, sous la direction de M. J. St-Amand. — Le discours de M. R.-A. Deslandes, bâtonnier de l'ordre. — L'article 14 de la loi de 1859 consacrait l'indépendance scientifique de l'ordre. — La Commission du Président d'Haïti n'était nécessaire qu'en l'absence d'une Ecole de Droit. — La loi du 16 Septembre 1878. — La loi du 18 Octobre 1881. — On pensa avec raison à purger le barreau de certains éléments et à y répandre l'eau lustrale. — Le projet de loi de 1892. — La question n'est pas jusqu'ici tranchée. — Il nous coûte de rompre avec le passé, avec nos préjugés : toutes choses qui nous empêchent d'accomplir notre destinée. — Les avocats devraient-ils être nommés par le Gouvernement ? — La législation française. — Cette profession n'est pas ouverte aux étrangers. — Les femmes avocats. — Les prêtres sont autorisés à exercer cette profession. — L'ordre est maître de son tableau. — Le tempérament est un des principaux facteurs du triomphe

— L'orateur improvise, l'avocat parle. — Opinion de M. Ernest Legouvé. — Un assez grand nombre d'avocats ont l'air de jouer le rôle de l'Intimé dans *Les Plaideurs* — La profession d'avocat est élevée, en France, à la dignité d'une magistrature. — Discours de M. Chenu, bâtonnier de l'ordre des avocats de Paris. — M. Edmon Rousse était l'honneur de ce barreau. — Le barreau haïtien compte des avocats qui ne le cèdent en rien aux meilleurs avocats de Paris. — La bonne tradition de confraternité et d'urbanité tend chaque jour à disparaître. — Il n'y a pas trop d'avocats. — Opinion de l'auteur. — Opinion de M. le docteur Nemours Auguste (en note).

I

L'article 1er de la loi de 1835 comprend, parmi les officiers ministériels qui exercent près le corps judiciaire, les défenseurs publics, c'est-à-dire les avocats.

En effet, l'avocat est, chez nous, un officier ministériel, quoique son ministère ne soit pas forcé par les parties. En France, il n'en est pas de même. Pourvu que les parties soient représentées devant le tribunal par un avoué, elles ne sont pas obligées de se pourvoir d'un avocat. En d'autres termes plus clairs, la constitution d'avoué est obligatoire, tandis que celle d'avocat est facultative (1). C'est l'avoué qui remplit les formalités de procédure nécessaire à l'instruction du procès ; c'est lui qui présente par écrit et dépose sur le bureau du tribunal l'exposé sommaire des prétentions des parties. En un mot, c'est l'avoué qui postule et conclut. Lui, l'avocat n'a que le droit de consulter et de plaider, lequel consiste « à donner son avis verbalement ou

---

(1) Le ministère d'avoué est obligatoire devant les tribunaux de première instance et les cours d'appel. Devant la cour de Cassation, les fonctions d'avoué sont exercées par les avocats dont le ministère est également obligatoire.

par écrit sur une question de droit et à exposer verbalement à l'audience les prétentions du client ».

En Haïti, comme il n'y a pas de ministère d'avoué, l'avocat est tout à la fois avocat et avoué.

Ainsi, il remplit une double mission. Non seulement il donne des consultations et plaide, mais encore il est chargé des actes de procédure..

M. Justin Dévot, cité par M. H. Price, dans son *Cours de Droit administratif*, établit la différence entre ces deux ministères de la manière suivante :

« 1° Quand il fait la procédure, l'avocat haïtien est un mandataire, agissant non seulement pour le compte de son client, mais de plus en son nom. Son rôle, à cet égard, se rapproche de celui de l'avoué français, sauf que ce dernier est un mandataire forcé, imposé par la loi à l'individu qui veut introduire une action en justice ;

« 2° Comme consultant et comme défenseur, développant oralement ses conclusions ou la conclusion de son client, défendant ou protégeant ce client, il est à l'égal de l'avocat français un *locator operis*, juridiquement assimilable au commissaire, au voiturier, à l'architecte, au médecin, au professeur. etc. »

... Cependant, les avoués français sont admis parfois à plaider, mais devant les juridictions autres que les tribunaux civils et les cours d'appel.

En Angleterre, il y a une toute autre organisation ; les avoués sont divisés en deux classes : les *attorneys* et les *sollicitors*. Ils sont tous deux chargés de suivre les affaires et d'en préparer la procédure. On y trouve trois classes d'avocats : les *serjeants at law*, les *barristers at law* et les docteurs en loi. Ce qu'il y a de caractéristique dans cette législation, c'est que le ministère des avoués, comme celui des avocats, est purement facultatif.

En ce qui concerne les devoirs professionnels des avocats, la législation haïtienne ne diffère guère de celle de la France.

Comme l'a si bien dit Boncenne, « considéré dans l'exercice de sa profession, un avocat n'appartient qu'à lui-même ; son indépendance est la meilleure garantie de sa bonne foi ».

S'il est tenu d'un certain nombre de devoirs dont les principaux sont nettement définis dans la loi sur le conseil de l'ordre, il jouit en retour de différentes prérogatives.

« Le cabinet de tout avocat est inviolable ; la police ne peut y chercher ni la personne d'un prévenu, ni les preuves d'un crime ou d'un délit, à moins que l'avocat ne soit lui-même le prévenu. De même, il jouit, pour la défense des intérêts de son client, de la plus entière liberté et ne saurait être poursuivi pour diffamation ou injure à raison de ses plaidoiries ou de ses consultations, du moment qu'il s'agit de faits relatifs à la cause.

» L'avocat a droit, à l'audience, au respect des magistrats, des parties et de l'auditoire. » (1)

L'avocat peut-il réclamer en justice ses honoraires ? Il y a controverse. Suivant M. Glasson, les avocats ont droit à des honoraires qu'ils peuvent réclamer en justice, mais, en fait, ils s'abstiennent toujours d'agir, et celui qui contreviendrait à cet usage risquerait des peines disciplinaires. Si l'avocat est obligé de se déplacer, il peut, sans manquer aux traditions de l'ordre, demander, même au préalable, des frais de déplacement, car il ne s'agit

______

(1) *Précis de Procédure civile*, t. Ier, 2e édition, par Glasson, p. 114.

plus d'honoraires, mais de simples déboursés. Quand un avocat est nommé d'office, non seulement les usages lui défendent de demander des honoraires, mais il ne doit même pas accepter ceux qui lui seraient offerts.

Il est à peine besoin de dire, ajoute l'éminent jurisconsulte, que lorsque l'avocat donne sciemment de faux renseignements à son client sur le résultat du procès dans le seul but d'obtenir des honoraires plus élevés, il commet une faute grave qui autorise contre lui des mesures disciplinaires et permet au client de lui réclamer des dommages-intérêts.

II

C'est ici une des pages les plus intéressantes de notre histoire juridique. Dans son *curriculum*, cette institution s'est vivement ressentie de notre régime politique qui, malgré la lettre de la Constitution, est essentiellement militaire. Le défenseur public qui, comme son nom l'indique, est appelé à défendre les droits des justiciables, à protéger la vie et les intérêts des citoyens, ne peut que porter ombrage à un tel régime. C'est ce que le firent bien voir les gouvernements de Pétion et de Boyer. Le président Pierrot, lui, est allé jusqu'à écrire au ministre de la Justice la dépêche que voici : « Je vous invite, ministre, de faire suspendre le ministère des défenseurs publics près les tribunaux, attendu qu'ils ruinent les familles et les réduisent à la misère ». Il est vrai que l'exemple partait de loin. Napoléon Ier, qui confondait dans le même dédain les idéologues et les avocats, c'est-à-dire ceux qui pensent et ceux qui parlent ne s'était-il pas écrié, quand Cambacérès lui soumit le décret de 1810 pour la reconstitution de l'ordre des avocats : « Ce décret est absurde, il ne laisse aucune prise, aucune action contre eux. Ce sont des factieux, des artisans de crimes et de trahisons ; tant que j'aurai l'épée au côté, je ne signerai pas un pareil décret ; je veux qn'on puisse couper la langue à un avocat qui s'en sert contre le gouvernement ».

Dans un autre ordre d'idées, Caligula ne désirait-il pas que le peuple romain n'eût qu'une seule tête afin de la trancher d'un seul coup ! La brusquerie de pareils vœux ne peut que condamner leur auteur. Passons...

Les défenseurs publics, quoi qu'on ait eu à se plaindre de beaucoup d'entre-eux, ne méritaient ni cet excès d'honneur, ni cette indignité. On l'avait si bien compris que, sur l'initiative de M. F.-E. Dubois, alors secrétaire d'Etat de la Justice, on vota la loi du 14 Juin 1859 qui institua l'ordre des avocats et le conseil de discipline.

Et, comme corollaire de cette institution, une loi sur l'enseignement du Droit, portant la même date, créa une École de Droit à Port-au-Prince, sous la direction de M. J. St-Amand, auquel était adjoint, comme professeur M. Bouldoyre St-Pierre, licencié en droit de la Faculté de Paris. Dans un beau discours, M, R.-A. Deslandes, bâtonnier de l'ordre s'exprima, à propos de cette création, de la manière suivante : « Ce n'était pas assez, pour que le pays pût jouir d'une bonne administration de la justice, que le barreau eut une vie propre ; il fallait que la magistrature, de même que lui, pût, comme dans tous les pays civilisés, se recruter à une source infaillible en résultats avantageux, et le gouvernement intelligent de notre pays a résolu, dans ce but, la création d'une Ecole de Droit ». (1) Ainsi donc, dans la pensée du législateur, ces deux lois, à cause de leur utilité, marchaient de pair, l'une complétant l'autre. De cette école devait sortir,

___

(1) *Deux ans et demi de Ministère,* loc. cit.

outre des magistrats et des avocats, des greffiers,
des huissiers, etc. L'idée en soi était excellente.
Malheureusement, ce n'était qu'un geste, un grand
geste vain. Par suite des difficultés inhérentes à
toute œuvre de progrès chez nous, l'Ecole, en un
espace de temps très court, cessa de fonctionner.
Aussi, l'article 14 de la loi du 29 Juin 1859 devint-
elle lettre morte au lendemain même de sa publication. Avouons-le en toute franchise, cet article avait
sa raison d'être ; il témoignait d'un réel souci du
progrès. Le voici en toute sa teneur : « Pour être
inscrit au tableau des avocats et pour pouvoir exercer, il faudra avoir été commissionné par le Président d'Haïti, et quand une loi aura créé une Ecole
de Droit, un diplôme de la Faculté de Droit *confé-
rera seul le titre d'avocat*. Ceux qui auraient été
diplômés par une Faculté de Droit étrangère, devront soumettre leurs diplômes à la Faculté d'Haïti.
On le voit, cet article consacrait l'indépendance
scientifique de l'ordre. D'autre part, la commission
du Président d'Haïti n'était nécessaire qu'en l'absence d'une Ecole de Droit. Cela se conçoit aisément. En réalité, qu'est-ce qui fait l'avocat ? C'est
bien la science du licencié, et non la commission
qui ne peut lui donner les connaissances nécessaires à l'exercice de sa profession. S'il en était
autrement, le médecin, l'ingénieur ne pourraient
être à même d'exercer leur profession qu'à la condition d'avoir une commission. Au surplus, le droit
de conférer les grades — le *jus promovendi* —
accordé aux établissements de l'Etat, sous le haut
contrôle du chef de l'Université est une garantie
suffisante....

Comme nous le disions tout à l'heure, cette Ecole
de Droit qui promettait tant, n'a vécu que l'espace
d'un matin. Aussi, le Président d'Haïti continua-t-il
de commissionner ceux qui voulaient être inscrits
au tableau des avocats. Par ce fait, le titre et la
profession d'avocat devinrent un office public, une

faveur du pouvoir. Entre temps, la loi de 1859 tombée en désuétude, fut remplacée par celle du 16 Septembre 1878, et celle-ci, à son tour, par la loi du 18 Octobre 1881. Chose étrange, sous la loi de 1881, les conditions prescrites pour être avocat devenaient plus faciles. Comme il n'existait pas d'Ecole de Droit, il suffisait d'avoir l'âge de 21 ans et l'exercice des droits civils et politiques pour être commissionné, après un examen de pure forme, par le Président d'Haïti, et être inscrit au tableau d'une juridiction. (Disons, en passant, que c'est la jouissance et non l'exercice que la loi entend dire, car on peut être avocat avant d'avoir atteint l'âge de la majorité.)

Il y a plus. A la faveur de l'article 7 de la même loi, on a vu des gens ignorants et cupides obtenir la commission d'avocat, pour avoir été, seulement pendant deux ans, juges ou officiers du ministère public ; c'était un scandale. Aussi, quand en 1888, l'ancienne école fut restaurée sous le titre de l'Ecole libre de Droit, quelques esprits d'élite essayèrent-ils de réagir contre un pareil état de choses. On pensa, avec raison, à purger le barreau de certains éléments et à y répandre l'eau lustrale. En 1892, un projet de loi sur l'ordre des avocats « préparé par le conseil de discipline de l'ordre, fut soumis, l'année d'après, au secrétaire d'Etat de la Justice, M. Edmon Lespinasse, qui, pour avoir participé à sa rédaction, ne se fit pas faute de l'adopter officiellement et de le faire voter par le conseil des secrétaires d'Etat, d'où il passa devant la Chambre des Députés. La Chambre le laissa dormir dans ses archives pendant quatre ou cinq ans. Lorsqu'enfin, elle se décida à le mettre en discussion, M. J.-C. Antoine, alors secrétaire d'Etat de la Justice, jugea opportun de le retirer.

« L'expérience avait pourtant déjà démontré et a largement démontré depuis, combien certaines

.dispositions de la loi de 1881 mériteraient d'être revisées, en raison surtout des transformations que l'accroissement du nombre des avocats dus au fonctionnement des Ecoles de Droit, a fait subir au barreau. » (1)

Et la question n'est pas, jusqu'à présent, tranchée. *Sub judice lis est.*

III

» Bien des gens ont une peine infinie, même sans y mettre de mauvais vouloir, à se représenter le moindre changement dans l'ordre social ou dans l'ordre politique auxquels ils sont accoutumés.

« Par cela seul que des institutions, des habitudes, des usages existent, nous avons une tendance invincible à les juger aussi indispensables à nos successeurs qu'ils nous le sont à nous-mêmes. Nous ne voyons pas le monde avec une autre figure ; il continuera de porter celle que nous lui connaissons, ou bien il périra. »

Ces paroles d'un penseur peignent en tous points notre mentalité. Il nous coûte, en effet, de rompre avec le passé, avec nos préjugés, toutes choses qui nous empêchent d'accomplir notre destinée. Dans le cas qui nous occupe, n'est-il pas illogique de laisser subsister ces dispositions de la loi de 1881.

Pour nous répéter, les avocats devraient-ils être nommés par le gouvernement ? Leur ministère constitue-t-il une fonction ? Peut-on les révoquer ? Voyons un peu. L'Etat ouvre une Ecole de Droit dont le fonctionnement est confié à un personnel compétent, choisi par lui. Les conditions d'admis-

---

(1) *Revue de la Société de Législation*, Janvier 1907.

sibilité y sont minutieusement réglées. Le jeune homme y va de confiance. Quelle déception ! Ses études achevées, l'Etat de lui dire : c'est très bien, vous avez rempli le programme imposé par moi, vous avez obtenu votre diplôme de licencié pour en jouir selon les prescriptions de la loi. Mais, malgré mon estampille, votre diplôme n'a aucune valeur, ma Commission seule, a la vertu de vous conférer le titre d'avocat, le *dignus intrare*...

Nous enregistrons avec un plaisir patriotique que le gouvernement actuel, d'accord avec la loi du 18 Septembre 1906 sur l'enseignement du Droit, n'hésite pas à abandonner cette prérogative de nommer les avocats, et que le projet de loi de 1892 qui abrogea la loi du 18 Octobre 1881 sur l'ordre des avocats, sera, cette fois-ci, votée par les chambres législatives.

IV

L'article 5 du projet est ainsi conçu : « Pour être inscrit au tableau d'un ordre, il faut : 1° être âgé de 21 ans au moins ; 2° avoir l'*exercice* des droits civils et politiques ; 3° être porteur d'un diplôme de licencié de l'Ecole Nationale de Droit ; 4° avoir prêté, devant le tribunal civil, le serment suivant : « Je jure d'observer, dans l'exercice de ma profession, les principes d'honneur et de dignité qui doivent caractériser tous les membres de mon ordre », et 5° avoir le stage prévu en l'article ci-après. Ceux qui sont porteurs du diplôme de licencié ou de docteur en Droit d'une Faculté étrangère dont la législation a pour base les codes français, pourront obtenir leur inscription en soumettant leur diplôme au visa du Directeur de l'Ecole Nationale de Droit, qui prendra les mesures nécessaires pour constater l'identité du porteur ».

En France, les conditions d'admissibilité sont les suivantes : il faut, pour être avocat : 1° avoir la *jouissance* de ses droits civils et politiques ; 2° être muni du diplôme de licencié en Droit délivré par une Faculté de Droit ; 3° enfin, être Français. Ces conditions étant réunies, le candidat doit se faire recevoir. Il remet, à cet effet, son diplôme au procureur général, puis, prête un serment professionnel devant la première chambre de la cour d'Appel, sur la présentation du bâtonnier ou d'un membre du conseil de l'ordre, et sur les conclusions du ministère public. « La prestation de serment confère le titre d'avocat, mais non le droit d'exercer la profession ; ce droit ne s'acquiert que par l'inscription au tableau. L'inscription au tableau doit être réclamée du conseil de discipline. L'avocat, normalement inscrit, ne figure pas sur le grand tableau, mais sur le tableau des avocats stagiaires ; ce n'est qu'après un stage de trois ans, au moins, qu'il peut obtenir de passer sur le grand tableau ».

Chez nous, tout comme en France, cette profession n'est pas ouverte aux étrangers parce qu'ils n'ont pas la jouissance des droits civils et politiques. Est-elle ouverte aux femmes ? La question est controversée. En France, jusqu'à la loi du 1er Décembre 1900, on avait refusé aux femmes l'accès du barreau, sous prétexte qu'elles ne peuvent pas remplir par intérim les fonctions du ministère public ou celle de juge en cas d'empêchement ou de partage, parce que ces fonctions impliquent une participation à l'exercice de la puissance publique, et la jouissance des droits politiques.

Aujourd'hui, les femmes pourvues de diplôme de licencié en Droit, sont admises à l'exercice de la profession d'avocat sous les conditions ordinaires de stage et de discipline. Déjà, les femmes avocats exerçaient la profession dans un grand nombre de pays, notamment aux Etats-Unis, au Mexique, au Chili, aux Indes, au Canada, en Roumanie, en Russie, en Suède, en Norvège. La profession d'avocates incompatible avec toutes les fonctions de l'ordre judiciaire et avec celles rétribuées au moyen de traitements. Les exceptions sont établies par la loi. « Ainsi, on a toujours admis, dit M. Glasson, en doctrine et en jurisprudence, que cette profession est compatible avec celle de professeur ou agrégé d'une Faculté de Droit, avec les fonctions électives même rétribuées, comme celles de députés, sénateurs, membres du conseil municipal de Paris ». Depuis la loi du 9 Décembre 1905 sur la séparation des Eglises et de l'Etat, les prêtres sont autorisés à exercer cette profession. C'est la Révolution, c'est surtout le Concordat qui, en mettant les prêtres au rang des fonctionnaires, créa l'incompatibilité. En effet, pour des motifs tirés du Concordat, on avait refusé, en 1831, au Père Lacordaire, l'accès du barreau. (1)

D'après les règlements pour l'ordre des avocats de la juridiction de Port-au-Prince, revisés par le conseil de discipline (1906-1907), pour être admis au stage il faut avoir prêté le serment prescrit par la loi ; pour être admis à l'inscription au tableau il faut prouver que le stage d'avocat a été fait et verser un droit d'entrée de dix gourdes. Le stage imposé aux nouveaux venus est absolument obligatoire. « Le diplôme seul n'atteste pas l'identité de celui qui l'a obtenu, il faut d'autres études à l'avocat, il faut qu'il apprenne la science de l'application, la marche des affaires, les règles de la discussion, les usages du barreau, et, pour cela, il faut qu'il suive avec assiduité les audiences des tribunaux. C'est l'obligation du stage. *Leges in scholis deglutiuntur, in palatiis digermotur*, a dit Dumoulin ; cette maxime est de la plus grande

---

(1) Le patron des avocats fut Saint Yves Hélori prêtre avocat. Un autre prêtre fut un avocat fameux, très fameux : *fusse famosimum advocatum*, qui s'appelait Gui-Foucault et devint pape sous le nom de Clément IV.

vérité, surtout en ce qui concerne les lois de la procédure. Dans le Dialogue des Avocats de Loisel, on parle d'un jurisconsulte « qui fut homme de grand sens et savoir, et puissant en son parler, mais qu'on ne pouvait, sauf correction, appeler un grand homme de palais, d'autant qu'il connaissait peu les formalités de la Justice. « Ignorer la procédure, c'est courir le risque de tomber dans des fautes irréparables et se réduire à l'impuissance de défendre une cause lorsqu'elle est attaquée par ses moyens de forme ». (1)

Une question fort importante se pose. Quel est le pouvoir du conseil de discipline quant à l'inscription des avocats ? L'ordre est maître de son tableau ; ce qui revient à dire qu'il délibère souverainement sur les questions d'inscription en premier ressort. Mais cela ne veut pas dire que ses décisions sont inattaquables, sans voie de recours. L'avocat peut attaquer la décision par laquelle on lui refuse l'inscription, même si ce refus est basé sur une appréciation morale de la personne du candidat. (2)

La jurisprudence française, elle, a décidé que tout licencié en droit auquel on refuse l'accès au stage, tout stagiaire auquel on refuse l'accès au tableau, a le droit de se pourvoir devant la Cour d'Appel contre la décision du conseil de discipline. « Cette jurisprudence, dit M. Glasson, se fonde sur ce que toutes les professions étant libres, à moins d'une disposition contraire qui n'existe pas pour les avocats, le conseil de discipline porte atteinte à un droit acquis, toutes les fois qu'il repousse la demande d'un licencié en droit ou celle d'un stagiaire ».

---

(1) Boncenne, loc. cit., p. 590, t. Ier.

(2) Chez nous, le recours en cassation est ouvert contre les décisions du conseil de discipline, prononçant une suspension de plus de trois mois ou la radiation.

V

Le stage obligatoire, une fois accompli, l'avocat entre d'emblée dans la lutte. (1) Ici, le tempérament est un des principaux facteurs du triomphe. L'individu doit avoir l'esprit combatif, *l'esprit du*

---

(1) Aux termes de l'article 57 de la loi organique, les parties, avant d'être admises à plaider, devaient remettre au greffier leurs conclusions signées et portant le numéro du rôle ; mais tous les tribunaux ayant compris l'inconvénient qui résulterait de l'exécution de cet article à la lettre, n'exigent la remise des conclusions qu'après la plaidoirie.

Pour commencer la plaidoirie, le demandeur ou son défenseur donne d'abord lecture de ses conclusions, afin de fixer l'attention des juges sur l'objet du procès, puis il expose les faits et développe successivement chaque chef de ses conclusions et les moyens propres à les justifier. Le défendeur commence également par la lecture de ses conclusions, qu'il développe ensuite ; puis il réfute les arguments de son adversaire. Le tribunal permet au demandeur de répliquer et donne aussi une seconde fois la parole au défenseur ; s'il s'agit de quelques questions importantes, le tribunal accorde alternativement la parole aux parties jusqu'à ce qu'il se sente suffisamment éclairé sur tous les points du procès. Alors, si le ministère public doit être entendu, il résume les moyens présentés par les parties et donne ses conclusions. Une fois que le ministère public est entendu, lorsqu'il est partie jointe, aucune des parties ne peut obtenir la parole, il leur est seulement permis de remettre, sur le champ, de simples notes aux juges. (Loi organique, art. 97. Voir Mullery, t. II, p. 123.)

... D'après les règlements pour l'ordre des avocats de la juridiction de Port-au-Prince, revisés par le conseil de discipline (exercice 1906-1907), pour plaider dans la juridiction de Port-au-Prince, l'avocat appartenant à un autre barreau doit fournir au conseil la preuve de son inscription au tableau de sa juridiction.

Le permis de plaider qui lui est délivré par sa juridiction sera visé tous les *six* mois par le secrétaire de l'ordre moyennant le paiement d'un droit de visa de *cinq* gourdes en faveur de la caisse de secours, faute de quoi, l'avocat sera signalé comme n'ayant pas de permis.

L'avocat admis à plaider près la juridiction de Port-au-Prince aura droit à la protection du conseil et du bâtonnier, au même titre que les avocats inscrits au barreau de Port-au-Prince ; il sera également justiciable du conseil et devra verser, à la caisse du trésorier, la cotisation mensuelle, tant qu'il milite dans le ressort de Port-au-Prince (art. 32).

métier, ou, pour mieux dire, une âme positive et pratique. Il doit être à même de fournir l'effort prolongé qui vient à bout de toutes les difficultés. Ce n'est pas tout, il faut qu'il sache *parler*. Oui, l'orateur improvise, mais l'avocat parle, il espose des faits ou des doctrines. Comme dit Boinvilliers, la simplicité des mots, la clarté des pensées, voilà toute son éloquence. A ce propos, M. Ernest Legouvé, dans son ouvrage *L'Art de la Lecture*, a critiqué avec beaucoup d'esprit les personnes qui emploient indifféremment dans le même sens, les deux mots *causer* et *parler*. « Rien de plus dissemblable, dit-il ; il y a des gens qui, au point de vue de la bonne diction, *causent* très bien et *parlent* très mal. En voulez vous la preuve ? Allez au Palais, dans la salle des Pas Perdus, abordez un avocat de vos amis et causez avec lui ; son débit sera naturel et simple. Suivez-le dans la salle d'audience, écoutez-le dire : « Messieurs les juges » et commencer sa plaidoirie ? ce n'est plus le même homme, toutes ses qualités disparaissent ; il était naturel, il devient emphatique ; il causait juste, il parle faux comme on chante faux. Un assez grand nombre d'avocats ont l'air de jouer le rôle de l'Intimé dans *Les Plaideurs* ».

Il faut bien le reconnaître, en France, la profession d'avocat est élevée à la dignité d'une magistrature. Les belles traditions du vieux barreau français se transmettent fidèlement, d'âge en âge. Tout récemment, Mᵉ Chenû, bâtonnier (1) de l'ordre des avocats de Paris, le rappelait avec un rare bonheur d'expression à ses confrères, dans le discours qu'il a prononcé à la louange de M. Edmond Rousse qui était l'honneur de ce barreau. En effet, celui-ci

---

(1) Le nom de bâtonnier vient de ce qu'autrefois, à l'époque où les corporations figuraient dans les processions, le chef de l'ordre des avocats portait à la main, le bâton de Saint-Nicolas, un des nombreux patrons de cet ordre.

disait en 1872, à ses confrères dont il devenait le bàtonnier :

« Il est des occasions tragiques où la force emprunte le masque de la justice, l'avocat vient réclamer sa place auprès des victimes. C'est le plus sacré des devoirs et je ne sache pas que, dans aucun temps, nous l'avons déserté ! Nous avons gardé les enseignements que nos anciens nous ont transmis et que, s'il plaît à Dieu, nous laisserons à ceux qui viennent après nous : la pitié pour le malheur, la haine de toutes les tyrannies, le mépris de toutes les violences ».

Ces enseignements sont ceux d'éminents jurisconsultes, des maîtres de la parole, des d'Aguesseau, des Boncenne, des Berryer, des Montalembert, des Jules Favre, des Lachaud, et de tant d'autres encore qui ont illustré le barreau français.

Nous voudrions en dire autant de la corporation des avocats en Haïti.

Certes, le barreau haïtien compte dans son sein des avocats de haute valeur, qui ont un réel souci de leurs devoirs professionnels.

Ceux-là ne disent que ce qui est vrai et ne demandent que ce qui est juste.

Nous pourrions même citer quelques noms qui ne le cèdent en rien aux meilleurs avocats de la cour de Paris.

Celui-ci est doué d'une éloquence persuasive ; celui-là a une dialectique ferme et lumineuse qui force l'admiration ; un troisième a l'activité, le ressort, le brio nécessaires pour enlever lestement une affaire.

Malheureusement, il s'en trouve un grand nombre qui, oublieux de leurs devoirs, commettent des actes très répréhensibles. La loyauté, la bonne foi, la probité qui sont le salutaire apanage de la profession leur sont inaccessibles.

Il y en a qui, non contents d'employer dans leurs plaidoiries et dans les actes de la procédure des expressions injurieuses, vont jusqu'à se servir envers leurs adversaires des armes du mensonge et de la calomnie.

Nous n'avons garde de parler de ces avocats qui, dans leurs interminables plaidoiries, font un luxe de citations empruntées aux écrivains de la Grèce et de Rome, « Ce parlage stérile, dit Boinvilliers, cette ténacité verbeuse importune le juge et déconsidère l'avocat ».

Nous devons cependant reconnaître que les jeunes avocats sortis de nos Ecoles de Droit, comprenant mieux l'utilité de leur profession, évitent de tomber dans de pareils errements.

Ayant une instruction plus franche et plus développée, ils apportent dans les discussions juridiques ces argumentations, cette aisance de langage que l'on ne trouve pas chez la plupart des anciens, qui, jaloux de leurs succès, ne laissent pas de profiter de leur inexpérience pour les entraîner dans le « maquis de la procédure ».

Disons, pour en finir, que, grâce à nos Ecoles de Droit, le barreau haïtien et la magistrature haïtienne ne seront desservis, dans un temps plus ou moins éloigné, que par des hommes de loi dignes de ce nom. (1)

---

(1)-Ainsi que nous l'avons dit dans notre ouvrage *De la Nationalité en Haïti*, généralement on croit que le droit s'apprend exclusivement pour exercer la profession d'avocat ou pour occuper les fontions de magistrats dans les tribunaux. C'est une erreur. La nécessité de connaître le droit se fait sentir dans toutes les branches de l'activité sociale. Le droit est le complément indispensable des études : le couronnement de toute éducation libérale, le couronnement des autres branches des connaissances humaines. Ne nous plaignons donc pas qu'il y ait trop d'hommes de loi. Voici, à cet égard,

Toutefois, il faut souhaiter que, continuant la bonne tradition de confraternité et d'urbanité qui a toujours existé parmi les membres de cette corporation, les avocats, jeunes et vieux, fassent trève de leurs dissentiments, et qu'ils ne ternissent pas, dans l'intérêt de la justice, la source de l'honneur et de la probité.

---

l'opinion de M. le docteur Nemours Auguste : « Il y a trop d'avocats ou de licenciés en Droit, dites-vous ; vous êtes-vous jamais demandé ce qu'il en faudrait pour le strict service de la République ? Le calcul est simple et le voici :

Pour les tribunaux, depuis le tribunal de Cassation jusqu'aux tribunaux de paix 425

Pour le notariat, aux différents ministères, chefs de division et de bureau à la Justice, à l'Intérieur, à la Police générale, à la direction des Domaines, aux Relations extérieures, à l'Enregistrement, à la Chambre des Comptes, pour les préparer au rôle de Cour de Justice qu'elle remplira un jour 125

C'est-à-dire 550

licenciés en droit, sans compter les avocats inscrits au barreau et les jeunes gens désireux de compléter leurs études, qu'il faut encourager, d'abord, pour la culture elle-même qu'ils recherchent et parce qu'il est inscrit quelque part, et où vous savez, que nul n'est censé ignorer la loi.

Dans combien d'années les trois Ecoles de Droit de ce pays auront-elles diplômé assez de candidats pour remplir un cadre aussi vaste ?

Que dire aussi des tribunaux d'appel sans lesquels, assurent les jurisconsultes, la justice n'est pas parfaite, que la Constitution a créés, que nous ne pouvons cependant établir faute d'un personnel assez nombreux et assez éclairé !

. . . .

Les licenciés en Droit n'iraient pas mourir de faim et d'ennui dans les justices de paix de nos dernières communes ? Non certes pas à $ 58 par mois, qui représentent moins de sept dollars. Mais si nous jugeons qu'il est d'un haut intérêt national qu'ils y aillent, si nous admettons qu'il n'y a pas de société sans justice, et que nous aurons beau discuter, mes adversaires et moi, sur l'éducation et les modifications de nos programmes d'enseignement, nous ne serons considérés comme un peuple civilisé que lorsque la justice sera délivrée à tous, dans les villes comme dans les campagnes, et que ceux qui la rendent seront, par l'intelligence et le caractère, à la hauteur de leurs devoirs ; nous paierons comme il convient ceux à qui nous aurons confié cette mission sociale si honorable et si utile. » (*Nouvelliste,* 14 Août 1908.)

CHAPITRE XIII

Procédure Commerciale

SOMMAIRE :

La procédure commerciale est simple, rapide et peu coûteuse. — La demande est dispensée des formalités de l'arbitrage ; elle doit être formée par simple ajournement. — Le doyen du tribunal de commerce ne peut statuer sur les affaires urgentes par voie de référé. — M. Boitard fait remarquer que l'article 419 est tiré, au moins en principe, de l'ordonnance de 1681. — La règle générale en matière civile est que le défenseur doit être assigné devant le tribunal de son domicile. — L'article 632 déroge à la règle : *actor sequitur forum rei.* — Les parties sont tenues de comparaître en personnes ou par un fondé de procuration spéciale. — Opinion de M. Kléber Vilmenay. Opinion de M. Carré. — La disposition de l'article 634 a pour but d'éviter les longueurs qu'entraîne la nécessité de faire des assignations au domicile de chaque partie. — MM. Lyon-Caen et Renault font observer qu'il y a moins de significations à faire qu'en matière civile. notamment les conclusions sont prises à la barre. — La caution *judicatum solvi.* — L'article 636 fait une distinction entre l'incompétence absolue et la compétence relative. — L'article 637 apporte une dérogation à l'article 173 qui défend aux tribunaux civils devant lesquels des déclinatoires sont opposés, de les réserver ou de les joindre au fond. — Les arbitres de l'article 641 ne doivent pas être confondus avec ceux de l'article 51 du code de commerce. — Opinion de MM. Pardessus et Thomine Desmazures. — L'article 645 veut qu'on observe, pour la rédaction et l'expédition des jugements des tribunaux de commerce sur un même fait, les formalités prescrites par l'article 148 du code de procédure civile. — La loi du 11 Juillet 1859 a modifié l'article 159 du code de procédure civile. — On trouve, dans l'article 163 du code de procédure civile, une disposition analogue à l'article 159. — Opinion de M. Chauveau. — Les tribunaux de commerce ne connaissent point de l'exécution de leurs jugements. — Ces tribunaux, n'ayant pas la plénitude de juridiction, n'ont pas à la fois le droit de juger et le droit de faire exécuter les jugements. — L'article 651 édicte que les délais et la forme du pourvoi en cassation contre les jugements des tribunaux de commerce, ainsi que le mode de procéder devant le tribunal de cassation sont les mêmes qu'en matière civile.

1

La procédure commerciale n'est pas la même que celle suivie devant les tribunaux civils. D'abord, elle est simple, rapide et peu coûteuse ; elle est réglée à la fois par le code de Procédure et par le code de Commerce qui, dans bien des cas, confirme les dispositions du code de Procédure.

Ensuite, comme toutes les questions ne sont pas prévues, il arrive qu'on applique à cette procédure les règles générales applicables aux tribunaux civils, toutes les fois qu'il n'y a pas été dérogé expressément.

D'après l'article 626, la procédure devant les tribunaux de commerce se fait comme en matière civile, par les parties elles-mêmes ou par leurs fondés de procuration spéciale. Ce qui revient à dire que les parties, tant en demandant qu'en défendant, peuvent occuper par elles-mêmes ou par le ministère des défenseurs publics. Ici, les intermédiaires peuvent être des personnes quelconques. Nous avons vu plus haut qu'en France les intermédiaires sont ordinairement des agréés dans les villes commerciales de quelque importance. L'instruction par écrit ne peut être ordonnée dans les affaires commerciales. (Sirey, *Procéd. civ.*).

Selon l'article 627, la demande est dispensée des

formalités de l'arbitrage ; elle doit être formée par exploit d'ajournement (1) dans la forme prescrite au titre des ajournements.

Le délai sera au moins d'un jour franc (art. 628). Ce faisant, le législateur a voulu tracer, pour les tribunaux de commerce, une procédure essentiellement sommaire, dont le but est d'accélérer l'instruction par des formalités aussi simples que rapides. Toutes les formalités de l'article 71 du code de Procédure civile doivent être observées pour la demande devant les tribunaux de commerce, moins celle qui a trait à la constitution de défenseur et à l'élection de domicile, si le demandeur occupe par lui-même ou par un fondé de procuration spéciale.

Aiusi, de huitaine franche qui est le délai des ajournements en matiére civile, notre article 628 le réduit à un jour franc. Dans les cas requerrant célérité, le doyen du tribunal peut permettre d'assigner de jour à jour ou d'heure à heure (art. 629 correspondant à l'art. 417 du code de Procédure civile français). Le même texte donne au doyen le droit de permettre au demandeur de saisir conservatoirement les effets mobiliers de la partie assignée, et cela, dans le but de prévenir un détournement. Mais comme cela peut aussi préjudicier au défendeur; le doyen peut assujettir le demandeur à donner caution ou à justifier d'une solvabilité suffisante.

La saisie que peut permettre le doyen ne sera qu'une mesure de précaution dont l'effet sera de

---

(1) L'arbitrage forcé n'existe aujourd'hui qu'en matière de société (code com., art. 51). Sous le code de procédure civile de 1825. l'arbitrage était forcé en matière civile, à l'égard de toutes les affaires entre les personnes capables de transiger et sur lesquelles les parties pouvaient compromettre (art. 52). Mais depuis la loi de 1835, cette juridiction n'existe plus en matière civile. Pour ce qui est de l'arbitrage volontaire, voyez les règles de cette procédure dans les articles 897, 899 et 904 du code de procédure civile.

mettre les objets saisis sous la main de la justice et d'en empêcher la disparition pendant le procès. Ce n'est donc qu'après le jugement de condamnation qui sera un titre exécutoire, qu'il sera permis au demandeur de vendre les effets saisis pour payer sur la prise. La fin de l'article ajoute : les ordonnances du doyen seront exécutoires nonobstant opposition. On est généralement d'avis qu'elles sont susceptibles d'opposition en Haïti ou d'appel en France.

Contrairement à ce que fait le doyen du tribunal civil, le doyen du tribunal de commerce ne peut statuer sur les affaires urgentes par voie de référé. Le doyen du tribunal civil n'est pas non plus compétent pour juger en référé en matière commerciale. La procédure commerciale est par elle-même assez rapide pour qu'il ne soit pas nécessaire de recourir aux référés.

« Dans les affaires maritimes où il existe des parties non domiciliées et dans celles où il s'agit d'agrès, victuailles, équipages et radoubs de vaisseaux prêts à mettre à la voile, et autres matières urgentes et provisoires, l'assignation de jour à jour ou d'heure à heure pourra être donnée sans ordonnance, et le défaut pourra être jugé sur le champ » (art. 630).

Ici, la législation permet au demandeur d'assigner de jour à jour, d'heure à heure, sans ordonnance préalable.

« Toutes assignations, dit l'article 631, données à bord à la personne assignée, seront valables. »

Cet article qui est aussi dicté par un motif de célérité, est la reproduction de l'article 419 du code français. M. Boitard fait remarquer que l'article 419 est tiré, au moins en principe, de l'Ordonnance de 1681, livre Ier, titre XI, article 1er, lequel disait :

« Tous exploits donnés aux maîtres et mariniers, dans le vaisseau, pendant le voyage, seront valables comme s'ils étaient faits *à leur domicile* ». Mais qu'entend-on par ces assignations données à bord à la personne assignée ? Veut-on dire que les assignations seront valables quand elles auront été remises à bord du navire, dans les mains mêmes de la personne assignée ? Veut-on dire qu'on ne pourra valablement assigner en sa personne le marin ou le passager qu'on trouvera à bord du navire ? Tel paraitrait en effet le sens de l'article 419 ; il paraît bien supposer que l'huissier porteur de l'assignation trouve a bord la personne à laquelle l'assignation s'adresse et qu'il la lui remet directement. Il semblerait suivre de la lettre que si l'on ne trouve point à bord la personne assignée, si, par accident, à ce jour, à cette heure, elle est à terre, on ne pourra pas valablement laisser à bord l'assignation qu'on apportait pour elle. Il ajoute : Si l'article 419 n'a pour but que de déclarer valable l'assignation remise au défendeur trouvé à bord du vaisseau, l'article 68 suffisait bien (cet article correspond à notre article 78). L'article 419 serait sans utilité si l'assignation ne pouvait être valablement donnée, comme nombre d'auteurs le soutiennent en s'attachant au sens littéral de l'article 419.

Il en conclut que, pour entendre l'article dans son sens utile, il faut sortir un peu de sa lettre et supposer qu'il a voulu, comme l'article 1er de l'Ordonnance de 1681, que le navire fût réputé le domicile de la personne assignée et qu'on pût, dès lors, en l'absence de cette personne, l'assigner valablement à bord comme on l'assignerait valablement à son domicile. En dehors de ce sens qui était celui de l'Ordonnance, l'article 419 serait tout à fait insignifiant.

L'opinion de M. Boitard a été consacrée par un

arrêt fortement motivé de la cour de Caen, en date du 22 Janvier 1827 ; elle est aussi celle de MM. Berriat St-Prix, Pigeau, Pardessus et Thomine Desmazures.

II

« Le demandeur, dit l'article 632, pourra assigner à son choix :

« Devant le tribunal du domicile du défendeur, devant celui dans le ressort duquel la promesse a été faite et la marchandise livrée, devant celui dans le ressort duquel le paiement doit être effectué. »

La régle générale, en matière civile, est que le défendeur doit être assigné devant le tribunal de son domicile, *actor sequitur forum rei*, lorsqu'il s'agit des actions personnelles ou réelles mobilières (art. 69, 1er alinéa pr. civ.) Notre article déroge à cette règle générale en faveur du commerce, afin de faciliter les transactions.

Ainsi, la plus grande latitude est laissée au demandeur ; il peut, à son choix et suivant sa commodité. assigner le défendeur devant trois tribunaux : le tribunal du domicile du défendeur, celui dans le ressort duquel la promesse a été faite et la marchandise livrée, celui dans le ressort duquel le paiement doit être effectué. Les parties sont tenues de comparaitre en personne ou par un fondé de procuration spéciale (art. 633).

Encore qu'un texte formel, celui de l'article 627 du code de Commerce français, interdise le ministère des avoués devant les tribunaux de commerce, M. Boitard enseigne que l'avoué peut être constitué mandataire par les parties ; qu'en cette qualité il diffère d'un mandataire ordinaire et n'a pas besoin, pour représenter la partie, d'un pouvoir spécial donné au bas de l'original ou de la copie de l'assignation, la simple remise des pièces suffit à établir son mandat. A la différence de l'agréé, qui ne peut plaider pour une partie sans être muni d'un pouvoir spécial, qui n'est pas sujet au désaveu, l'avoué, encore qu'il ne plaide que comme mandataire, engage la partie par tous les actes qu''il fait et peut, conséquemment, être désavoué !

Tout ce qui précède, et d'autres différences encore que M. Boitard signale entre l'avoué et l'agréé, doivent s'appliquer chez nous à l'avocat mis en parallèle avec un mandataire ordinaire, simple particulier.

« Nous sommes, dit M. Vilmenay, ancien professeur de procédure civile à l'Ecole Nationale de Droit de Port-au-Prince, d'autant plus fondés à penser que la règle de l'article 633 n'est point applicable à l'avocat qui représente une partie devant un tribunal de commerce, que l'article 153 du tarif lui donne alors droit aux mêmes taxes qui lui sont accordées en matière civile, tandis que l'article 154, au contraire, déclare expressément qu'il ne sera alloué aucuns frais aux fondés de pouvoir près les tribunaux de commerce. »

En quelle forme le pouvoir] doit-il être donné ? S'en référant à l'article 627 du code de Commerce français, M. Carré dit qu'on peut conclure de là que le pouvoir peut être donné sous seing privé, puisque l'article ne distingue point. Suivant MM. Favard de Langlade, Thomine Desmazures, le pouvoir peut être donné dans toutes les formes, authentiques, sous seing privé, et même par lettre missive. Il n'est soumis à d'autres formalités que celle de l'enregistrement dont le coût doit être payé, avec les autres frais, par la partie qui succombe, d'après la jurisprudence de la cour de Cassation. Mais c'est à tort, ajoute M. Carré, que le

tribunal de commerce de Paris en exige de plus la
légalisation ; elle n'est prescrite par aucune loi et
n'ajoute d'ailleurs aucune garantie à la sincérité
du mandat.

Si les parties comparaissent et qu'à la première
audience il n'intervienne pas de jugement définitif,
les parties non domiciliées dans le lieu où siège le
tribunal, seront tenues d'y faire l'élection d'un domicile.

L'élection du domicile doit être mentionnée sur
le plumitif (c'est-à-dire le procès-verbal) de l'audience ; à défaut de cette élection, toute signification, même celle du jugement définitif, sera valablement faite au greffe du tribunal civil (art. 634).

Cette disposition a pour but d'éviter les longueurs qu'entraîne la nécessité de faire les significations au domicile de chaque partie. Ainsi, à
défaut d'élection de domicile, toutes les significations, au terme de notre article, sont valablement
faites au greffe du tribunal. MM. Lyon-Caen et
Renault font observer qu'il y a, du reste, moins
de significations à faire qu'en matière civile ; ainsi,
notamment, les conclusions sont prises à la barre
et ne sont pas signifiées ; c'est de cette façon que
sont formées les demandes reconventionnelles.

Cependant, comme le dit M. Glasson, « la signification au greffe n'est pas obligatoire pour celui
qui la fait, c'est une faveur que la loi lui accorde.
Rien dès lors ne s'oppose à ce qu'il y renonce et signifie le jugement au domicile réel de son adversaire ».

D'après l'article 635, les étrangers demandeurs
ne peuvent être obligés, en matière de commerce,
à fournir une caution de payer les frais et dommages-intérêts, auxquels ils peuvent être condamnés, même lorsque la demande est portée devant

12

un tribunal civil dans les lieux où il n'y a pas de tribunal de commerce. Cette disposition, qui est une dérogation au principe posé pour les matière civiles, a pour objet de faciliter les transactions entre les commerçants étrangers et les commerçants haïtiens, dispensant les premiers de fournir la *caution judicatum solvi* qui, en général, est exigée des étrangers demandeurs. Elle n'est d'ailleurs, que la répétition d'une dispense déjà écrite dans l'article 167 du code de Procédure civile. (1) Il n'y a pas lieu non plus de fournir caution même si le procès est mixte, c'est-à-dire civil pour l'un des plaideurs et commercial pour l'autre, Pareillement, l'étranger intervenant ne peut être astreint à fournir la caution du jugé. L'étranger qui s'adresse aux tribunaux nationaux pour obtenir *l'exequatur* d'un jugement rendu en pays étranger contre un national, n'est pas tenu de fournir la *caution judicatum solvi*, la matière étant commerciale, bien qu'il soit obligé de s'adresser à une juridiction civile.

III

L'article 636 dit que si le tribunal est incompétent à raison de la matière, il renverra les parties, encore que le déclinatoire n'ait pas été proposé. Il ajoute que le déclinatoire pour toute autre cause ne pourra être proposé que préalablement à toute autre défense.

Ce texte fait ici une distinction entre l'incompétence absolue, *ratione materiæ* et l'incompétence relative, *ratione personæ*.

La compétence *ratione materiæ* qui, comme on sait, est d'ordre public, n'est point couverte par le

____

(1) Voir la loi du 21 Août 1907, art. 167. — L'article 423 du code de procédure civile français a été abrogé par la loi du 5 Mars 1895 qui a modifié l'article 16 du code civil. L'obligation de fournir la caution *judicatum solvi* existe maintenant en matière commerciale comme en matière civile.

silence de la partie. S'il en était autrement, l'ordre des juridictions pourrait être bouleversé au gré et suivant le caprice des plaideurs. Aussi, l'incompétence doit-elle être déclarée d'office, en tout état de cause. C'est pour ce motif que, quand il s'agit d'une incompétence de cette nature, l'article 636 fait aux tribunaux de commerce la même obligation que l'article 171 du code de Procédure civile fait aux tribunaux civils, celle de la déclarer d'office, si le renvoi n'est pas demandé par les parties.

S'il s'agit, au contraire, d'une incompétence *ratione personae*, elle se couvre par le silence de la partie, et le tribunal qui ne laisse pas d'être compétent en raison de la matière, peut retenir et juger la cause.

Pour mieux dire, cette incompétence, pour être efficace, doit en matière commerciale, tout comme en matière civile, être proposée dès le début de l'instance, *in limine litis*. Mais il faut prendre garde que l'article 636, comme le fait observer M. Boitard, vise aussi bien le déclinatoire basé sur les deux incompétences déjà mentionnées, que le renvoi qui pourrait être demandé pour cause de litispendance ou de connexité.

En ces deux derniers cas, comme en celui de l'incompétence *ratione personae*, l'article 636 veut que le défendeur propose le déclinatoire, avant toute autre défense, toujours pour des raisons de célérité. L'article 637 décide que le même jugement pourra, en rejetant le déclinatoire, statuer sur le fond, mais par deux dispositions distinctes, l'une sur la compétence, l'autre sur le fond.

Cet article apporte une dérogation à l'article 173 qui défend aux tribunaux civils devant lesquels des déclinatoires sont opposés de les réserver ou de les joindre au fond. Ici, les tribunaux de commerce peuvent ordonner, par deux dispositions distinctes, de plaider à la fois sur l'incompétence et sur le fond, contrairement aux tribunaux civils qui doivent statuer par un jugement spécial sur la question de compétence avant de juger le fond.

« La disposition ou le jugement sur le chef de l'incompétence, enseigne M. Vilmenay, sera toujours contradictoire, tandis que le dispositif où le jugement sur le fond ne sera tel qu'en tant que le défendeur aura voulu également plaider au fond. Dans le cas où le défendeur n'aura pas plaidé au fond, le jugement sur ce point sera par défaut et susceptible d'opposition jusqu'à son exécution. Et si le défendeur avait aussi plaidé au fond, sur l'invitation du tribunal, il ne serait pas déchu du droit d'attaquer le jugement ; en d'autres termes, le demandeur ne pourrait opposer au pourvoi une fin de non recevoir basée sur l'acquiescement. »

L'article 425 du code français, dont notre article 637 est la reproduction, ajoute *in fine* « les dispositions sur la compétence pourront toujours être attaquées par la cour d'Appel ».

Les veuves et héritiers des justiciables du tribunal de commerce peuvent être assignés devant ce tribunal, soit par action nouvelle, soit en reprise d'instance, si leur auteur avait été actionné de son vivant. Si le défendeur dénie sa qualité ou prétend n'être pas héritier et n'avoir pas fait acte d'acceptation, ces questions doivent être renvoyées au tribunal civil et, après que celui-ci aura statué, on reviendra au tribunal de commerce pour avoir une décision sur le fond (art. 638).

Suivant l'article 639, si une pièce est méconnue, déniée ou arguée de faux et que la partie persiste à s'en servir, le tribunal renverra devant les juges qui doivent en connaître, et il sera sursis au jugement de la demande principale.

« Néanmoins, si la pièce n'est relative qu'à l'un des chefs de la demande, il pourra être passé outre au jugement des autres chefs. »

Il en résulte que, lorsque dans le cours de l'instance des questions de vérification d'écriture, d'inscription de faux sont soulevées, le tribunal de commerce doit renvoyer ces incidents au tribunal civil tout en retenant la connaissance du fond. Cette disposition est basée sur cette considération que les tribunaux de commerce étant institués pour connaître spécialement de certaines matières concernant le commerce n'ont pas la plénitude de juridiction. Mais que décider quand les tribunaux civils jugent commercialement une instance dans le cours de laquelle ces incidents viennent à s'élever. M. Boitard répond à cette question « les articles 426 et 427 qui correspondent à nos articles 638 et 639 doivent, dit-il, être appliqués à la lettre. D'ailleurs, les termes de l'article 641 (429 français)) du code de Commerce l'exigent ». L'instruction, dans ce cas, aura lieu dans la même forme que devant les tribunaux de commerce, et les jugements produisent les mêmes effets. Cependant, il se rencontre des auteurs qui pensent différemment. Lorsque, disent-ils, les tribunaux civils dotés par la loi de leur institution de la plénitude de juridiction sont appelés à connaître des affaires commerciales, la composition de ces tribunaux n'est pas modifiée (1) ; que, par suite, le ministère public, partie intégrante de ces tribunaux, doit participer aux audiences commerciales de la même manière qu'aux audiences civiles ordinaires et que le ministère des avoués est toujours nécessaire, quelle que soit la nature des affaires dont ces tri-

---

(1) D'après la loi de 1905, à Stockholm (Suède), les tribunaux de première instance, jugeant commercialement, doivent être composés de deux membres jurisconsultes et deux membres exerçant une profession commerciale.

bunaux sont saisis. Nous nous rangeons à cette dernière opinion. En effet, il ne s'agit, dans l'article 641 (429 français), que de l'instruction de la cause, c'est-à-dire de la forme de procéder, des expertises, enquêtes, etc. Mais il suppose les parties présentes devant le tribunal.

IV

L'article 640 est ainsi conçu : « Le tribunal pourra, dans les cas, ordonner, même d'office, que les parties seront entendues en personne, à l'audience ou dans la chambre du conseil, et s'il y a empêchement légitime, commettre un des juges ou même un juge de paix pour les entendre, lequel dressera procès-verbal de leurs déclarations ». (1)

C'est donc pour donner des éclaircissements que le tribunal ordonne cette comparution. Bien que le texte n'ait rien dit de l'*interrogatoire des faits et articles*, il n'y a pas de raison, suivant MM. Lyon-Caen et Renault, pour ne pas l'admettre en matière commerciale.

Aux termes de l'article 641, les tribunaux de commerce ont la faculté de renvoyer les parties devant des arbitres, pour faciliter leur rapprochement, par l'intermédiaire des dits arbitres, et, dans tous les cas, pour préciser les difficultés, afin que le tribunal soit à même de les juger. Les arbitres dont il s'agit ici ne doivent pas être confondus avec ceux de l'article 51 du code de Commerce. Ce sont des arbitres rapporteurs, non pas des arbitres juges ; ils sont nommés pour donner leur avis et non pour juger.

En cas qu'il s'élève des contestations au sujet du

---

(1) Le refus, par l'une des parties, d'obtempérer au jugement qui ordonne leur comparution personnelle, autorise les juges à tenir pour avérés les faits sur lesquels la partie défaillante devait s'expliquer. Sirey, t. Ier. procéd. civ.)

paiement de leurs honoraires, c'est devant le tribunal civil qu'il faudra les porter et non devant le tribunal de commerce qui a nommé les arbitres.

Il en est de même des contestations sur les honoraires des experts. S'il y a lieu à visite ou estimation d'ouvrages ou marchandises, on peut toujours, d'après le même article, nommer un ou trois experts ou même plus ; les arbitres et les experts peuvent être nommés d'office par le tribunal, à moins que les parties n'en conviennent à l'audience.

Suivant l'opinion de MM. Pardessus et Thomine Desmazures, « la disposition de l'article 429 du code français dont notre article 641 reproduit le texte, n'est pas limitative en ce qui regarde les experts ; par conséquent, lorsque le tribunal de commerce aura besoin de recourir aux lumières des gens spécialement connaisseurs, en ce qui concerne le différend, il pourra nommer des experts ».

D'après l'article 642, leur récusation peut être proposée dans les trois jours de leur nomination. Ce délai est fatal.

Le rapport des arbitres et experts sera déposé au greffe du tribunal (art. 643).

Si le tribunal ordonne la preuve par témoins, il y sera procédé dans les formes prescrites pour les enquêtes sommaires (art. 644). Cet article a pour objet d'accélérer le jugement des affaires commerciales. Ainsi, le jugement qui ordonnera la preuve par témoins contiendra le fait, sans qu'il soit besoin de les articuler préalablement, et fixera les jour et heure où les témoins seront entendus à l'audience. Les témoins seront assignés au moins un jour avant celui de l'audition Ce jour doit être franc. Si l'une des parties demande la prorogation, l'incident sera jugé sur le champ. Il ne sera point

dressé procès-verbal de l'enquête, il sera seulement
fait mention, dans le jugement, des noms des témoins et du résultat de leurs dépositions. Il sera
donné aux témoins copie du dispositif du jugement
par lequel ils sont appelés, et à la partie, copie des
noms des témoins. Les témoins, le cas échéant,
pourront être condamnés à l'amende, à des dommages-intérêts et aux frais de réassignation. Ils
seront reprochables pour les mêmes causes que
dans les enquêtes ordinaires : parenté, alliance, etc.
Les reproches par la partie présente, la manière
de la juger, les interpellations aux témoins, la taxe :
tout cela se fera comme dans les enquêtes ordinaires.

Si une partie faisait entendre plus de cinq témoins sur un même fait, elle ne pourrait répéter
les frais des autres dépositions. Enfin, le tribunal
aura la faculté d'entendre les individus âgés de
moins de quinze ans révolus.

L'article 645 veut qu'on observe, pour la rédaction et l'expédition des jugements des tribunaux
de commerce sur un même fait, les formalités prescrites par l'article 148 du code de Procédure civile.

Effectivement, l'article 148 énumère les déclarations que doivent contenir les minutes des jugements des tribunaux civils. Disons cependant qu'en
matière civile la qualité du jugement (noms, professions et demeures des parties, conclusions, points
de fait et de droit) sont rédigés par l'avocat de la
partie gagnante qui les signifie à l'autre partie.
En matière commerciale, elles peuvent être aussi
rédigées par le greffier. S'il y a opposition aux qualités, les parties sont réglées par le doyen ou le plus
ancien des juges qui ont siégé lors du jugement de
l'affaire. Les jugements des tribunaux de commerce, tout comme ceux des tribunaux civils,
doivent être signés par les juges dans les vingt-

quatre heures de leur prononciation au plus tard.
Il va sans dire que le greffier, sous peine d'être
poursuivi comme faussaire, ne doit pas délivrer
expédition d'un jugement avant que les juges ne
l'aient signé.

L'article 646 trace la marche que doit suivre le
tribunal selon que c'est le demandeur ou le défendeur qui fait défaut.

Si le demandeur ne se présente pas, le tribunal
donnera défaut et renverra le défendeur de la demande. (1) C'est ce qu'on appelle *défaut-congé*.
Si c'est, au contraire, le défendeur qui ne parait
pas, le tribunal doit bien donner défaut, mais il
n'adjuge les conclusions du demandeur que si elles
se trouvent justes et bien vérifiées. Le tribunal
s'assurera si le délai voulu pour la comparution du
défendeur est expiré ; si, étant justes, les conclusions reposent en outre sur une preuve légale, et,
avant tout, si la demande est de sa compétence.

<h2 style="text-align:center">V</h2>

L'article 647 déclare qu'aucun jugement par défaut ne peut être signifié que par un huissier commis, à cet effet, par le tribunal. La signification
contiendra, à peine de nullité élection de domicile
dans la commune où elle se fait, si le demandeur
n'y est domicilié.

Le jugement sera exécutoire un jour après la
signification et jusqu'à l'opposition. Au point de vue
qui nous occupe, la loi du 11 Juillet 1859 a modifié
comme suit l'article 159 du code de Procédure civile :

(1(Voir les articles 156, 157 modifiés du code de procédure
civile (loi du 21 Août 1907). D'après M. Pardessus, les tribunaux de commerce ne peuvent, avant de donner défaut lorsqu'il n'y a qu'un défendeur, ordonner sa réassignation ; ils
doivent prononcer défaut sur les conclusions du demandeur.

« Art. 3. — Tous jugements par défaut contre une partie qui n'a pas constitué de défenseur, seront signifiés par un huissier commis soit par le tribunal, soit par le juge du domicile du défaillant que le tribunal aura désigné ; ils seront exécutoires dans les six mois de leur obtention, sinon réputés non avenus.

« Art. 4. — La disposition ci-dessus est applicable aux jugements rendus par les tribunaux de commerce contre une partie qui n'a point comparu par elle-même ni par son mandataire spécial. »

L'article 5 de la même loi a modifié aussi l'article 648 du code de commerce en ce qui concerne le délai pendant lequel l'opposition est recevable.

Le délai fixé de huitaine.

L'article 648 dispose que tous jugements par défaut rendus en matière de commerce seront susceptibles d'opposition jusqu'à l'exécution. Il faut remarquer que notre texte ne distingue pas entre les jugements par défaut faute de comparaître et les jugements par défaut faute de plaider.

Pour mieux dire, il ne distingue pas entre les jugements qui sont rendus sur le défaut de la partie et ceux qui le sont à la fois sur le défaut de la partie et de son défenseur ou fondé de procuration.

« L'opposition, dit l'article 649, faite au moment de l'exécution, par déclaration sur le procès-verbal de l'huissier, arrêtera l'exécution, à la charge, par l'opposant, de la réitérer dans les trois jours par exploit contenant assignation ; passé lequel délai, elle sera censée non avenue. »

On trouve dans l'article 163 du code de Procédure civile une disposition analogue, mais plus explicite en ce qu'elle permet, de plus, l'opposition par acte extra-judiciaire, et déclare que non seulement l'opposition ne sera plus recevable si elle n'est pas réitérée dans la huitaine par requête contenant les moyens, mais encore que l'exécution sera continuée sans qu'il soit besoin de la faire ordonner.

D'après M. Chauveau qui a commenté l'article 438 du code français correspondant à notre article 649 « le défaut de réitération de l'opposition aura pour effet de permettre au créancier de reprendre l'exécution ; mais il ne s'opposera pas à ce que le débiteur, s'il est encore dans les délais, ne fasse une nouvelle opposition. »

« Les tribunaux de commerce ne connaîtront point de l'exécution de leurs jugements » (art. 650).

Nous l'avons dit plus haut, les tribunaux de commerce étant des tribunaux d'exception, des tribunaux d'attribution, n'exécutent pas leurs jugements. En d'autres termes plus clairs, ces tribunaux n'ayant pas la plénitude de juridiction n'ont pas à la fois le droit de juger et le droit de faire exécuter les jugements.

Cependant, M. Chauveau fait observer que si l'exécution du jugement commercial a lieu par suite d'instance, c'est-a-dire pour amener ou compléter le jugement définitif, elle appartient au tribunal de commerce, parce qu'il s'agit alors de juger la cause commerciale, ce qui est exclusivement de sa compétence.

« Ainsi, s'il s'agit d'exécuter un jugement préparatoire ou interlocutoire, c'est le tribunal de commerce qui a rendu l'un ou l'autre pour parvenir au jugement du fond, qui devra connaître de cette exécution.

« S'il s'agit de liquider des dommages-intérêts dont la condamnation a été prononcée, ou de recevoir une caution, un serment, d'interpréter un

jugement dont les dispositions n'étaient pas suffisamment claires. ou d'apprécier le mérite des actes
d'administration faits par les syndics provisoires
d'une faillite, ou encore de statuer sur la demande d'un créancier opposant à un jugement dé-
claratif de la faillite du débiteur, lorsqu'elle tend
à obtenir un sursis à l'exécution ; dans tous ces
cas, le tribunal de commerce sera compétent,
parce qu'il s'agit encore de la cause et qu'il n'y a,
par conséquent, rien de commercial dans les difficultés à juger. Mais toutes les fois que les questions que cette exécution soulève ne rentrent pas
dans les attributions des tribunaux de commerce, ces
tribunaux n'en pourront connaître, aux termes de
l'article 442 (art. 650). Ainsi, un tribunal de commerce ne peut connaître de l'exécution de son jugement opérée par voie de saisie arrêt ou de saisie-
exécution, de saisie immobilière ou d'emprisonnement ; il ne peut connaître non plus de la validité
d'offres réelles et de consignations faites en vertu
de son jugement, ni se prononcer sur la demande
en délivrance de la seconde grosse d'un de ses jugements, ni se prononcer sur la péremption, faute
d'exécution dans les six mois, d'un de ses jugements par défaut. »

L'article 651 édicte que les délais et la forme du
pourvoi en cassation contre les jugements des tribunaux de commerce, ainsi que le mode de procéder devant le tribunal de Cassation. seront les
mêmes qu'en matière civile. » (art. 922 à 941 du
code de Procédure civile ; voir les articles 929,
930, 932 modifiés par la loi du 21 Août 1907) » (1)

---

(1) En France, les tribunaux de commerce jugent toutes
les contestations qui naissent des actes de commerce, depuis
la somme la plus minime jusqu'à 1,500 francs de principal
sans appel, et à charge d'appel à la Cour au-delà de cette
somme.

CHAPITRE XIV

De l'Assistance Judiciaire (1)

SOMMAIRE :

La mise à exécution de la loi du 27 Septembre 1864 ayant trait à l'assistance judiciaire. — L'institution d'un bureau d'assistance à la Capitale. — Il est dangereux de reconnaître aux indigents un droit positif contre la société et de remplacer la bienfaisance publique par l'assistance légale. — La loi du 22 Janvier 1851 sur l'assistance judiciaire en France (2). — Le rapport de M. Vatimesnil. — Le sens du mot indigence présente quelque obscurité. — L'article 327 de notre code d'instruction criminelle régit aussi la situation des indigents demandeurs en cassation, tant en matière criminelle qu'en matière civile. — La loi française, en bonne logique, ne permet de choisir les membres du bureau que parmi les anciens magistrats. — C'est pour tout le monde un honneur que de faire partie d'un bureau qui rend des services gratuits aux pauvres. — Le bénéfice de l'assistance judiciaire n'est pas pour l'indigent un simple crédit, mais un privilège.... — L'indigence n'a cessé légalement que quand le bénéfice de l'assistance judiciaire a été retiré dans les cas et dans les formes prévues. — L'assisté qui a surpris la décision de la Commission par une déclaration frauduleuse, encourt justement la peine de sa mauvaise foi. — L'étranger a-t-il droit à l'assistance judiciaire ? — Les séances de la Commission d'assistance ne sont pas publiques.

I

L'honorable Secrétaire d'Etat de la Justice, M. T. Laleau, vient d'adresser aux Commissaires du

---

(1) Ce chapitre a déjà paru, sous forme d'articles, dans les colonnes du journal *L'Actualité.*

(2) La loi de 1901 a modifié celle de 1851.

gouvernement près les tribunaux civils de la République une circulaire qui a pour objet la mise à exécution de la loi du 27 Septembre 1864 ayant trait à l'assistance judiciaire. A cet effet, il a institué un bureau d'assistance, à la capitale, composé du Commissaire du gouvernement près le tribunal civil de Port-au-Prince qui en a la présidence, du juge de paix de cette ville, de trois avocats de ce ressort, MM^{es} C. Ganthier, P. Hudicourt et J..-B. N. Valembrun.

Nous nous associons avec empressement à cette mesure dont le but évident est de faciliter l'accès de la justice aux indigents, et nous adressons nos compliments à M. Laleau qui a eu la généreuse pensée de remettre cette loi en vigueur.

Cependant, il convient d'examiner dans quel cas l'assistance judiciaire peut être accordée et si cette institution, si bonne en soi, ne fait pas naître quelquefois de regrettables abus. Chacun le sait, dans une société bien organisée, l'Etat a pour devoir de soulager tous ceux auxquels un malheur extrême donne le droit de réclamer des secours. Mais, il est parfois « dangereux de reconnaitre aux indigents un droit positif contre la société et de remplacer la bienfaisance publique par l'assistance légale ». En effet, l'esprit de charité exagéré fait perdre tout stimulant au travail et augmente les charges de l'Etat, sans profit pour qui que ce soit.

C'est pourquoi le législateur, tout en témoignant sa sollicitude aux déshérités du sort, à ceux qui souffrent, a toujours pris soin de bien déterminer les cas où des secours peuvent être accordés...

En France, lors de la discussion de la loi du 22 Janvier 1851 sur l'assistance judiciaire, M. Vatimesnil, le rapporteur, s'exprimait ainsi sur la difficulté fondamentale de la loi :

« En cette matière, le législateur doit procéder avec la plus grande circonspection, car il se trouve placé entre deux écueils : d'un côté, s'il entoure de trop de difficultés l'admission à l'assistance, il court le risque d'étouffer des réclamations légitimes qui, à défaut de ressources pécuniaires, ne pourront se produire devant la justice ; mais, d'un autre côté, s'il ouvre une porte trop large, il lésera à la fois l'intérêt du Trésor et celui des personnes contre lesquelles les assistés intenteraient des actions judiciaires. Il ne faut jamais perdre de vue la recommandation si sage du décret du 14 Décembre 1810 adressée aux avocats d'apporter la plus grande attention aux consultations, afin qu'elles ne servent point à vexer les tiers. L'assistance judiciaire n'est due qu'au bon droit et à l'impossibilité de le faire valoir par la voie commune. »

On le voit bien, la question d'indigence mérite d'être appréciée comme il convient, et c'est le bureau de l'assistance qui doit, sans faiblesse, remplir ce devoir.

Il ne faut pas qu'on s'y méprenne ; il est difficile de donner une définition exacte de l'*indigence*. Le sens du mot présente quelque obscurité. De quelle indigence s'agit-il ici ? est-ce de l'indigence absolue ou de l'indigence relative ? Doit-on considérer comme indigent celui qui ne serait indigent que relativement à l'habitude de vivre qu'il avait ? Prenons un exemple. Les frais de justice varient, comme ou le sait, selon le genre et les circonstances du procès. Une affaire ordinaire coûte beaucoup plus qu'une affaire sommaire. Or, il arrive fort souvent que tel individu, capable de faire face aux dépenses qu'entraîne une affaire sommaire, est hors d'état de subvenir aux frais d'une affaire ordinaire. Celui-là a-t-il droit, d'une manière absolue, à l'assistance judiciaire ?

En France, pour obvier à cet inconvénient, on exige de celui qui réclame l'assistance judiciaire, un extrait du rôle de ses contributions ou un certificat du percepteur déclarant qu'il n'est pas imposé.

La production de l'un ou de l'autre de ces documents est nécessaire au bureau d'assistance pour se fixer sur l'état des ressources du réclamant. Mais, quelquefois, la somme des impositions du réclamant, le fait qu'il paie des contributions ne rend pas la réclamation non recevable. Il est tel cas, celui de faillite ou de déconfiture, par exemple, où le réclamant, bien qu'imposé aux contributions, peut être dans l'impossibilité de subvenir aux frais d'un procès (voir Dalloz, année 1869). En outre, aux termes de l'article 10 de la loi de 1851, le réclamant doit fournir une déclaration attestant qu'il est, à raison de son indigence, dans l'impossibilité d'exercer ses droits en justice, et contenant l'énumération détaillée de ses moyens d'existence, quels qu'ils soient. Il en résulte que le maire de la commune n'a qu'à donner acte au réclamant de sa déclaration. Pour mieux dire, il se borne simplement à recevoir sa déclaration qui, si elle est frauduleuse, n'engage que l'assisté.

Chez nous, il n'en va pas de même. D'après l'article 6 de la loi de 1864, la déclaration d'indigence ne résulte pas de celui-là qui réclame l'assistance judiciaire, mais bien de l'appréciation du magistrat communal qui, au besoin, peut délivrer des certificats de complaisance.

En pareil cas, il ne serait pas logique de prononcer une sanction pénale contre l'assisté seul, comme l'indique l'article 26 de la loi précitée.

II

L'article 1er de la loi du 27 Septembre 1864 dispose : « L'assistance judiciaire est accordée aux indigents dans les cas prévus par la présente loi. » La rédaction de cet article qui est celle du texte français laisse un peu à désirer. *Dans les cas prévus....* En réalité, la loi ne prévoit pas de cas. S'il en était ainsi, elle ne pourrait pas être étendue au delà des cas qu'elle aurait prévus. Le bureau qui a un pouvoir souverain d'appréciation est seul juge de l'opportunité de l'assistance. Cela est si vrai qu'il a été jugé que l'assistance judiciaire peut être accordée à une partie pour parvenir à l'exécution d'un jugement obtenu par elle à l'aide de ses propres ressources.... alors surtout que ce jugement ne peut devenir définitif qu'au moyen d'une signification faisant courir le délai de l'appel, (tribunal civil de Bellac, 30 Août 1860, affaire Thévenot, Dalloz 1889).

Il a été également jugé que les indigents peuvent obtenir l'assistance judiciaire pour poursuivre la rectification des actes de l'état-civil qui les intéressent, bien que cette rectification puisse avoir lieu gratuitement sur l'action d'office du ministère public.

D'après l'article 2, l'assistance peut être accordée pour toutes les affaires civiles sans distinction ; elle peut être demandée pour la première fois en Cassation.

L'article 327 de notre Code d'instruction criminelle régit aussi la situation des indigents demandeurs en Cassation tant en matière criminelle qu'en matière civile. « Sont dispensées de l'amende dit le texte.... les personnes qui joindront à leur demande en Cassation un certificat d'indigence à elles

13

délivré par le juge de paix de leur commune et
visé par l'officier d'administration ». Ce 2e alinéa
de l'article 327 se trouve nécessairement abrogé
par la loi de 1864, depuis sa mise en vigueur. Car
les indigents useront, à coup sûr, du bénéfice de
l'assistance judiciaire qui offre un secours plus
large, en ce qu'elle dispense de tous frais, de préférence à l'article 327 du Code d'instruction criminelle qui ne dispense que de la consignation et de
l'amende.

L'article 3 s'occupe de la composition du bureau
ou plutôt de la Commission dont le siège est à la
Capitale, C'est-là un des points les plus importants
de la loi. En effet, la commission a un double devoir
à remplir : elle est appelée, d'une part, à donner
toutes garanties aux intérêts des indigents ; de
l'autre, elle doit éviter, autant que possible, de
compromettre les intérêts du trésor « par l'affranchissement sans nécessité de droits que les parties
pourraient rigoureusement payer ». En France, on
avait pensé un moment à faire entrer dans la composition des bureaux de l'assistance un membre du
parquet. Mais cette proposition a été repoussée,
afin de conserver au ministère public toute son
indépendance. Le rapport disait : « Les officiers du
parquet pour donner avec impartialité leurs conclusions à l'audience, ne doivent être liés par aucun
engagement antérieur. Or, n'est-ce pas un engagement que d'avoir pris part à la décision qui a
accordé l'assistance ? Cette décision ne suppose-
t-elle pas nécessairement chez ceux qui l'ont rendue
une opinion favorable à la cause de l'assisté ? Aux
termes des articles 378 n° 8 et 381 du Code de procédure civile, le magistrat du ministère public qui
est partie jointe, est récusable, s'il a donné conseil
sur le différend. Or, le bureau d'assistance ne donne-
t-il pas conseil à l'indigent ? On pourrait, chez nous,
alléguer les mêmes motifs pour ne pas introduire le

commissaire du gouvernement dans la Commission. Comment d'ailleurs concilier la disposition de l'article 3 qui veut que le commissaire du gouvernement soit membre de la Commission, avec celle de l'article 15 qui porte que le ministère public est entendu dans toutes les affaires dans lesquelles l'une des parties a été admise au bénéfice de l'assistance ? Pour la même raison, le juge de paix ne devait pas faire partie de la commission. Il y a une incompatibilité légale qui atteint nécessairement ce juge de paix. La loi française, en bonne logique, ne permet de choisir les membres du bureau que parmi les anciens magistrats. Les avocats, avoués ou notaires qui sont en même temps juges suppléants ou suppléants de juge de paix se trouvent implicitement exclus par elle. Il y a plus. Contrairement à ce qui se passe chez nous, chaque bureau d'assistance ou chaque section nomme son président. Le bureau ne peut délibérer qu'autant que la moitié au plus des membres sont présents, non compris le secrétaire, qui n'a pas voix délibérative. Les décisions sont prises à la majorité, en cas de partage, la voix du président est prépondérante. Dans le même ordre d'idées, nous signalons l'article de la loi de 1851 qui porte : « Les membres du bureau, autres que les délégués de l'administration, sont soumis au renouvellement, au commencement de chaque année judiciaire et dans le mois qui suit la rentrée : les membres sortants peuvent être réélus ».

III

Pour justifier ce système de renouvellement annuel de certains membres du bureau avec le droit de rééligibilité, le rapport s'exprimait ainsi : C'est pour tout le monde un honneur que de faire partie d'un bureau qui rend des services gratuits aux pauvres ; mais pour les hommes très occupés dans leur profession cet honneur devieudrait à la longue un fardeau. On éprouverait une sorte d'embarras à résigner des fonctions charitables, mais on peut avoir le désir de s'en trouver déchargé après un certain laps de temps, et de les voir passer en d'autres mains. Les tribunaux et les corporations, que le projet de la commission charge de choisir les membres du bureau pourront, au renouvellement annuel, avoir égard aux convenances personnelles en même temps qu'à l'intérêt public. » L'article 9 de notre loi trace le devoir de la commission qui est saisie d'une demande d'assistance. Elle prend toutes les informations nécessaires pour s'éclairer sur l'indigence du demandeur.... elle donne avis à la partie adverse qu'elle peut se présenter devant elle, soit pour contester l'indigence, soit pour fournir des explications sur le fond. Remarquez-le bien, la commission n'agit ici que comme conseil ou intermédiaire bénévole.

Elle ne saurait se substituer au juge de paix, dont le principal rôle est de concilier les parties ; elle n'emploie ses bons offices que pour opérer un arrangement amiable. En pareil cas, « il n'y a ni procès-verbal de conciliation à dresser, ni mention de non conciliation à faire dans la décision. Si les parties s'accordent, le bureau peut ou s'occuper de la rédaction d'une transaction, si elles le désirent, ou les inviter à se retirer devant un notaire. » Selon la teneur de notre article 10, les décisions de la commission peuvent être rejetées par le Secrétaire d'Etat de la Justice. En d'autres termes, celui-ci peut ne pas se conformer à l'avis exprimé par la commission, il constitue à lui seul un bureau d'appel. C'est une anomalie qui n'existe pas dans la loi française. L'article 12 de la loi de 1851 le dit en termes formels, « les décisions du bureau ne sont susceptibles d'aucun recours ». Le recours qui peut être exercé par le procureur général ne peut l'être que par un nouveau bureau établi près la cour d'Appel. Mais il faut, sans retard de l'instruction, ni du jugement, lui déférer la décision du premier bureau. C'est une sorte d'appel à une commission supérieure.

Le chapitre II de la loi du 27 Septembre 1864 statue dans l'ensemble de ses dispositions sur les effets de l'assistance judiciaire. Aux termes de l'article 13, » en cas d'admission de l'assistance judiciaire, le Secrétaire d'Etat de la Justice, par l'intermédiaire du président de la commission d'assistance et dans les trois jours de la décision en donne avis au juge de paix ou au doyen du tribunal devant lequel la cause est portée ou doit être portée. Si c'est devant un juge de paix, ce magistrat désignera un huissier pour tous les actes de son ministère requis par l'assisté ou son conseil. — Si c'est devant un tribunal Civil ou devant le tribunal de Cassation, le doyen du tribunal désignera l'avocat et l'huissier qui devront prêter leur ministère à l'assisté. — Dans le même délai de trois jours, le président de la commission donnera également avis de sa décision au greffe, soit de la justice de paix, soit du tribunal civil ou du commerce, ou du tribunal de cassation, et au receveur de l'enregistrement du ressort ».

Cet article, comme on le voit, règle d'une façon particulière la marche à suivre pour introduire la cause de l'assisté dans ces différentes juridictions. En France, c'est par l'intermédiaire du procureur de la République que le président du bureau envoie au président de la cour ou du tribunal, ou au juge de paix, un extrait de la décision portant seulement que l'assistance est accordée. Bien que la décision de la commission ne puisse être motivée, nous croyons, cependant, qu'il est utile que la commission présente un exposé sommaire de la cause de l'assisté. Son conseil pourrait profiter des observations de fait et de droit qu'il contiendrait, et les faire valoir comme si elles émanaient de lui-même.

D'ailleurs, n'est-ce pas une présomption en faveur des prétentions de l'indigent, le seul fait de son admission à l'assistance judiciaire ? L'article 14 de notre loi s'occupe des formalités que nécessite l'affranchissement des droits de timbre, d'enregistrement et de greffe ainsi que de toute consignation d'amende. D'après le dernier alinéa de cet article... « Les frais de transport des juges, des greffiers, des huissiers, des experts et des témoins sont payés provisoirement par le Trésor public sur les états certifiés, visés par le juge de paix ou le doyen ». Il en résulte que l'assisté est libre de grever le Trésor comme bon lui semble. La loi française pour empêcher l'assisté de grever le Trésor des frais inutiles a eu soin de dire que tous ces frais sont avancés par le Trésor, conformément à l'article 118 du décret du 18 Juin 1811, concernant le tarif criminel. De plus, c'est le tribunal ou le juge commissaire qui autorise l'audition des témoins. On s'est demandé si l'admission à l'assistance est un simple crédit accordé à l'indigent ou un bienfait définitivement accordé.

En d'autres termes, le Trésor fait-il seulement une avance, ou bien l'Etat a-t-il pris l'indigent sous son patronage ?

Suivant l'opinion générale, le bénéfice de l'assistance judiciaire n'est pas pour l'indigent un simple crédit, mais un privilège dont il conserve les effets aussi longtemps que dure son état d'indigence ; conséquemment, s'il perd son procès, le trésor ne peut répéter contre lui les droits dont il fait l'avance. Néanmoins, dans les cas où l'indigence cesserait, les droits du trésor deviennent exigibles. L'indigence n'a cessé légalement que quand le bénéfice de l'assistance judiciaire a été retiré dans les cas et dans les formes prévus. Ces réserves ne sont pas applicables aux peines fiscales encourues avant le procès, qui peuvent être exigées contre l'indigent, mais seulement après le jugement définitif (art. 16, 17, 18, 19).

Les articles 20 et suivants statuent sur le retrait de l'assistance judiciaire. Selon la teneur de l'article 21, le bénéfice de l'assistance judiciaire peut être retiré en tout état de cause soit avant, soit même après jugement, et cela vaut toutes les juridictions, dans les cas où il survient à l'assisté des ressourses reconnues suffisantes, et dans celui où il a surpris la décision d'assistance par une déclaration frauduleuse. Cela se comprend aisément, d'un côté ce jugement, s'il est favorable à l'assisté, peut faire cesser son indigence en lui rendant des ressources importantes, et, de l'autre, s'il est rendu contre lui, il peut fournir la preuve de la fraude employée pour tromper le bureau. Dans ces deux hypothèses, il est possible que le jugement devienne une cause légitime du retrait de l'assistance. » Qui peut demander le retrait de l'assistance ? Le ministère public ou la partie adverse répond l'article 21. Il peut être aussi prononcé d'office par le secrétaire d'État de la Justice. En France, le droit de prononcer le retrait n'appartient qu'aux bureaux d'assistance. « Les tribunaux dit-on, commettraient un excès de pouvoir s'ils prenaient une décision à cet égard ».

Dans tous les cas, le retrait doit être motivé et ne peut être retiré qu'après que l'assisté a été entendu et mis en demeure de s'expliquer devant la commission d'assistance (art. 23). D'après l'article 24, le retrait de l'assistance a pour effet de rendre aussi exigibles contre l'assisté les avances de toute nature dont l'assisté avait été dispensé. L'administrateur des Finances procède immédiatement au recouvrement de toutes les sommes dues au trésor en vertu d'un exécutoire délivré par le doyen du tribunal Civil du ressort, (art. 25). L'action tendant au recouvrement de l'exécutoire se prescrit en France par dix ans.

L'article 26 est ainsi conçu : « Si le retrait de l'assistance judiciaire a pour cause une déclaration frauduleuse relativement à son indigence, l'assisté sera traduit devant le tribunal correctionnel et sera condamné à un emprisonnement de trois mois à un an, à mille gourdes d'amende sans préjudice de la restitution prescrite par l'article 24 ci-dessus ». Nous venons de le voir, le cas de *fraude* est l'une des causes du retrait de l'assistance. En effet, l'assistance judiciaire étant une faveur, la loi ne doit pas l'admettre quand il arrive que cette faveur a été surprise. Aussi bien l'assisté qui a surpris la décision de la commission par une déclaration frauduleuse encourt justement la peine de sa mauvaise foi. Mais comme nous l'avons dit plus haut, la sanction pénale ne doit pas être prononcée contre lui seul, puisque le magistrat communal, peut, dans certaines circonstances, délivrer des attestations de complaisance. En France, les poursuites criminelles ne peuvent avoir lieu que sur *l'avis du bureau*. Cependant on reconnait au ministère public le droit d'agir, dans le cas où le bureau ne donne pas d'avis ou même donne un avis contraire à la poursuite. Mais avant d'exercer ses poursuites, le ministère public doit mettre le bureau en demeure de donner son avis. Le chapitre IV de la loi de 1864 a trait à l'assistance judiciaire en matière criminelle et correctionnelle. Ici la loi n'a guère innové. « Il est pourvu, dit l'article 27, à la défense des accusés devant les tribunaux criminels ou les cours d'assises conformément aux dispositions du Code d'instruction criminelle et des lois en vigueur ». En effet, l'article 200 de notre Code d'instruction criminelle impose au juge de désigner à l'accusé un conseil pour l'aider dans sa défense, quand l'accusé ne choisit pas un conseil. Il en est de même de l'article 254 du même Code qui confère au commissaire du gouvernement le droit, s'il le juge nécessaire, de faire citer à sa requête, et par conséquent aux frais du Trésor, les témoins désignés par l'accusé, lorsque leur audition peut être utile. Tel est, d'ailleurs, à peu près l'énoncé de l'article 29 de la loi de 1864. Dans la même pensée, l'article 28 pourvoit à la défense des accusés devant les tribunaux correctionnels, lorsqu'ils en font la demande et que leur indigence est notoire. La loi, n'accorde, ici, un défenseur qu'aux prévenus indigents qui sont poursuivis à la requête du ministère public. Les mots « ou détenus préventivement qui se trouvent dans le texte français n'ont pas été reproduits dans notre article ». Et pourtant ces deux conditions ne doivent pas se confondre.

Le rapporteur disait à cet égard : « Au premier coup d'œil, la seconde condition semble rentrer dans la première, mais en réalité il n'en pas ainsi, parce qu'il y a certaines affaires de régie dans lesquelles le prévenu est détenu préventivement. Les causes de cette dernière nature sont assez graves pour que la nomination d'office d'un défenseur soit utile, et, d'ailleurs, le prévenu étant en prison, ne peut faire personnellement les démarches nécessaires pour s'en procurer un ».

Une dernière question se pose. L'étranger a-t-il droit à l'assistance judiciaire ? La question ne pourra se présenter que bien rarement. Cependant, il est bon de se renseigner. Il a été jugé, en France, que la faculté de réclamer l'assistance judiciaire ne peut être reconnu à l'étranger qui ne justifie pas d'une autorisation d'y établir son domicile, alors qu'il n'existe à cet égard aucune réciprocité entre le pays de cet étranger et la France. Suivant nous, le bénéfice de l'assistance judiciaire ne peut être réclamé par un étranger. Cette solution nous paraît conforme à l'esprit de la loi de 1861.

Il va sans dire que les séances de la commission d'assistance ne sont pas publiques (1).

---

(1) La première réunion des membres de la Commission de l'assistance judiciaire eut lieu le 8 Novembre 1906 aux bureaux du département de la Justice.

..... Depuis, on n'en a plus entendu parler.

APPENDICE

TABLE DES MATIÈRES

Loi du 21 Juillet 1866

qui modifie le Titre II du Code de Procédure civile (1)

Art. 1er. — Le Titre II du Code de Procédure civile est ainsi modifié :

TITRE II
Constitution de défenseurs et défenses

« Art. 85. — Les parties pourront, tant en demandant qu'en défendant, occuper par elles-mêmes ou par le ministère des défenseurs publics.

« La partie défenderesse qui n'occupera pas par elle-même, sera tenue, dans le délai d'ajournement, de constituer défenseur, ce qui se fera par acte signifié.

« Le défendeur ou le demandeur qui aura révoqué son défenseur, sans en constituer un autre, sera tenu de le signifier.

---

(1) En Haïti, on fixe à la loi, tantôt sa date de promulgation, tantôt la date du jour où elle a été adoptée définitivement par les deux Chambres.

Mais, le plus souvent, la loi est désignée par la date de sa promulgation.

Cela n'est pas sans inconvénient.

Cette regrettable confusion provient surtout de la mauvaise habitude qu'ont contractée nos Chambres de voter les lois hâtivement, au pied levé, dans les derniers jours d'une session. Aussi, arrive-t-il fort souvent que deux ou trois lois reçoivent le dernier vote à la même date.

D'autre part, on constate qu'en maintes circonstances, le Pouvoir Exécutif n'obéit pas à la règle constitutionnelle qui lui fait l'obligation de promulguer les lois dans les délais voulus ; il les garde parfois en ses cartons pendant un laps de temps considérable.

Voici, à cet égard, les dispositions de la Constitution de 1889 :

« Art. 77. — Toute loi admise par les deux Chambres est immédiatement adressée au Pouvoir Exécutif qui, avant de les promulguer, a le droit d'y faire des objections.

« Dans ce cas, il renvoie la loi à la Chambre où elle a été primitivement votée, avec ses objections. Si elles sont admises, la loi est amendée par les deux Chambres ; si elles sont rejetées, la loi est de nouveau adressée au Pouvoir Exécutif pour être promulguée.

« Les procédures faites et jugements contre le défenseur révoqué et non remplacé, seront valables. ..

« Art. 86. — Si la demande a été formée à bref délai, le défendeur pourra, au jour de l'échéance, faire présenter à l'audience un défenseur auquel il sera donné acte de sa constitution ; ce jugement ne sera point levé. Le dé-fenseur sera tenu de réitérer, dans le jour, sa constitution par acte ; faute par lui de le faire, le jugement sera levé à ses frais.

« Art. 87. — Dans la huitaine du jour de la constitution de défenseur, ou s'il n'en a pas été constitué, dans les délais de l'ajournement, le défendeur fera signifier ses défenses signées de lui ou de son défenseur. Elles con-tiendront, outre les moyens et exceptions, offres de com-muniquer les pièces à l'appui, à l'amiable et sur simple récépissé ou par la voie du greffe.

« La partie qui n'aura pas signifié ses moyens, sera con-damnée aux dépens du renvoi qui sera ordonné.

« Le rejet des objections est voté aux deux tiers des voix et au scrutin secret ; si ces deux tiers ne se réunissent pas pour amener ce rejet, les objections sont acceptées. »

« Art. 78. — Le droit d'objection doit être exercé dans les délais suivants, savoir :

« 1° Dans les trois jours pour les lois d'urgence, sans que, en aucun cas, l'objection puisse porter sur l'urgence ;

« 2° Dans les huit jours pour les autres lois, le dimanche excepté. Toutefois, si la session est close avant l'expiration de ce dernier délai, la loi demeure ajournée. »

« Art. 79. — Si, dans les délais prescrits par l'article précé-dent, le Pouvoir Exécutif ne fait aucune objection, la loi est immédiatement promulguée. »

« Art. 82. — La loi prend date du jour où elle a été défini-tivement adoptée par les deux Chambres, mais elle ne de-vient obligatoire (lisez exécutoire) qu'après la promulgation qui en est faite conformément à la loi. »

« Art. 189. — Aucune loi, aucun arrêté ou règlement d'ad-ministration publique n'est obligatoire qu'après avoir été *publié* dans la forme déterminée par la loi. »

..... De la combinaison de ces textes il résulte : 1° que la loi existe dès qu'elle est votée ; 2° qu'elle est exécutoire à partir du moment où elle est promulguée conformément à l'article 1er du code Civil ; 3° qu'elle ne devient obligatoire qu'après la publication.

« Si, au nouvel appel de la cause, le défendeur n'avait pas signifié ses défenses, il sera contre lui donné défaut.

« Les défenses signifiées postérieurement au renvoi, n'entreront point en taxe.

« Art. 88. — Le demandeur, dans la huitaine qui suivra la signification des défenses, y répondra.

« Après l'expiration du délai accordé au demandeur pour faire signifier sa défense, la partie la plus diligente pourra poursuivre l'audience sur un simple acte signifié au défenseur ou à la partie adverse.

« Le demandeur qui n'aura pas de réponse à signifier

Il est bon de remarquer que la disposition de l'article 77 empruntée à la Constitution des Etats-Unis donne au Pouvoir Exécutif un véritable droit de *velo*.

Il y a, cependant, cette différence que lorsque le Président des Etats-Unis oppose son *velo* à un *bill*, voté par le Congrès, ce *bill* revient bien aux Chambres pour être délibéré de nouveau, mais il ne peut plus passer d'une façon définitive, que s'il réunit une majorité des deux tiers des voix dans chacune d'elles. (Es mein, Droit Const.). Chez nous, dans la nouvelle délibération que le Président d'Haïti réclame des Chambres, il faut que le rejet des objections soit voté aux deux tiers et au scrutin secret, pour que la loi lui soit de nouveau adressée pour être promulguée.

Mais quel est le sort d'une loi, si le Pouvoir Exécutif se soustrait à l'obligation de la promulguer ? Existe-t-il une sanction à cette obligation ?

Malheureusement les textes sont muets à ce sujet.

La formule de l'article 79 est trop vague pour qu'on s'y arrête. Nous devons le reconnaître, le Président d'Haïti peut négliger ou refuser de promulguer une loi déjà votée, et alors il ne reste aux Chambres que la ressource — souvent illusoire — de mettre en demeure, de publier la loi, le Secrétaire d'Etat, responsable de la publication.

Si on s'en souvient, la Constitution de 1846, comme les Constitutions monarchiques, donnait au Chef de l'Etat une prérogative exorbitante ; il avait à la fois, la sanction et la promulgation des lois ; c'était le droit de *velo* absolu. En effet, le Pouvoir Exécutif avait non-seulement le droit d'objections ; mais il pouvait encore refuser sa sanction à une loi adoptée par les deux Chambres.

Ainsi, une loi ne devenait parfaite et définitive qu'autant qu'elle a été approuvée par le Chef de l'Etat qui pouvait refuser de la sanctionner.

Et aux termes de l'article 102, la loi ne prenait date que du jour où elle a été promulguée.

aux défenses pourra renoncer au délai à lui accordé, et, par un simple acte, poursuivre l'audience.

« Dans tous les cas où l'audience peut être poursuivie sur un simple acte de défenseur ou de la partie, il n'en sera admis en taxe qu'un seul pour chaque partie. Tarif, 80; 3ª.) »

Art. 2. — La présente loi abroge toutes lois, dispositions de lois qui lui sont contraires et sera exécutée à la diligence du secrétaire d'Etat de la Justice.

Loi du 20 Novembre 1876

qui modifie les articles 1, 2, 22, 83, 401 et 930
du Code de Procédure civile

Art. 1er. — Les articles 1, 2, 22, 83, 401 et 930 du Code de Procédure civile sont modifiés comme suit :

« Art. 1er. — En matière personnelle mobilière, lorsque la somme n'excédera pas une somme ou valeur de cinquante piastres, s'il n'y a point de titre, le demandeur se présentera en personne pardevant le juge de paix, pour expliquer l'objet de sa demande.

« S'il y a titre, le demandeur pourra se faire représenter par un fondé de pouvoirs.

« Art. 2. — Si le défendeur ne comparait pas lui-même et qu'il s'agit d'une somme ou valeur qui n'excède pas trente piastres, le juge de paix lui enverra une cédulle. Cette cédulle indiquera le jour et l'heure de l'audience, les noms et prénoms du demandeur et ceux du défendeur, ainsi que l'objet de la demande ; elle sera remise par un homme de police au défendeur ou laissée au lieu de sa résidence actuelle.

« Art. 22. — Les jugements émanés des justices de paix seront sans appel, s'ils prononcent sur une demande de *cent piastres* (P. 100) et au-dessous.

« Ils seront souvis à l'appel, s'il s'agit d'une demande excédant *cent piastres jusqu'à cent cinquante piastres.*

« Les dispositions ci-dessus seront applicables soit

qu'il s'agisse d'affaires purement civiles, soit qu'il s'agisse d'affaires commerciales.

« Dans les causes sujettes à l'appel, les juges de paix pourront ordonner l'exécution provisoire de leur jugement, mais à charge de donner caution.

« Art 83. (1) — Si celui qui est assigné demeure hors du territoire haïtien, le délai sera :

« 1º Pour ceux demeurant dans les Antilles ou sur le continent américain, de *cent jours francs* ;

« 2' Pour ceux demeurant au-delà de l'un ou de l'autre Océan, de *deux cents jours francs.*

« Art. 401. — Seront réputées matières sommaires et instruites comme telles : les appels des juges de paix, les demandes purement personnelles à quelque somme qu'elles puissent monter, quand il y a titre, pourvu qu'il ne soit pas contesté.

« Les demandes purement personnelles formées sans titre, lorsqu'elles n'excèdent pas *deux cents piastres.*

« Les demandes provisoires ou qui requièrent célérité, les demandes en paiement de loyer, etc., de fermages et d'arrérages de ventes.

« Art. 930. (2) — Dans les quarante-cinq jours de la signification de ses moyens, le demandeur devra, à peine de déchéance, s'inscrire au greffe du tribunal de Cassation et y déposer :

« 1º Une amende de *cinq piastres* ;

« 2º L'acte dûment signifié contenant ses moyens ;

« 3º L'acte de la déclaration du pourvoi ;

« 4º Une expédition signifiée ou une copie signifiée du jugement dénoncé ;

« 5º Les pièces à l'appui.

« Il sera fait mention des pièces produites au bas ou en marge de l'acte de dépôt. »

(1-2) Les articles 83 et 930 ont été modifiés par la loi du 21 Août 1907.

14

Loi du 18 Juin 1896

qui modifie les articles 922 et 79 du Code
de Procédure civile

Art. 1er. — L'article 922 du Code de Procédure civile est modifié comme suit :

« Art. 922. — Les parties, leurs héritiers ou ayants-cause auront trente jours pour faire leur déclaration de pourvoi, à dater de la signification du jugement à personne ou à domicile.

« Ce délai emportera déchéance ; il courra contre toutes personnes, sauf le recours des personnes incapables contre ceux qui auraient dû agir pour elles.

« Il est ajouté au délai ordinaire du recours en Cassation, *trente jours*, quand le demandeur demeure dans les Antilles ou sur le continent américain, et *soixante jours* s'il demeure au-delà de l'un ou de l'autre Océan, »

Art. 2. — Le premier alinéa de l'article 79 du Code de Procédure civile est modifié comme suit :

« Art. 79. — Seront assignés : 1° L'Etat, lorsqu'il s'agit des domaines et des droits domaniaux ou de l'Administion publique, en la personne ou au domicile de l'administrateur des finances de l'arrondissement où siège le tribunal devant lequel doit être portée la demande.

« En Cassation, lorsqu'il s'agira de l'Etat, les moyens de pourvoi seront signifiés à la personne où au domicile de l'Administrateur des finances de l'arrondissement où siège le tribunal qui a rendu le jugement. »

Art. 3. — La présente loi abroge toutes lois ou dispositions de lois qui lui sont contraires et sera exécutée à la diligence du secrétaire d'Etat de la Justice.

Loi du 22 Juillet 1896

qui modifie les articles 478, 479 et 486 du Code
de Procédure civile

Art. 1er. — Les articles 478, 479 et 486 du Code de Procédure civile sont modifiés comme suit :

« Art. 478. — Tout créancier peut, en vertu de titres authentiques ou privés, saisir-arrêter, entre les mains d'un tiers, les sommes et effets appartenant à son débiteur ou s'opposer à leur remise.

« Néanmoins, si jusqu'à la dénonciation de la demande en validité, aucune nouvelle saisie-arrêt ou opposition n'est produite, le juge des référés, sur la demande du débiteur, l'autorisera à toucher le surplus des sommes dues au saisissant en laissant ès-mains du tiers saisi le montant de la créance prétendue du saisissant, plus une somme arbitrée par le juge pour les frais et autres condamnations.

« Les valeurs ainsi laissées ès-mains du tiers saisi sont spécialement affectées et déléguées au profit du saisissant, pour le cas de validité de son opposition.

« Les présentes dispositions sont applicables à toutes saisies en cours dont la validité n'a pas été prononcée.

« Art. 479. — S'il n'y a pas de titre, le juge du domicile du débiteur et même celui du domicile du tiers saisi pourront, sur requête, permettre la saisie-arrêt ou opposition.

« Les dispositions des trois derniers paragraphes de l'article précédent sont applicables aux cas prévus au présent article.

« Art. 486. — Faute de demande en validité, dans le délai prescrit, la saisie ou opposition sera nulle de plein droit; il pourra en être référé au Doyen du tribunal, qui constatera la nullité et ordonnera de passer outre.

« Faute de dénonciation de la demande en validité au tiers saisi, les paiements par lui faits jusqu'à la dénonciation seront valables. »

Art. 2. — La présente loi abroge toutes lois ou dispositions de lois qui lui sont contraires ; elle sera exécutée à la diligence du Secrétaire d'Etat de la Justice.

Loi du 21 Août 1897

qui supprime les articles 57 et 75 du Code.
de Procédure civile

Art. 1ᵉʳ. — Les articles 57 et 75 du Code de Procédure civile sont et demeurent supprimés.

Ils sont remplacés par l'article suivant :

« Art. 57. — Les parties peuvent se présenter volontairement devant le juge de paix du domicile de l'une d'elles et requérir ce magistrat de tenter de les concilier sur les différends dont elles lui feront en personne l'exposé verbal. Si un accord intervient, il est constaté par le greffier dans un procès-verbal qui aura la force probante d'un acte authentique, sans pouvoir être revêtu de la formule exécutoire ni contenir : Constitution d'hypothèque. »

Art. 2. — L'art. 75 du même Code est ainsi modifié :
« Il sera donné, avec l'exploit, copie des pièces ou de la partie des pièces sur lesquelles la demande est fondée ; à défaut de ces copies, celles que le demandeur sera tenu de donner dans le cours de l'instance, n'entreront point en taxe. »

Art. 3. — La présente loi abroge toutes lois qui lui sont contraires et sera exécutée à la diligence du secrétaire d'Etat de la Justice.

Loi du 26 Juillet 1898

portant modification aux Titres XI et XII (art. 585 à 652)
du Code de Procédure civile

Dans le but de rendre les recherches faciles, nous donnons, d'après l'ouvrage de M. Colmet-Daage, *Leçons de Procédure civile*, le tableau synoptique de la Loi du 26 Juillet 1898 portant modification aux Titres XI et XII (art. 585 à 652) du Code de Procédure civile.

On le verra bien, notre loi, sauf de légères modifications, est la reproduction de la loi française sur la matière. On peut s'en référer, à ce sujet, à l'ouvrage de MM. Carré et Chauveau Adolphe : *Lois de la Procédure civile et commerciale*, III° vol., 5ᵉ édition.

TITRE XI

DE LA SAISIE IMMOBILIÈRE

Cette procédure a deux phases bien distinctes : elle tend d'abord à mettre l'objet de la saisie sous la main de justice et ensuite à le faire vendre.

1

1° Des formalités de la mise sous la main de justice et de ses effets (art. 585 à 598 correspondant aux art. 673 à 789 de la loi française).

Ces formalités sont au nombre de quatre :

(*a*) Du commandement (art. 585, 586 hⁿ, art. 673, 674 frˢ) ;

(*b*) Du procès-verbal (art. 587, 588 hⁿ, art. 675, 676 frˢ) ;

(*c*) De la main-mise de l'immeuble sous la main de justice, c'est-à-dire la dénonciation du procès-verbal à la partie saisie (art. 589 hⁿ, 1ᵉʳ alinéa, art. 677 frˢ) ;

Les formalités de la mise sous la main de justice sont prescrites à peine de nullité (art. 595 hⁿ, art. 715 frˢ).

(*d*) Transcription au bureau des hypothèques du procès-verbal de saisie et l'exploit de dénonciation (art. 589, 2ᵉ alinéa à 591 hⁿ, art. 678 à 680 frˢ).

Sous l'empire de l'ancienne loi, la transcription se faisait avant la dénonciation ; la loi de 1898 a renversé cet ordre.

2° Des effets de la mise sous la main de justice (art. 592 à 595 hⁿ, art. 681 à 689 frˢ) ;

3° Des effets de la mise sous la main de justice quant à l'administration et à la jouissance du saisi ; ces effets varient suivant que l'immeuble saisi est habité ou exploité par le saisi lui-même ou bien que le saisi l'avait loué ou affermé ;

(*a*) Habitation ou exploitation personnelle du saisi art. 592 à 594 hⁿ, art. 681 à 684 frˢ) ;

(*b*) Effets de la saisie quant à la jouissance du saisi, lorsque l'immeuble était loué ou affermé (art. 595 hⁿ, art. 684, 685 frˢ) ;

4° Des effets de la saisie, quant à la modification du droit de disposer, dans la main du saisi (art. 596 à 598 hⁿ, art. 686 à 688 frˢ).

II

Des formalités pour parvenir à la vente (art. 599 à 625 hⁿ, art 690 à 702 frˢ) :

1° Formalités qui ont pour but de fixer les conditions de l'adjudication (art. 599, 611 hⁿ, 690, 701 frˢ). L'art. 611 hⁿ, 701 frˢ est placé ici parce qu'il contient, comme l'art. 599, l'indication d'une des conditions de la vente : il s'agit des frais de la procédure, ces frais seront taxés et portés à la connaissance des enchérisseurs avant l'adjudication ;

2° Formalités ayant pour but de faire connaître les conditions de la vente à tous les intéressés à la poursuite (art. 600 à 602 hⁿ, art. 691 à 693 frˢ).

Ces formalités sont au nombre de trois :

(*a*) Une sommation au saisi (art. 600 hⁿ, art. 691 frˢ) ;

(*b*) Une sommation aux créanciers inscrits (art. 601 hⁿ, art 692 frˢ) ;

(*c*) Une sommation en marge de la transcription de la saisie (art. 602 hⁿ, art. 693 frˢ, loi du 2 juin 1881) ;

3° Formalités ayant pour but de donner la publicité à la vente et de provoquer le concours des enchérisseurs (art. 603 à 611 hⁿ, art. 694 à 700 frˢ).

Ces formalités sont au nombre de quatre :

(*a*) La publication et la lecture du cahier des charges à l'audience du tribunal (art. 603 et 604 hⁿ, art. 694 et 695 frˢ) ;

(*b*) Insertion dans les journaux (art. 605 et 606 hⁿ, art. 696 à 698 frˢ) ;

(*c*) Affiches (art. 607 à 611 hⁿ, art. 699, 700 frˢ).

Toutes les formalités et tous les délais énumérés dans cette partie sont prescrits à peine de nullité (art. 625).

III

De l'adjudication et de ses effets :

1° Du moment de l'adjudication (art. 612 à 614 h^n, art. 702 à 704 fr^s) ;.

> Le poursuivant n'a pas qualité pour changer le jour fixé pour l'adjudication ; le tribunal est seul compétent pour renvoyer l'adjudication à un jour ultérieur (Sirey, n° 1).

2° Du mode des enchères et de l'adjudication (art. 615 à 621 h^n, art. 705, 706 fr^s) ;

> En France, les enchères sont faites par le ministère d'avoué ; cela a pour but de garantir que l'enchère est sérieuse. Pour éviter toute difficulté, on permet à l'avoué d'enchérir pour plusieurs personnes à la fois, du moment qu'elles sont capables de contracter, excepté, bien entendu, pour les membres du tribunal devant lequel se poursuit la vente. L'avoué ne peut enchérir pour le saisi ni pour les personnes notoirement insolvables.

3° Des personnes qui peuvent enchérir (art. 621 h^n, art. 711 fr^s) ;

> Suivant l'art. 707 de la loi française, l'avoué dernier enchérisseur sera tenu, dans les trois jours de l'adjudication, de déclarer l'adjudicataire et de fournir son acceptation, si non, de représenter son pouvoir, lequel demeurera annexé à la minute de sa déclaration ; faute de ce faire, il sera réputé adjudicataire, en son nom, sans préjudice des dispositions de l'art. 711.

4° Du jugement d'adjudication (art. 622, 623, 624, 626 h^n, art. 712, 713, 714, 716 fr^s) ;

5° Des effets du jugement d'adjudication (art. 627 h^n, art. 717 fr^s).

> Quel est l'effet de la transcription du jugement d'adjudication quant à la purge des hypothèques grevant l'immeuble saisi ?
>
> D'après la loi française du 21 Mai 1858, lorsque les formalités de la poursuite ont été régulièrement observées, la transcription du jugement d'adjudication opère la purge de toutes les hypothèques, sans distinction entre celles qui sont dispensées d'inscription et celles qui ne le sont pas, sans distinction non plus entre celles qui, inscrites avant la sommation de l'art. 692, ont motivé des interpellations aux créanciers, et celles qui, inscrites entre cette sommation et l'adjudication, ou bien entre l'adjudication et la transcription, n'ont provoqué aucun avertissement. Il n'y a donc plus lieu,

observe M. Chauveau, que de prévoir le seul cas de l'omission ou de la nullité de la sommation qui aurait dû être notifiée. Alors, suivant lui, la purge n'est plus produite par la transcription du jugement d'adjudication, et le créancier, objet de l'omission ou de l'irrégularité, se trouve dans la position d'un créancier vis-à-vis duquel la purge n'a pas été opérée après une aliénation volontaire ou une vente judiciaire autre que celle sur expropriation forcée, sauf, quant au droit de surenchérir, la restriction indiquée sous la question 2394. — Conf. : MM. Colmet Daage, *Commentaires de la Loi de 1858*, p. 15, n° 980 ; Ollivier et Mourlon, p. 434, n° 246 ; Duvergier, 1858, p. 143, n° 3 ; Dalloz, n° 1,819 ; Pâyen, *Lois de la Procédure civile et commerciale*, IIIe vol., p. 766.

TITRE XII

DES INCIDENTS SUR LA POURSUITE DE LA SAISIE IMMOBILIÈRE

La loi prévoit sept incidents :

1° La jonction des deux saisies (art. 629, 630 hⁿ, art. 719, 720 fr^s) ;

Toute partie intéressée peut demander la jonction des deux saisies. Ainsi, le saisi, les saisissants, les créanciers même cédulaires ont cette faculté. Mais la jonction ne peut être ordonnée *d'office* par les juges (Sirey, n°s 1, 2).

2° La demande en subrogation dans la poursuite (art. 631, 632 hⁿ, art. 721, 722, 723 fr^s) ;

3° La radiation d'une saisie (art. 633 hⁿ, art. 724 fr^s) ;

4° La demande en distraction de tout ou partie des objets saisis (art. 634, 635 hⁿ, art. 725, 726, 827 fr^s) ;

5° Les demandes en nullité (art. 636 à 638 hⁿ, art. 728, 729 fr^s). Les articles 636, 637 de notre loi ont été modifiés par la loi du 21 Août 1907, en ce qui a trait à la fixation d'un délai avant l'expiration duquel la demande en nullité doit être formée. Aujourd'hui, les moyens de nullité contre la procédure antérieure à la publication du cahier des charges doivent être signifiés, à peine de déchéance, *trois jours* au moins avant l'audience fixée pour cette publication. Il en est de même des moyens de nullité proposés contre la procédure postérieure à la publication du cahier des charges ; le délai est de *cinq jours* au moins avant l'adjudication ;

6° De la revente sur folle enchère (art. 639 à 647 h^n, art. 733 à 740 fr^s) ;

7° La conversion de la saisie en vente volontaire (art. 648 à 652 h^n, art. 742 à 748 fr^s). Ici, il y a une convention expresse entre le débiteur et le créancier ; elle n'est valable, dit M. Colmet Daage, que lorsqu'elle est faite dans le cours de la saisie immobilière et comme incidente de saisie. Si le créancier, qui demande son paiement en menaçant de faire procéder à la saisie d'un immeuble du débiteur, obtenait de ce dernier l'autorisation de vendre l'immeuble sans les formes de la saisie, afin de se faire payer sur le prix, une pareille convention n'engagerait que ce créancier et le débiteur, et ne serait pas opposable aux autres créanciers ; ce serait une sorte de vente amiable faite par le créancier comme mandataire du débiteur. Elle serait soumise à la purge des hypothèques, conformément aux articles 2183 et suivants du code civil, correspondant aux articles 1950 et suivants de notre code. Une telle convention, d'ailleurs, n'empêcherait pas les saisies que d'autres créanciers pourraient faire pratiquer.

Le créancier peut-il stipuler du débiteur. au moment où ce dernier s'oblige que, faute de paiement au terme convenu, l'immeuble pourrait être vendu par le créancier sans suivre les formes de la saisie immobilière? Cette clause porte, dans la pratique, le nom de *clause de voie parée.*

Depuis la loi de 1841, cette clause, dont la jurisprudence de la cour de Cassation avait reconnu la validité, est complètement prohibée en France.

En effet, suivant l'article 742 « toute convention portant qu'à défaut d'exécution des engagements pris envers lui, le créancier aura le droit de faire vendre les immeubles de son débiteur sans remplir les formalités prescrites pour la saisie immobilière, est nulle et non avenue ».

En validant, dit-on, la clause de voie parée on établirait une saisie immobilière conventionnelle à côté de la saisie immobilière légale. D'autres prétendent, an contraire, que cette clause permet d'éviter les lenteurs et les frais de là procédure d'expropriation forcée.

Nous faisons ici remarquer que l'article 652 de notre loi, qui est la reproduction du texte français, a été abrogé en 1901 sur la demande du député Célicour Léon, des Cayes. Effectivement, la loi du 15 Octobe 1901 porte, en son article unique : « L'article 652 de la loi sur la saisie immobilière est abrogé ».

Art. 1er. — Les Titres XI et XII (art. 585 à 652) du code de Procédure civile du 8 Juin 1835, sont modifiés comme ci-après.

Art. 2 — La saisie immobilière en instance avant la promulgation de la présente loi sera poursuivie conformément aux dispositions des Titres XI et XII (art. 585 à 652) du code Procédure civile de 1835, de même que les obligations hypothécaires avec clause de *voie parée* permises sous l'empire des titres modifiés, seront exécutoires jusqu'à leur extinction.

TITRE XI

DE LA SAISIE IMMOBILIÈRE

« Art. 585. — La saisie immobilière sera précédée d'un commandement à personne ou domicile ; en tête de cet acte, il sera donné copie entière du titre en vertu duquel elle est faite. Ce commandement contiendra élection de domicile dans le lieu où siège le tribunal qui devra connaître de la saisie ; si le créancier n'y demeure pas, il énoncera que, faute de paiement, il sera procédé à la saisie des immeubles du débiteur ; l'huissier ne se fera point assister de témoins ; il fera, dans les vingt-quatre heures, viser l'original par le juge de paix de la commune où le commandement sera signifié.

« Art. 586. — La saisie immobilière ne pourra être faite que trente jours après le commandement ; si le créancier laisse écouler plus soixante jours entre le commandement et la saisie, il sera tenu de le réitérer dans les formes et avec le délai ci-dessus. (1)

---

(1) Extrait du *Moniteur* du 9 Novembre 1898 :

Secrétairerie d'Etat de la Justice

ERRATUM

Il s'est glissé une erreur dans la publication de la loi por-

« Art. 587. — Le procès-verbal de saisie contiendra, outre toutes les formalité communes à tous les exploits :

« 1º L'énonciation du titre exécutoire en vertu duquel la saisie est faite ;

« 2º La mention du transport de l'huissier sur les biens saisis ;

« 3º L'indication des biens saisis, savoir : si c'est une maison, l'arrondissement, la commune, la rue, le numéro s'il y en a et, dans le cas contraire, deux au moins des tenants et aboutissants ; si c'est un bien rural, la mention du nom sous lequel il est généralement connu ou désigné ; autant que possible, sa contenance approximative, la nature de la principale exploitation s'il y en a, la désignation des bâtiments principaux et des machines quand il y en aura, l'arrondissement, la commune et la section rurale où le bien est situé ;

« 4º L'indication du tribunal où la saisie sera portée ;

« Et 5º enfin l'élection de domicile du saisissant dans le cas prévu par l'article 585.

« Art. 588. — Le procès-verbal de saisie sera visé, avant l'enregistrement, par le juge de paix de la commune dans laquelle sera situé l'immeuble saisi, et, si la saisie comprend des biens situés dans plusieurs communes, le visa sera donné successivement par chacun des juges de paix à la suite de la partie du procès-verbal relative aux biens situés dans sa commune.

« Art. 589. — La saisie immobilière sera dénoncée au saisi dans les quinze jours qui suivront celui de la clôture du procès-verbal, outre un jour par cinq lieues de distance entre le domicile du saisi et le lieu où siège le tribunal qui doit connaître de la saisie.

« L'original sera visé dans les vingt-quatre heures par le juge de paix du lieu où l'acte de dénonciation aura été signifié. La saisie-immobilière et l'exploit de dénoncia-

---

tant modification aux Titres XI et XII du code de Procédure civile.

A l'article 586, au lieu de : « La saisie immobilière ne pourra être faite que trente jours après le commandement ; si le créancier laisse écouler plus de trente jours entre le commandement et la saisie, etc. », il faut lire : « La saisie immobilière ne pourra être faite que trente jours après le commandement ; si le créancier laisse écouler plus de soixante jours entre le commandement et la saisie, etc. ».

Port-au-Prince, le 7 Novembre 1898.

tion seront transcrits, au plus tard, dans les quinze jours qui suivront celui de la dénonciation, sur le registre à ce destiné au bureau des hypothèques, de la situation des biens pour la partie des objets saisis qui se trouvent dans le ressort.

« Art 590. — Si le conservateur ne peut procéder à la transcription de la saisie à l'instant où elle lui a été présentée, il fera mention sur l'original qui lui sera laissé, des heure, jour mois et an auxquels il lui a été remis ; et, en cas de concurrence, le premier présenté sera transcrit.

« Art. 591. — S'il y a eu précédentes saisies, le conservateur constatera son refus en marge de la seconde ; il énoncera la date de la précédente saisie, les nom, demeure et profession du saisissant et du saisi, l'indication du tribunal où la saisie est portée et la date de la transcription.

« Art. 592. — Si les immeubles saisis ne sont pas loués ou affermés, le saisi restera en possession jusqu'à la vente, comme sequestre judiciaire, à moins que, sur la demande d'un ou plusieurs créanciers, il n'en soit autrement ordonné par le Doyen du tribunal, dans la forme des ordonnances sur référé.

« Les créanciers pourront, néanmoins, après avoir été autorisés par ordonnance du Doyen, rendue dans la même forme, faire procéder à la coupe et à la vente, en tout ou en partie, des fruits pendant par les racines.

« Les fruits seront vendus aux enchères ou de toute autre manière autorisée par le Doyen, dans le délai qu'il aura fixé, et le prix sera déposé soit au greffe du tribunal civil du ressort, soit en tout autre lieu qu'il aura désigné.

« Art. 593. — Les fruits naturels et industriels, recueillis postérieurement à la transcription ou le prix qui en proviendra seront immobilisés pour être distribués avec le prix de l'immeuble par ordre d'hypothèque.

« Art. 594. — Le saisi ne pourra faire aucune coupe de bois ni dégradation, à peine de dommages-intérêts auxquels il sera contraint par corps, sans préjudice, s'il y a lieu, des peines portées par le code Pénal.

« Art. 595. — Les baux qui n'auront pas acquis date certaine avant le commandement, pourront être annulés, si les créanciers ou l'adjudicataire le demandent.

« Des loyers et fermages seront immobilisés à partir
de la transcription de la saisie pour être distribués avec
avec le prix de l'immeuble par ordre d'hypothèque.

« Un simple acte d'opposition à la requête du poursuivant ou tout autre créancier inscrit, vaudra suisie-arrêt
entre les mains des fermiers et locataires qui ne pourront se libérer qu'en exécution du mandement de collo-
cation ou par le versement des loyers ou fermages au
greffe du tribunal civil du ressort ou en tout autre lieu
que désignera le Doyen du dit tribunal ; ce versement
aura lieu à leur réquisition ou sur la simple sommation
des créanciers ; à défaut d'opposition, les paiements faits
au débiteur seront valables et celui-ci sera comptable,
comme sequestre judiciaire, des somme qu'il aura reçues.

« Art. 596. — La partie saisie ne peut, à compter du
jour de la dénonciation de la saisie, aliéner lés immeubles saisis, à peine de nullité, et sans qu'il soit besoin de
la faire prononcer.

« Art. 597. — Néanmoins, l'aliénation ainsi faite aura
son exécution si, avant l'adjudication l'acquéreur consigne, comme suffisantes pour acquitter en principal,
intérêt et frais, les créances inscrites et signifier l'acte
de consignation aux créanciers inscrits.

« Si les deniers aussi déposés ont été empruntés, les
prêteurs n'auront d'hypothèque que postérieurement
aux créanciers inscrits lors de l'aliénation.

« Art. 598. — A défaut de consignation avant l'adjudication, il ne pourra être accordé, sous aucun prétexte,
de délai pour l'effectuer.

« Art. 599. — Dans les vingt jours au plus tard après
la transcription, le poursuivant déposera au greffe du
tribunal le cahier des charges contenant :

« 1° L'énonciation du titre exécutoire en vertu duquel
la saisie a été faite, du commandement, du procès-verbal
de saisie, ainsi que des autres actes et jugements inter-
venus postérieurement ;

« 2° La désignation des immeubles telle quelle a été
insérée dans le procès-verbal ;

« 3° Les conditions de la vente ;

« 4° Une mise à prix de la part du poursuivant.

« Art. 600. — Dans les huit jours au plus tard après le
dépôt au greffe, outre un jour par cinq lieues de distance
entre le domicile du saisi et le lieu où siège le tribunal,

sommation sera faite au saisi à personne ou domicile, de prendre communication du cahier des charges, de fournir ses dires et observations et d'assister à la lecture et publication qui en sera faite, ainsi qu'à la fixation du jour de l'adjudication ; cette sommation indiquera les jour, lieu et heure de publication.

« Art. 601. — Pareille sommation sera faite dans le même délai de huitaine :

« 1° Aux créanciers inscrits sur les biens saisis aux domiciles élus dans les inscriptions ; si parmi les créanciers inscrits se trouve le vendeur de l'immeuble saisi, la sommation à ce créancier portera, qu'à défaut de former sa demande en résolution et de la notifier au greffe avant l'adjudication, il sera définitivement déchu, à l'égard de l'adjudicataire, du droit de la faire prononcer ;

« 2° A la femme du saisi, aux femmes des précédents propriétaires, au subrogé-tuteur des mineurs ou interdits ou aux mineurs devenus majeurs, si, dans l'un ou dans l'autre cas, le mariage ou tutelle sont connus du poursuivant d'après son titre. Cette sommation contiendra, en outre, l'avertisssement que, pour conserver les hypothèques légales sur l'immeuble exproprié, il sera nécessaire de les faire inscrire avant la transcription du jugement d'adjudication.

« Art. 602. — Mention de la notification prescrite par les deux articles précédents sera faite dans les huit jours de la date du dernier exploit de notification en marge de la transcription de la saisie au bureau des hypothèques. Du jour de cette mention, la saisie ne pourra plus être rayée que du consentement des créanciers inscrits, ou en vertu de jugements rendus contre eux.

« Toutefois, la saisie immobilière transcrite cesse de plein droit de produire son effet si, dans les deux ans de la transcription, il n'est pas intervenu une adjudication, mentionnée en marge de cette transcription, conformément à l'article 6:6 du code de Procédure civile.

« Art. 603. — Trente jours au plus tôt et quarante jours au plus tard après le dépôt du cahier des charges, il sera fait, à l'audience et au jour indiqué, publication et lecture du cahier des charges.

« Trois jours au plus tard avant la publication, le poursuivant, la partie saisie et les créanciers inscrits seront tenus de faire insérer, à la suite de la mise à prix, leurs dires et observations ayant pour objet d'introduire des modifications dans le dit cahier. Passé ce délai, ils ne sont plus recevables à proposer des changements, dires ou observations.

· « Art. 604. — Au jour indiqué par la sommation faite au saisi et aux créanciers, le tribunal donnera acte au poursuivant des lectures et publications du cahier des charges, statuera sur les dires et observations qui y auront été insérés et fixera les jour et heure où il procédera à l'adjudication. Le délai entre la publication et l'adjudication sera de trente jours au moins et de soixante jours au plus Le jugement sera porté sur le cahier des charges à la suite de la mise à prix ou des dires des parties. Il sera exécutoire par provision et sur minute.

« Art. 605. — Quarante jours au plus tôt ou vingt jours au plus tard avant l'adjudication, le poursuivant fera insérer dans un journal, s'il y en a, publié dans le ressort où sont situés les biens, un extrait signé de lui ou de son-avocat, contenant :

« 1° La date de la saisie et de sa transcription ;

· « 2° Les nom, profession, demeure du saisissant et de son avocat, s'il y en a de constitué ;

« 3° La désignation des immeubles, telle qu'elle a été insérée dans le procès-verbal ;

« 4° La mise à prix ;

« 5° L'indication du tribunal où la saisie se poursuit, et des jour, lieu et heure de l'adjudication.

« Art. 606. — Il sera justifié de l'insertion aux journaux par un exemplaire de la feuille contenant l'extrait énoncé en l'article précédent.

« Art. 607. — Extrait pareil à celui prescrit par l'article 605, manuscrit ou imprimé, en forme de placard, sera affiché :

« 1° A la porte principale des édifices saisis ;

· « 2" A la porte de l'auditoire de la justice de paix de la situation des immeubles saisis ;

« 3° A la porte extérieure du tribunal de la vente.

˜ « Art. 608. — L'apposition des placards sera constatée par un acte auquel sera annexé un exemplaire du placard ; par cet acte, l'huissier attestera que l'apposition a été faite aux lieux désignés par la loi.

˵ « Art 609. — Les originaux du placard et le procès-verbal d'apposition ne pourront être grossoyés sous aucun prétexte, à peine de dommages - intérêts contre l'huissier.

» Art: 610. — L'original du dit procès-verbal sera visé par le juge de paix de chacune des communes dans lesquelles l'apposition aura été faite, et il sera notifié à la partie saisie, avec copie du placard.

« Art. 611. — Les frais de la poursuite seront taxés par le juge, et il ne pourra rien être exigé au-delà du montant de la taxe. Toute stipulation contraire, quelle qu'en soit la forme, sera nulle de droit.

« Le montant de la taxe sera publiquement annoncé avant l'ouverture des enchères, et il en sera fait mention dans le jugement d'adjudication.

« Art. 612. — Au jour indiqué pour l'adjudication, il y sera procédé sur la demande du poursuivant, et, à son son défaut, sur celle de l'un des créanciers inscrits.

« Art. 613. — Néanmoins, l'adjudication pourra être remise sur la demande du poursuivant ou de l'un des créanciers inscrits, ou de la partie saisie, mais seulement pour causes graves et dûment justifiées. Le jugement qui prononcera la remise, fixera de nouveau le jour de l'adjudication qui ne pourra être éloigné de moins de quinze jours ni de plus de quarante. Ce jugement ne sera susceptible d'aucun recours ; il ne sera ni levé, ni signifié.

« Art. 614. — Dans ce cas, l'adjudication sera annoncée huit jours au moins à l'avance par des inscriptions et placards conformément aux articles 605 et 607.

« Art. 615. — Les enchères pourront être faites par toutes personnes et à l'audience ; aussitôt que les enchères seront ouvertes, il sera allumé successivement des bougies préparées de manière que chacune ait une durée d'environ une minute.

« L'enchérisseur cesse d'être obligé, si son enchère est couverte par une autre, lors même que cette dernière serait déclarée nulle.

« Art. 616. — L'adjudication ne pourra être faite qu'après l'extinction des trois bougies allumées successivement. S'il ne survient pas d'enchères pendant la durée de ces bougies, le poursuivant sera déclaré adjudicataire pour la mise à prix, si la loi ne l'empêche. Si, pendant la durée d'une des trois premières bougies, il survient des enchères, l'adjudication ne pourra être faite qu'après l'extinction des deux bougies sans nouvelle enchère survenue pendant leur durée.

« Art. 617. — Si le dernier enchérisseur n'agit pas pour lui-même, il sera tenu, dans les trois jours de l'adjudication, de déclarer son commaud et de fournir son acceptation ; sinon de représenter son pouvoir, lequel demeurera annexé à la minute de la déclaration ; faute de le faire, il sera réputé adjudicataire en son nom.

« Art, 618. — Toute personne pourra, dans les huit jours qui suivront l'adjudication, iaire au greffe du tribunal, par elle-même ou par un fondé de procuration spéciale, une surenchère pourvu qu'elle soit du sixième au moins du prix principal de la vente.

« Art. 619. — La surenchère sera faite au greffe du tribunal qui a prononcé l'adjudication et ne pourra être rétractée ; elle devra être dénoncée par le surenchèrisseur, dans les trois jours, à l'adjudicataire, au poursuivant et au défenseur de la partie saisie, si elle a défenseur constitué, sans néanmoins qu'il soit nécessaire de faire cette dénonciation à la personne ou au domicile de la partie saisie qui n'aurait pas de défenseur.

» La dénonciation sera faite par un simple acte contenant avenir pour l'audience qui suivra l'expiration de la quinzaine, sans autre procédure.

« Art. 620. — Au jour indiqué, ne pourront être admis à concourrir que l'adjudicataire et celui qui aurait enchéri du sixième, lequel, en cas de folle enchère, sera tenu par corps, de la différence de son prix d'avec celui de la vente.

« Lorsqu'une seconde adjudication aura eu lieu après la surenchère ci-dessus, aucune autre surenchère des mêmes biens ne pourra être reçue.

« Art. 621. — Ne pourront être adjudicataires : le saisi, les personnes empêchées par la loi, les juges, officiers du ministère public et les greffiers du tribunal où se poursuit la vente, à peine de nullité de l'adjudication et de tous dommages-intérêts.

« Art. 622. — Le jugement d'adjudication ne sera autre que la copie du cahier des charges, rédigé ainsi qu'il est dit dans l'article 599 ; il sera revêtu de l'intitulé des jugements et du mandement qui les termine, avec injonction à la partie saisie de délaisser la possession sous peine d'y être contrainte même par corps (Pr. 149).

15

« Art, 623. — Le jugement d'adjudication ne sera délivré à l'adjudicataire qu'à la charge, par lui, de rapporter au greffier quittance des frais ordinaires de poursuite, et la preuve qu'il a satisfait aux conditions du cahier des charges qui doivent être exécutées avant cette délivrance.

» La quittance et les pièces justificatives demeurent annexées à la minute du jugement et seront copiées à la suite de l'adjudication. Faute par l'adjudicataire de faire cette justification dans les vingt jours de l'adjudication, il y sera contraint par la voie de la folle enchère, ainsi qu'il sera dit ci-après sans préjudice des autres voies de droit.

« Art. 624. — Les frais extraordinaires de poursuite seront payés par privilège sur le prix, lorsquil en aura été ainsi ordonné par jugement.

« Art. 625. — Les formalités et délais prescrits par les articles 585, 586, 587, 588, 589, 599, 600, 601, 602, 603, 605, 606, 607, 608, 610, 614, 615, 616 seront observés à peine de nullité.

« Les délais sont francs.

« La nullité prononcée par défaut de désignation de l'un ou plusieurs des immeubles compris dans la saisie, n'entraînera pas nécessairement la nullité de la poursuite en ce qui concerne les autres immeubles.

« Les nullités prononcées par le présent article pourront être proposées par tous ceux qui y auront intérêt.

« Art. 626. — Le jugement d'adjudication ne sera signifié qu'à la personne ou au domicile de la partie saisie.

« Mention sommaire du jugement d'adjudication sera faite en marge de la transcription de la saisie, à la diligence de l'adjudicataire.

« Art. 627. — L'adjudication ne transmet à l'adjudicataire d'autres droits à la propriété que ceux appartenant au saisi.

« Néanmoins, l'adjudicataire ne pourra être troublé dans sa propriété par aucune demande en résolution sur le défaut de paiement du prix des anciennes aliénations, à moins qu'avant l'adjudication, la demande, avec pièces à l'appui, n'ait été notifiée au greffe du tribunal où se poursuit la vente.

« Si la demande a été notifiée en temps utile, il sera sursi à l'adjudication, et le tribunal, sur la réclamation du poursuivant ou de tout créancier inscrit, fixera le délai dans lequel le vendeur sera tenu de mettre fin à l'instance en résolution.

« Le poursuivant pourra intervenir dans cette instance.

« Ce délai expiré, sans que la demande en résolution ait été définitivement jugée, il sera passé outre à l'adjudication, à moins que, pour des causes graves et dûment justifiées, le tribunal n'ait accordé un nouveau délai pour le jugement de l'action en résolution.

« Si, faute par le vendeur de se conformer aux prescriptions du tribunal, l'adjudication avait eu lieu avant le jugement de la demande en résolution, l'adjudicataire ne pourrait être poursuivi, à raison des droits des anciens vendeurs, sauf à ceux-ci à faire valoir, s'il y a lieu, leurs titres de créances dans l'ordre et distribution du prix de l'adjudication.

» Le jugement d'adjudication, dûment transcrit, purge toutes les hypothèques, et les créances n'ont plus d'action que sur le prix.

« Les créanciers à hypothèques légales qui n'ont pas fait inscrire leur hypothèque avant la transcription du jugement d'adjudication, ne conservent le droit de préférence sur le prix qu'à la condition de produire avant l'expiration du délai fixé par l'article 658, dans le cas où l'ordre se règle judiciairement, et de faire valoir leurs droits avant la clôture, si l'ordre se règle amiablement, conformément aux articles 653 et 654.

TITRE XII

DES INCIDENTS SUR LA POURSUITE DE LA SAISIE IMMOBILIÈRE

« Art. 628. — Toute demande incidente à une poursuite en saisie immobilière, sera formée par simple acte et jugée sommairement ; cette demande ne sera pas précédée de citation en conciliation.

« Art. 629. — Si deux saisissants ont fait transcrire deux saisies de biens différents poursuivis devant le même tribunal, elles seront réunies sur la requête de la partie la plus diligente et seront continuées par le premier saisissant ; la jonction sera ordonnée, encore que l'une des saisies soit plus ample que l'autre ; mais elle ne pourra, en aucun cas, être demandée après le dépôt du cahier des charges ; en cas de concurrence, la poursuite appartiendra au saisissant porteur du titre le plus ancien, et si les titres sont de même date, au saisissant pour la plus forte somme.

« Art. 630. — Si une seconde saisie présentée à la transcription est plus ample que la première, elle sera transcrite pour les objets non compris dans la première saisie, et le second saisissant sera tenu de dénoncer la saisie au premier saisissant qui poursuivra sur les deux si elles sont au même degré ; sinon, il sursoiera à la première et suivra sur la deuxième jusqu'à ce qu'elle soit au même degré, et alors, elles seront réunies en une seule poursuite qui sera portée devant le tribunal de la première saisie.

« Art. 631. — Faute par le premier saisissant d'avoir poursuivi sur la seconde saisie à lui dénoncée conformément à l'article ci-dessus, le second saisissant pourra, par un simple acte, demander la subrogation.

« Cette subrogation pourra être également demandée s'il y a collusion, fraude ou négligence, sous la réserve, en cas de collusion ou fraude, de dommages-intérêts envers qui il appartiendra.

« Il y a négligence lorsque le poursuivant n'a pas rempli une formalité ou n'a pas fait un acte de procédure dans les délais prescrits.

« Art. 632. — La partie qui succombera sur la demande en subrogation sera condamnée personnellement aux dépens. Le poursuivant contre lequel la subrogation aura été prononcée, sera tenu de remettre les pièces de la poursuite au subrogé sur son récépissé ; il ne sera payé de ses frais de poursuite qu'après l'adjudication, soit sur le prix, soit par l'adjudicataire.

« Art. 633. — Lorsqu'une saisie immobilière aura été rayée, le plus diligent des saisissants postérieurs pourra poursuivre sur sa saisie, encore qu'il ne se soit pas présenté le premier à la transcription.

« Art. 634. — La demande en distraction de tout ou partie des objets saisis sera formée tant contre le saisissant que contre la partie saisie ; elle sera formée aussi contre le créancier premier inscrit et au domicile élu dans l'inscription.

« Si le saisi n'a pas constitué avocat durant la poursuite, le délai prescrit pour la comparution sera augmentée d'un jour par cinq lieues de distance entre son domicile et le lieu où siège le tribunal, sans que ce délai puisse être augmenté à l'égard de la partie qui serait domiciliée hors du territoire de la République.

« Art. 635. — La demande en distraction contiendra l'énonciation des titres justificatifs qui seront déposés au greffe et la copie de l'acte de ce dépôt.

« Si la distraction demandée n'est que d'une partie des objets saisis, il sera passé outre, nonobstant cette demande à l'adjudication du surplus des objets saisis.

« Pourront néanmoins les juges, sur la demande des parties intéressées, ordonner le sursis pour le tout.

« Si la distraction partielle est ordonnée, le poursuivant sera admis à changer la mise à prix portée au cahier des charges. (1)

« Art. 638. — Ne seront susceptible d'aucun recours, sauf celui en cassation : 1° les jugements qui statueront sur la demande en subrogation contre le poursuivant, à moins qu'elle n'ait été intentée pour collusion ou fraude ; 2° ceux qui, sans statuer sur des incidents, donneront acte de la publication du cahier des charges ou prononceront l'adjudication, soit avant, soit après surenchère ; 3° ceux qui statueront sur des nullités postérieures à la publication du cahier des charges.

« Art. 639. — Faute par l'adjudicataire d'exécuter les clauses de l'adjudication, l'immeuble sera vendu à sa folle enchère.

« Art. 640. — Le poursuivant de la vente sur folle enchère se fera délivrer, par le greffier, un certificat constatant que l'adjudicataire n'a point justifié de l'acquit des condamnations exigibles de l'adjudication.

« S'il y a eu opposition à la délivrance du certificat, il sera statué, à la requête de la partie la plus diligente, par le Doyen du tribunal, en état de référé.

« Art. 641. — Sur ce certificat, et sans autre procédure ni jugement, il sera apposé de nouveaux placards et inséré de nouvelles annonces dans les formes ci-dessus prescrites ; ces placards et annonces indiqueront, en outre, les noms et demeure du fol enchérisseur, le montant de l'adjudication, une mise à prix par le poursuivant, ainsi que le jour qu'il aura fixé et auquel aura lieu sur l'ancien cahier des charges, la nouvelle adjudication.

---

(1) Les articles 636 et 637 de cette loi sont modifiés par les articles 636 et 637 de la loi du 21 Août 1907.

« Le délai entre les nouvelles affiches et annonces de l'adjudication sera de dix jours au moins et vingt jours au plus.

« Art. 642. — Le placard sera signifié à l'adjudicataire et à la partie saisie au domicile de son avocat et, si elle n'en a pas, à son domicile, au moins cinq jours avant l'adjudication.

« Art. 643. — L'adjudication pourra être remise conformément à l'article 613, mais seulement sur la demande du poursuivant.

« Art. 644. — Si le fol enchérisseur justifiait de l'acquit des conditions de l'adjudication et de la consignation d'une somme réglée par le Doyen du tribunal pour les frais de folle enchère, il ne sera pas procédé à l'adjudication.

« Art. 645. — Le fol enchérisseur sera tenu par corps de la différence de son prix d'avec celui de revente sur folle enchère, sans pouvoir réclamer l'excédent s'il y en a ; cet excédent sera payé aux créanciers. ou si les créanciers sont désintéressés, à la partie saisie.

« Art. 646. — Lorsque, à raison d'un incident ou pour tout autre motif légal, l'adjudication aura été retardée, il sera apposé de nouvelles affiches et fait de nouvelles annonces dans les délais fixés par l'article 614.

« Art. 647. — Les formalités et délais prescrits par les articles 640, 641, 642 seront observés à peine de nullité.
« Les moyens de nullité seront proposés et jugés comme il est dit en l'article 637.
« Aucune opposition ne sera reçue contre les jugements par défaut en matière de folle enchère.
« Seront observés, lors de l'adjudication sur folle enchère, les articles 615, 616, 617 et 621.

« Art. 648. — Les immeubles appartenant à des majeurs, maîtres de disposer de leurs droits, ne pourront, à peine de nullité, être mis aux enchères en justice, lorsqu'il ne s'agira que de vente.
« Néanmoins, lorsqu'un immeuble aura été saisi réellement et lorsque la saisie aura été transcrite, il sera libre aux intéressés, s'ils sont toujours majeurs et maîtres de leurs droits, de demander que l'adjudication soit faite aux enchères et devant notaire sans autres formalités et conditions. que celles qui sont prescrites

aux articles 846, 847, 848, 849, 850, 852 pour la vente des biens immeubles.

« Seront regardés comme seuls intéressés, avant la sommation aux créanciers, prescrite par l'article 601, le poursuivant et le saisi, et, après cette sommation, ces derniers et tous les créanciers inscrits.

« Si une partie seulement des biens dépendant d'une même exploitation avait été saisie, le débiteur pourra demander que le surplus soit compris dans la même adjudication.

« Art. 649. — Pourront former les mêmes demandes ou s'y adjoindre, le tuteur du mineur ou interdit, spécialement autorisé par un avis de parents, le mineur émancipé, assisté de son curateur, et généralement tous les administrateurs legaux des biens d'autrui.

« Art. 650. — Les demandes autorisées par les articles 648 et 649 seront formées par une requête présentée au tribunal saisi de la poursuite ; cette requête sera signée par toutes les parties ou leurs avocats. Elle contiendra une mise à prix qui servira d'estimation.

« Si la demande est admise, le tribunal fixera le jour de la vente et renverra, pour procéder à l'adjudication, devant le notaire choisi. Le jugement ne sera pas signifié et ne sera pas susceptible d'opposition.

« Art. 651. — Si, après le jugement, il survient un changement dans l'état des parties, soit par décès ou faillite, soit autrement, ou si les parties sont représentées par des héritiers bénéficiaires, des mineurs ou autres incapables, le jugement continuera à recevoir sa pleine et entière exécution.

« Dans la huitaine du jugement de conversion, mention sommaire en sera faite à la *diligence* du poursuivant, en marge de la transcription de la saisie.

« Les fruits immobilisés en exécution de l'article 593, conserveront ce caractère, sans préjudice du droit qui appartient au poursuivant de se conformer, pour les loyers et fermages, à l'article 595. Sera également maintenue, la prohibition d'aliéner, faite par l'article 596.

« Art. 652. — Toute convention portant, qu'à défaut d'exécution des engagements pris envers lui, le créancier aura le droit de faire vendre les immeubles de son débiteur, sans remplir les formalités prescrites pour la saisie immobilière, est nulle et non avenue. » (1)

---

(1) Cet article 652 a été abrogé par la loi du 15 Octobre 1901.

Art. 653. — La présente loi abroge toutes lois et dispositions de lois qui lui sont contraires. Elle sera exécutée.
à la diligence du Secrétaire d'Etat de la Justice.

Loi du 27 Juillet 1906

*portant modification à l'article 926 du Code de Procédure
civile sur la déclaration des pourvois en Cassation*

Art. 1er. — L'article 926 du code de Procédure civile.
est et demeure modifié ainsi qu'il suit :

« Art. 926. — Les parties qui veulent se pourvoir en
Cassation contre un jugement doivent en faire la déclaration au greffe du tribunal qui a rendu le jugement ou
par exploit signifié à personne ou domicile et signé de
la partie ou du porteur de sa procuration spéciale. Toutes les fois que la déclaration n'aura pas été faite au
greffe du tribunal qui a rendu le jugement, elle sera signifiée dans la huitaine franche, à peine de déchéance,
au greffier de ce tribunal, qui l'inscrira à sa date, au registre prescrit en l'article 927 du code de Procédure civile avec toutes les énonciations prévues au susdit article, excepté celle de la signature du pourvoyant.

« Le Ministère public près les tribunaux civils qui
veut se pourvoir en Cassation contre un jugement, doit
en faire la déclaration au greffe du tribunal qui a rendu
le jugement.

« Le Ministère public près le tribunal de Cassation
devra faire sa déclaration de pourvoi au greffe du tribunal de Cassation. »

Art. 2. — La présente loi abroge toutes les dispositions qui lui sont contraires. Elle sera exécutée à la diligence du Secrétaire d'Etat de la Justice.

Loi du 21 Août 1907

modifiant les articles 83, 87, 150, 151. 156, 157, 167, 170, 174, 189, 467, 682, 700, 929, 930, 932 et 958 du Code de Procédure civile (1).

Art. 1ᵉʳ. — Les articles 83, 87, 150, 151, 156, 157, 167, 170, 174, 189, 467. 682, 700, 929, 930, 932 et 958 du code de Procédure civile sont ainsi modifiés :

« Art. 83. — Le délai des ajournements sera de soixante jours francs pour ceux qui demeurent aux Antilles ou sur le Continent américain et de quatre-vingt-dix jours pour ceux qui demeurent au-delà de l'un ou de l'autre océan.

« Art. 87. — Dans la huitaine du jour de la constitution d'avocat, ou s'il n'en a pas été constitué, dans les délais de l'ajournement, le défendeur fera signifier au demandeur ses défenses signées de l'avocat ou de lui.

« Elles contiendront offre de communiquer les pièces à l'appui, à l'amiable et sur récépissé ou par la voie du greffe.

« La partie qui n'aura pas signifié ses moyens sera condamnée aux dépens du renvoi qui sera ordonné, et si, au nouvel appel de la cause elle n'avait pas signifié ses moyens, il sera contre elle donné défaut.

« Les défenses signifiées hors du délai n'entreront point en taxe, excepté quand la signification n'en aura été retardée que par les délais pour demander et prendre communication des pièces. A moins qu'il ne s'agisse d'exception dilatoire, de demande en renvoi, de la caution *judicatum solvi* ou de communication de pièces vainement réclamées par sommation, le défendeur fera signifier, par un seul et même acte, tous ses moyens de défense généralement quelconques ; faute de quoi, si le tribunal rejette les exceptions et fins de non-recevoir, s'il en a été proposé, il statuera au fond par le même jugement. Ce jugement ne pourra pas être attaqué par la voie de l'opposition. Les dispositions du présent ar-

---

(1) Cette loi a également modifié le décret du 22 Mai 1843 ; la loi du 26 Septembre 1895 sur la longueur des délibérés, et les articles 636 et 637 de la loi du 26 Juillet 1898 portant modification aux Titres XI et XII du code de Procédure civile.

ticle sont applicables aux affaires sommaires, aux affaires commerciales et aux affaires introduites à bref délai, les plaideurs étant forcés de présenter leurs moyens.

« Art. 150. — S'il y a avocat en cause, l'exécution forcée du jugement ne pourra être poursuivie qu'après qu'il aura été signifié à avocat, à peine de nullité.

« Les jugements provisoires ou définitifs qui prononceront des condamnations, seront en outre signifiés à partie avant leur exécution forcée, à personne ou à domicile réel.

« Dans la signification à partie, il sera fait mention de la signification à avocat.

« Si l'avocat est décédé ou a cessé d'exercer, la signification à partie suffira, mais il y sera fait mention du décès ou de la cessation des fonctions de l'avocat.

« Art. 151. — Cependant, lorsqu'il s'agira de continuer l'instance après le rejet d'une exception, il y sera procédé sur simple sommation d'audience, sans signification préalable du jugement.

« Art. 156. — Si la demande est formée contre deux ou plusieurs personnes, et que l'une fait défaut et que l'autre comparaît, le tribunal donne défaut contre les non-comparants, ordonne leur réassignation, par huissier commis, dans un délai fixé par le jugement et surseoit à statuer sur le fond.

« Le jugement de défaut profit-joint n'est ni levé, ni signifié, il est seulement fait mention dans l'exploit de réassignation.

« Après les délais du nouvel ajournement, il est statué sur un simple avenir, par un seul et même jugement, qui n'est pas susceptible d'opposition.

« Si, dans le délai fixé par le jugement, les non-comparants n'étaient pas réassignés, chacun des comparants pourra suivre l'audience par simple acte et user des facultés accordées par l'article 157.

« Art. 157. — Le défendeur qui aura comparu pourra suivre l'audience par un simple acte et prendre congé défaut pur et simple contre le demandeur qui ne comparaîtrait pas, ou demander au tribunal de statuer au fond après vérification des défenses présentées à l'audience ou déjà signifiées, selon que la matière est sommaire ou ordinaire.

« Les jugements par défaut qui statuent sur la demande après examen des conclusions sont seuls susceptibles d'opposition ; quant aux autres, ils anéantissent l'assignation.

« Le demandeur ne peut renouveler la demande ou faire opposition qu'en offrant dans l'acte même de payer les frais et dépens du défaut, faute de quoi l'affaire ne sera pas appelée.

« Art. 167. — En toutes matières autres que celles de commerce, l'étranger demandeur principal ou intervenant sera tenu, si le défendeur haïtien le requiert, avant toutes exceptions, de fournir caution pour le paiement des frais et des dommages-intérêts auxquels il pourrait être condamné, à moins qu'il ne justifie être propriétaire, en Haïti, d'un établissement industriel ou commercial, ou qu'il ne consigne, au greffe, des titres authentiques de créances libres, certaines et liquides, payables en Haïti, le tout d'une valeur jugée suffisante pour assurer le paiement.

« Art. 170. — Elle sera tenue de former cette demande préalablement à tous les moyens autres que l'exception autorisée par l'article 167 ci-dessus.

« Art. 174. — Toute nullité d'emploi ou d'acte de procédure est couverte si elle n'est proposée avant tous moyens autres que les exceptions autorisées par les articles 167 et 169.

« Art. 189. — Les parties qui voudront demander communication des pièces employées contre elles seront tenues de le faire par un simple acte dans les cinq jours où ces pièces auront été employées ou signifiées, sinon, elles n'y seront plus recevables et il sera passé outre.

« Cependant, si une pièce est employée pour la première fois à l'audience, elles pourront en obtenir communication, séance tenante, et demander que la plaidoirie de l'affaire soit renvoyée à la plus prochaine audience.

« Art. 467. — En toutes matières, les parties tant demanderesses que défenderesses seront tenues, dans les trois jours francs du prononcé du jugement, de remettre au greffier, à peine de déchéance, un mémoire de leurs dépens et frais calculés, certifié et signé d'elles ou de leurs avocats et liquidé par le Doyen du tribunal ou par le juge remplissant les fonctions de Doyen.

« Il sera fait mention de la liquidation dans la rédaction du jugement. d'opposition à la taxe aura lieu dans les trois jours de la signification de l'état de frais, à partie ou à domicile élu, à peine de déchéance.

« Art. 682. — Le débiteur haïtien ou étranger ne pourra non plus être arrêté ou recommandé : 1° lorsque, appelé comme témoin, il séra porteur d'un sauf-conduit délivré par le juge ou le tribunal devant lequel il devra comparaître, lequel sauf-conduit fixera, à peine de nullité, la durée de son effet en tenant compte du temps nécessaire pour aller et venir ; 2° lorsqu'il justifiera qu'il possède, en Haïti, des biens corporels ou incorporels, libres, certains et liquides, jugés suffisants pour garantir le paiement des condamnations prononcées contre lui.

« Art. 700. — Le débiteur légalement incarcéré obtiendra son élargissement : 1° par le consentement du créancier qui l'a fait incarcérer et des recommandants s'il y en a ; 2° par le paiement ou la consignation des sommes dues tant au créancier qui l'a fait emprisonner qu'aux recommandants, en principal, intérêts et frais ; 3° par les bénéfices de cession s'il est haïtien ; 4° si, haïtien ou étranger, il justifie qu'il possède, en Haïti, des biens corporels ou incorporels, libres, certains et liquides, jugés suffisants pour payer le montant des sommes pour lesquelles il a été emprisonné et recommandé, auquel cas les dits biens demeureront spécialement affectés à l'extinction des causes de l'emprisonnement et des recommandations ; 5° enfin, s'il a commencé sa soixantième année et si, dans ce cas, il n'est pas stellionataire.

« Art. 929. — Dans la huitaine de la déclaration de pourvoir, outre un jour par cinq lieues de distance, si la signification a lieu à domicile, le demandeur fera signifier au défendeur un acte contenant ses moyens avec élection de domicile à Port-au-Prince, s'il n'y demeure pas, et assignation au dit défendeur, à fournir ses défenses au greffe du tribunal de Cassation dans les trente jours s'il demeure en Haïti, dans les soixante jours s'il demeure aux Antilles ou sur le Continent américain, dans les quatre-vingt-dix jours s'il demeure au-delà de l'un et l'autre océans ; le tout, à peine de déchéance du pourvoi, sauf recours prévu au second alinéa de l'article 922.

« Art. 930. — Dans les vingt-cinq jours de la signification de ses moyens, outre un jour par cinq lieues de distance entre le lieu de cette signification et le siège du tribunal de Cassation. le demandeur devra, à peine de déchance, s'inscrire au greffe du tribunal et y déposer : 1° une amende de cinq gourdes ; 2° l'acte dûment signifié contenant ses moyens ; 3° une expédition de la déclaration de pourvoi ; 4° une expédition signifiée ou une copie signifiée du jugement dénoncé ; 5° les pièces à l'appui.

« Il sera fait mention des pièces produites au bas ou en marge de l'acte du dépôt.

« Art. 932. — Dans la huitaine qui suivra l'expiration des délais à lui accordés, outre un jour par cinq lieues de distance, si la signification a lieu à domicile, le défendeur fera signifier ses réponses au demandeur soit à personne soit à domicile réel ou élu, et remettra ses pièces au greffe si déjà il ne l'a fait.

« Ce délai emportera déchéance contre le défendeur, sauf le recours prévu au second alinéa de l'article 922.

« Art. 958. — Aucune signification ou exécution ne pourra être faite avant le lever où après le coucher du soleil, non plus que les dimanches et les jours de fête légale, si ce n'est en vertu de la permission du juge dans les cas où il y aurait péril en la demeure.

« Les délais légaux seront augmentés d'un jour chaque fois qu'ils écherront un dimanche ou un jour de fête légale. »

Art. 2. — Toutes les dispositions de l'article 8 du décret du 22 Mai 1843 sur la réforme du Droit civil et du Droit criminel sont abrogées et remplacées par les articles 3 et 4 ci-après : (1)

En matière de commerce, le créancier a le choix entre la contrainte par corps et les autres moyens d'exécution.

En conséquence, l'exercice de la contrainte par corps empêche les exécutions sur les biens.

Art. 3. — Tout jugement de condamnation d'un étranger au profit d'un haïtien prononcera la contrainte par corps pour trois mois au moins ou six mois au plus.

Art. 4. — Néanmoins, excepté dans les cas de condamnations pour stellionat, pour crime, délit au contravention, la contrainte par corps ne pourra être pronon-

---

(1) D'après la loi du 28 Juillet 1898 modifiant l'article 1836 du code Civil, l'exercice de la contrainte par corps n'empêche ni ne suspend les poursuites et les exécutions sur les biens.

cée, soit contre un haïtien, soit contre un étranger, pour une somme n'excédant pas cent gourdes.

Elle ne sera pas non plus prononcée contre un haïtien ou un étranger âgé de soixante ans, ni contre un étranger ou un haïtien ayant six enfants légitimes.

Art. 5. — La loi du 26 Septembre 1895 sur la durée des délibérés, régira désormais ceux du tribunal de Cassation.

Cependant les délais fixés par le 1er alinéa de l'article 1er et par l'article 2 de la dite loi sont, en ce qui concerne ce tribunal, réduits à huit jours pour les affaires civiles ou commerciales et à trois jours pour toutes autres affaires.

Art. 6. — L'article 6 de la dite loi du 26 Septembre 1895 sera appliqué à tous juges rapporteurs du tribunal de Cassation qui sera en retard d'exécuter les articles 933 du code de Procédure civile et 24 de la loi du 23 Décembre 1867 sur l'organisation et les attributions de ce tribunal.

Art. 7. — A la fin de chaque semaine, le greffier du tribunal de Cassation remettra au Commissaire du Gouvernement près le dit tribunal, pour être transmise au Ministre de la Justice, une copie du rôle de distribution mentionné dans les articles 25 et 26 de la dite loi du 23 Décembre 1867.

Art. 8. — Les articles 636 et 637 de la loi du 26 Juillet 1898 portant modification aux Titres XI et XII du code de Procédure civile sont ainsi modifiés :

« Art. 636. — Les moyens de nullité, tant en la forme qu'au fond, contre la procédure antérieure à la publication du cahier des charges, seront signifiés à peine de déchéance, trois jours au moins avant l'audience fixée pour cette publication.

« A cette audience, après la lecture du cahier des charges, le tribunal entendra les parties sur les moyens de nullité.

« S'ils sont admis, la procédure sera reprise à partir des derniers actes valables et les délais pour accomplir les actes suivants courront à dater du jugement ou de l'arrêt qui aura définitivement prononcé sur la nullité.

« S'ils sont rejetés, le jugement donnera acte de la publication du cahier des charges. statuera sur les dires et observations insérées à la suite de ce cahier et fixera les date et heures de l'adjudication, conformément à l'article 604.

« Art. 637. — Les moyens de nullité contre la procédure postérieure à la publication du cahier des charges seront signifiés à peine de déchéance cinq jours au moins avant l'audience fixée pour l'adjudication. A cette audience, le tribunal, après avoir reçu les enchères, surseoira à prononcer l'adjudication et entendra les parties sur les moyens de nullité.

« S'il les admet, il annulera la procédure postérieure au jugement de publication, ainsi que les enchères, autorisera la reprise de la poursuite à partir du dit jugement et fixera une nouvelle audience pour l'adjudication par le même jugement en faveur du dernier enchérisseur. »

Pour la bonne intelligence des textes, nous publions, extraits du *Bulletin du Département de la Justice*, les Décret et Loi ci-dessous, modifiés par la nouvelle loi du 21 Août 1907 qui modifie certains articles du code de Procédure civile.

Décret du 22 Mai 1843

du Gouvernement provisoire sur la réforme du Droit civil et du Droit criminel

« Art. 7. — La contrainte par corps aura lieu, contre toute personne, pour dettes résultant des actes de commerce, définis par l'article 621 du code de Commerce ; mais elle ne pourra être prononcée contre les septuagénaires, et le jugement de condamnation devra en fixer la durée, qui sera d'un an au moins et de trois ans au plus.

« Art. 8. — Tout jugement qui interviendra au profit d'un Haïtien contre un étranger emportera, de plein droit, la contrainte par corps pour trois ans.

« Avant le jugement de condamnation, mais après l'échéance ou l'exigibilité de la dette, le Doyen du tribunal civil dans le ressort duquel se trouvera l'étranger, pourra, s'il y a de suffisants motifs, ordonner son arrestation provisoire sur la requête du créancier haïtien.

Dans ce cas, le créancier sera tenu de se pourvoir en condamnation dans la huitaine de l'arrestation du débiteur, faute de quoi celui-ci pourra demander son élargissement.

« L'arrestation provisoire n'aura pas lieu, ou cessera, si l'étranger justifie qu'il possède sur le territoire haïtien un établissement de commerce d'une valeur suffisante pour assurer le paiement de la dette. ou s'il fournit pour caution un Haïtien reconnu solvable. »

Loi du 26 Septembre 1895

sur la longueur des délibérés

« Art. 1er. — Chaque fois que, conformément à l'article 122 du code de Procédure civile, il y aura lieu de renvoyer la cause à une des prochaines audiences pour prononcer le jugement, le tribunal fixera l'audience à laquelle le jugement sera rendu. Il sera tenu de le prononcer dans la quinzaine au plus tard pour les affaires civiles, et dans la huitaine pour les affaires correctionnelles.

« En matière de référé et de justice de paix, pour les cas extraordinaires, dans trois jours au plus tard ; en matière de justice de paix, pour les affaires civiles, la décision sera rendue dans trois jours au plus tard et, pour les cas de simple police, dans les vingt-quatre heures de l'audience.

« Art. 2. — Si, au jour fixé, les juges ou l'un d'eux se trouvent légitimement empêchés par la maladie ou autrement, le Doyen décidera si l'affaire doit être reproduite. Si l'importance de la cause ne permet pas aux juges de rendre le jugement dans la quinzaine, ils seront tenus, par une décision motivée, de fixer la nouvelle date à laquelle le jugement sera rendu définitif.

« Art. 3. — Toutes affaires qui seront au délibéré au moment de la promulgation de la présente loi, seront jugées dans la quinzaine de cette promulgation au plus tard.

« Sauf ce qui est prescrit à l'article 2.

« Art. 4. — Les Doyens des tribunaux civils, ceux des tribunaux de commerce et les Commissaires du Gouvernement près les tribunaux civils, sont chargés de veiller à l'exécution des dispositions ci-dessus dans leurs tribunaux respectifs.

« Art. 5 — A la fin de chaque semaine, les Commissaires du Gouvernement, sous peine de suspension d'abord et de révocation en cas de récidive, adresseront au Secrétaire d'Etat de la Justice un rapport détaillé où ils indiqueront les affaires dans lesquelles les dites dispositions auront été enfreintes et indiqueront les juges qui auront commis l'infraction.

« Art. 6. — Pour chaque infraction, ces juges recevront un avertissement du Département de la Justice. Après deux avertissements non suivis d'excuses jugées légitimes par le Conseil des Secrétaires d'Etat, sur le rapport du Chef du Département de la Justice, les juges ainsi avertis seront passibles de la perte de leurs appointements du mois du dernier avertissement, et en cas de récidive, ils seront considérés démissionnaires et remplacés sans préjudice de toute autre action des parties intéressées.

« La décision motivée qui proclame les juges démissionnaires sera publiée dans le *Journal Officiel*.

« Art. 7. — La présente loi, qui abroge toutes les dispositions de lois qui lui sont contraires, sera exécutée à la diligence du Secrétaire d'Etat de la Justice. »

Supplément : Projet de Loi [1]

sur l'Ordre des Avocats

Considérant que la profession d'avocat exerce une puissante influence sur la distribution de la justice et qu'il est nécessaire de maintenir à cette profession les prérogatives attachées à sa noblesse et à son élévation,

---

[1] Ce projet, préparé en 1892 par le Conseil de discipline de l'Ordre des avocats de Port-au-Prince, a été publié dans la *Revue de la Société de Législation* de Janvier 1907.

16

en laissant au bureau la plénitude du droit de discipline qui seul peut perpétuer parmi ses membres le sentiment de la liberté et de l'indépendance, du devoir et de l'honneur ;

Considérant que la pratique a démontré combien est incomplète la loi du 18 Octobre 1881 sur l'Ordre des avocats.

. . . .

A proposé la loi suivante :

CHAPITRE Ier

DU TABLEAU DE L'ORDRE

Art. 1er. — Les avocats de chaque juridiction sont constitués en un Ordre indépendant, ayant sur ses membres un droit propre de surveillance et de discipline.

Art. 2. — Il est dressé un tableau des avocats de chaque juridiction.

Les avocats y sont inscrits par ordre d'ancienneté. Il sera inséré, dans une colonne d'honneur, à la suite du tableau, les noms des membres du barreau appelés à une charge de grand fonctionnaire incompatible avec l'exercice de la profession d'avocat, ainsi que ceux des anciens bâtonniers.

Art. 3. — Le tableau sera renouvelé chaque année, dans la huitaine de la rentrée des tribunaux.

Art. 4. — Copie du tableau sera adressée au Secrétaire d'Etat de la Justice et aux Doyens des tribunaux de Cassation, Civil et de Commerce pour être affichée dans les salles d'audience de ces tribunaux.

Art. 5. — Pour être inscrit au tableau d'un Ordre, il faut : 1° être âgé de 21 ans au moins ; 2° avoir l'exercice des droits civils et politiques ; 3° être porteur du diplôme de licencié de l'Ecole nationale de Droit ; 4° avoir prêté devant le tribunal civil le serment suivant : *Je jure d'observer, dans l'exercice de ma profession, les principes d'honneur et de dignité qui doivent caractériser tous les membres de mon Ordre* ; et 5° avoir fait le stage prévu en l'article 521 ci-après.

Ceux qui sont porteurs du diplôme de licencié ou de docteur en Droit d'une Faculté étrangère dont la législation a pour base les codes français, pourront obtenir leur inscription, en soumettant leur diplôme ou visa du Directeur de l'Ecole nationale de Droit, qui prendra les mesures nécessaires pour constater l'identité du porteur. Ils devront, en outre, remplir les autres conditions prescrites au paragraphe 1er du présent article.

Néanmoins, les docteurs en Droit sont dispensés du stage. Il en est de même des anciens juges ou officiers du ministère public près le tribunal de Cassation et les tribunaux civils.

Art. 6. — Il sera perçu par le greffier du tribunal civil, outre le droit du greffe prévu au tarif, la somme de cinq gourdes sur chaque prestation de serment des avocats. Cette somme sera versée par le greffier à la caisse de l'Ordre.

Art. 7. — Nul ne sera admis par le Doyen à prêter le serment prescrit que sur la réquisition du bâtonnier de l'Ordre ou d'un membre du Conseil de discipline délégué par le bâtonnier.

Art. 8. — Nul ne pourra plaider devant les tribunaux de la République, autres que les tribunaux de paix, s'il n'est inscrit au tableau d'un Ordre.

Art. 9, — L'exercice de la profession d'avocat n'est compatible qu'avec les fonctions législatives, celles de l'enseignement public ou privé, de membres de la Chambre des Comptes, de Conseillers communaux ou d'arrondissement, de Chefs de division ou de bureau dans les ministères, de Chef du cabinet du Président de la République et de Secrétaire du Conseil des ministres.

L'avocat ne peut exercer ni le commerce ni le courtage.

Art. 10. — Sur la demande du Doyen du tribunal criminel ou du Président du Conseil spécial militaire, faite trois jours au moins avant la date du jugement, le bâtonnier désigne les avocats appelés à défendre d'office les accusés incapables de se donner un conseil.

L'avocat qui aura refusé, sans un motif légitime apprécié par le Conseil de discipline, de défendre l'accusé qui lui aura été désigné d'office, sera frappé d'une des peines disciplinaires portées en l'article 35.

CHAPITRE II

DE L'ADMINISTRATION DE L'ORDRE

§ 1er

De l'Assemblée Générale

Art. 11. — Chaque année, avant la fin de l'année judiciaire, sauf les cas de force majeure, l'Ordre se réunit en Assemblée générale, sur la convocation du bâtonnier ou de son remplaçant, pour entendre le rapport du Conseil sortant, élire un bâtonnier, un Conseil de discipline et un secrétaire-trésorier.

L'Assemblée générale délibère, en outre, sur toutes questions concernant exclusivement les intérêts de l'Ordre, qui lui seront soumis par le Conseil de discipline.

Art. 12. — Dans les cas d'urgence, l'Assemblée générrle peut être convoquée à l'extraordinaire par décision du Conseil de discipline, prise soit spontanément soit sur la demande du quart des avocats inscrits au tableau,

En cas de refus ou d'empêchement du Conseil, l'Assemblée générale pourra être convoquée sur la demande du quart des avocats inscrits, par le Doyen du tribunal civil.

Art. 13. — L'Assemblée générale ne peut valablement délibérer que lorsque la majorité absolue des avocats inscrits au tableau, est présente.

Néanmoins si, après trois convocations rendues publiques, par la voie du *Journal Officiel* ou par tout autre moyen de publicité, la majorité absolue ne pouvait pas être obtenue, l'Assemblée générale pourra valablement délibérer à la majorité du tiers des avocats inscrits au barreau.

§ 2

Du Bâtonnier

Art. 14. — Le Bâtonnier est élu pour un an par l'Assemblée générale, à la majorité absolue des membres présents.

Il est indéfiniment rééligible.

Art. 15. — Le Bâtonnier est le chef de l'Ordre.

Il préside l'Assemblée générale et le Conseil de discipline. Sa voix départage l'Assemblée générale et le Conseil de discipline.

Art. 16. — Le Bâtonnier représente l'Ordre et le défend dans toutes les contestations où il peut être intéressé.

Il ne doit cependant introduire aucune instance en justice ou y défendre, sans l'autorisation préalable du Conseil de discipline.

Art. 17. — En cas d'urgence, il peut agir spontanément sauf à soumettre ses actes à la ratification du Conseil.

Art. 18. — Le Bâtonnier correspond, au nom de l'Ordre, avec les autorités constituées.

Art. 19. — Il donne tout certificat concernant le stage, de l'avis conforme du Conseil de discipline.

Art. 20. — Il délivre, sur leur demande, en cas d'absence ou d'empêchement, aux avocats inscrits au tableau, des permis comportant dispense de plaider près des tribunaux de la juridiction pendant une durée déterminée.

Art. 21. — En cas de décès, démission ou empêchement quelconque du Bâtonnier, le Conseil de discipline, réuni sur la convocation et sous la présidence du membre du Conseil le plus anciennement inscrit, désigne un de ses membres pour exercer les fonctions du Bâtonnier jusqu'à la fin de l'année judiciaire.

Le secrétaire-trésorier, dans les cas d'urgence relatifs au service courant, exerce les attributions de Bâtonnier en l'absence momentanée de celui-ci.

§ 3

Du Conseil de discipline et du Secrétaire-Trésorier

Art. 22. — Le Conseil de discipline sera composé de trois membres, dans les juridictions où le nombre des avocats inscrits sera de sept à douze ; — de cinq membres, si le nombre des avocats est de treize à trente ; — de sept, si ce nombre est de trente-et-un à cinquante ; — de neuf, si ce nombre est de cinquante-et-un à quatre-vingt ; — enfin de douze, si ce nombre dépasse quatre-vingt. — En outre, les anciens bâtonniers font de droit partie du Conseil de discipline, avec voix consultative.

Art. 23. — Le secrétaire-trésorier est choisi parmi les membres du Conseil de discipline.

Art. 24. — Les membres du Conseil de discipline et le

secrétaire-trésorier sont nommés pour un an, à la majorité relative des suffrages.

Ils sont indéfiniment rééligibles.

En cas de décès, de démission ou empêchement permanent du secrétaire-trésorier, le Conseil de discipline désigne un de ses membres pour le remplacer.

Art. 25. — Les attributions du Conseil de discipline sont administratives et préventives, de représentation et de répression.

Art. 26. — Ses attributions administratives consistent surtout à statuer sur les demandes d'admission, de stage et d'inscription au tableau, ainsi que sur les permis délivrés par le bâtonnier, s'ils donnent lieu à contestation.

Art. 27. — Les décisions du Conseil relatives à l'inscription au tableau sont sans recours, si elles sont prises à l'unanimité des membres présents. En cas de partage des voix, l'avocat évincé pourra exercer un recours à l'assemblée générale contre la décision du Conseil.

Art. 28. — Les attributions préventives du Conseil consistent à veiller à la conservation de l'honneur des avocats, à maintenir les principes de probité et de délicatesse qui font la base de leur profession ; à concilier les différents entre deux ou plusieurs avocats, entre un avocat et un autre membre du corps judiciaire, ou entre un avocat et ses clients.

Le Conseil portera une attention particulière sur les mœurs et la conduite des avocats stagiaires.

Art. 29. — Ses attributions représentatives consistent à intervenir dans l'intérêt de l'Ordre, quand les circonstances le requièrent.

Art. 30. — Il est dans les attributions repressives du Conseil de punir d'office ou sur les plaintes qui lui sont sont adressées les infractions et les fautes professionnelles, commises par les avocats inscrits au tableau, sans préjudice de l'action des tribunaux, s'il y a lieu.

La juridiction du Conseil s'étend à tous les faits commis par l'avocat en cette qualité.

Art. 31. — Le Conseil de discipline délibère valablement à la majorité absolue de ses membres.

Art. 32. — Le Conseil sortant doit présenter à l'assemblée générale un rapport détaillé sur l'administration de l'Ordre pendant l'exercice expiré.

L'assemblée pourra, comme marque particulière d'approbation, ordonner que copie de ce rapport soit adressée au Secrétaire d'Etat de la Justice, pour être insérée au Moniteur officiel.

Art. 33. — Le Conseil de discipline fait des règlements sur tous les objets compris dans ses attributions.

Art. 34. — Toute décision prise par le Conseil, dans l'intérèt de l'Ordre, doit être respectée et exécutée par les avocats inscrits au tableau, sous peine d'encourir une mesure disciplinaire.

§ 4

De la répression des fautes

Art. 35. — Les peines que le Conseil de discipline peut infliger, selon les cas, sont l'avertissement, la censure, la réprimande, la suspension pendant un mois au moins et un an au plus, la radiation définitive du tableau.

Art. 36. — Le Conseil ne prendra aucune mesure qu'après avoir appelé l'inculpé.

L'appel sera fait par lettre du secrétaire, délivrée sur récépissé de l'avocat inculpé.

En cas de refus de la part de celui-ci de donner le récépissé, la lettre d'appel lui sera expédiée par l'entremise du doyen du tribunal civil.

En cas de non comparution au jour indiqué, l'avocat sera jugé par défaut. (1)

Art. 37. — Dans les cas où le Conseil de discipline jugera nécessaire de faire une enquête, les témoins appelés sont tenus de se présenter à la séance indiquée, ou devant les membres enquêteurs, sous peine d'encourir l'amende prévue en l'article 264 du Code de procédure civile, laquelle sera prononcée, sur la réquisition du Bâtonnier de l'Ordre, par le doyen du tribunal civil, au profit de la caisse de l'Ordre.

Art. 38. — Le recours en cassation est ouvert contre les décisions du Conseil prononçant une suspension de plus de trois mois ou la radiation.

Art. 39. — Le tribunal de Cassation jugera en chambre du Conseil, toutes affaires cessantes.

---

(1) Il ressort du projet que ces décisions par défaut ne sont pas, comme celles de la justice ordinaire, susceptibles d'opposition.

Art. 40. — Le recours en cassation s'exercera dans le délai de trois jours francs, outre celui de distance, à compter du jour où la décision aura été notifiée.

Art. 41. — La déclaration de recours sera faite par un acte contenant les moyens, signifiés au Bâtonnier de l'Ordre par un huissier du tribunal de Cassation, dans la juridiction de Port-au-Prince, ou par un huissier du tribunal Civil dans les autres juridictions.

Art. 42. — Dans la huitaine qui suivra la déclaration du recours, outre le délai de distance, le demandeur devra, à peine de déchéance, s'inscrire au greffe du tribunal de Cassation et y déposer : une amende de cinq gourdes, l'acte dûment signifié contenant ses moyens et la copie de la décision attaquée.

Art. 43. — Dans un délai d'un mois, outre celui de distance, le Bâtonnier adressera au commissaire du gouvernement, près le tribunal de Cassation, à peine de déchéance :

1° Les moyens du demandeur ; 2° l'acte, dûment notifié à celui-ci, contenant la réponse du Conseil de discipline ; 3° toutes les pièces justificatives de la décision attaquée.

Art. 44. — Le pourvoi en Cassation n'arrêtera pas l'effet de la décision attaquée.

Art. 45. — En cas de maintien de la décision, le tribunal de Cassation ordonnera, par son arrêt, la confiscation de l'amende au profit de la caisse de l'Ordre.

Art. 46. — Toute décision du Conseil de discipline, comportant une suspension ou la radiation, sera, dans les trois jours, expédiée aux commissaires du gouvernement près le tribunal de Cassation et les tribunaux Civils et aux Doyens des tribunaux Civils et de Commerce, qui en surveilleront l'exécution.

Art. 47. — Il sera donné connaissance au Secrétaire d'Etat de la Justice des décisions du Conseil de discipline passées en force de chose jugée. Le Secrétaire d'Etat notifiera ces décisions aux Doyens des tribunaux Civils et de Commerce de la République.

Art. 48. — L'avocat déjà suspendu pourra, en cas de récidive, suivant la gravité des cas, être rayé du tableau.

Art. 49. — L'avocat suspendu pour un mois ou plus ne pourra, même après qu'il aura purgé sa peine, re-

prendre l'exercice de la profession, s'il n'a versé au
profit de la caisse de l'Ordre, une amende de cinq gourdes.

Art. 50. — Il n'est point dérogé, par les dispositions
qui précèdent, au droit qu'ont les tribunaux de réprimer
les fautes commises à leurs audiences par les avocats.

Toutefois, la peine de la suspension prononcée par un
tribunal de Commerce ou un Conseil spécial militaire,
n'a pas d'effet devant les autres juridictions.

Art. 51. — Dans le cas où le Bâtonnier lui-même est
inculpé, le Conseil de discipline sera convoqué et présidé par le membre le plus anciennement inscrit. Celui-
ci exercera alors les attributions du Bâtonnier en tout
ce qui a trait à l'inculpation et à ses suites.

CHAPITRE III

Du stage et des avocats stagiaires

Art. 52. — La durée du stage sera d'une année.

Art. 53. — Le stage pourra être fait devant divers
tribunaux, autres que les tribunaux de paix, sans qu'il
puisse être interrompu pendant plus de trois mois.

Art. 54. — Le Conseil de discipline peut, selon le cas,
prolonger la durée du stage.

Art. 55. — Les avocats stagiaires ne font pas partie du
tableau.

Ils y sont inscrits à la suite dans une colonne spéciale.
Ils ne peuvent pas prendre part aux délibérations de
l'assemblée générale.

Art. 56. — Des avocats stagiaires ne pourront écrire
ni plaider dans aucune cause.

Cependant, quand ils ont été désignés par le Bâtonnier, ils défendent d'office les accusés. Tout refus de
leur part peut entraîner la prolongation de leur stage.

CHAPITRE IV

Dispositions générales

Art. 57. — Le Bâtonnier et le Conseil de discipline
entrent en fonctions à la rentrée des tribunaux.

Art. 58. — Dans les réunions publiques, une place sera
désignée à l'Ordre des avocats.

Art. 59. — L'avocat qui laisse la juridiction où il est est inscrit pour aller plaider devant les tribunaux d'une autre juridiction doit être muni d'un certificat constatant son inscription, signé de son Bâtonnier, ou du Doyen du tribunal Civil, si l'Ordre n'est pas constitué dans la juridiction. Ce certificat n'est pas valable pour plus d'une année. S'il n'en demande pas le renouvellement, l'avocat perd le bénéfice de son inscription jusqu'à son retour dans la juridiction.

Art. 60. — L'avocat qui se trouve momentanément dans une juridiction autre que celle où il est inscrit, est soumis, pendant ce temps, à l'autorité du Conseil de discipline de cette juridiction.

Art. 61. — L'avocat n'est pas obligé de déposer en justice des faits dont il a pris connaissance dans l'exercice de sa profession.

Art. 62. — Le cabinet de l'avocat est inviolable et ne peut être l'objet de perquisition de la part de la police, en tant qu'il n'est pas personnellement prévenu d'un crime ou d'un délit.

Art. 63. — Il est interdit à l'avocat de se rendre, même par un moyen détourné, concessionaires de droits litigieux.

Art. 64. — Les avocats inscrits au tableau d'un Ordre sont dispensés de tout service dans l'armée active.

Ils ne sont astreints à servir dans la compagnie d'élite judiciaire, prévue par la loi organique des tribunaux, qu'en cas de péril imminent pour la ville où ils exercent leur fonction.

Art 65. — La présente Loi abroge toutes Lois qui lui sont contraires, notamment la Loi du 17 Octobre 1881 sur l'Ordre des avocats.

Elle sera exécutée à la diligence du Secrétaire d'Etat de la Justice.

Loi du 10 Août 1877

qui règle en monnaie forte les amendes, dépôts,
consignations, dommages-intérêts consacrés dans les
différents Codes et autres lois de la République

Art. 1er. — Sera réglé en monnaie forte à 25 o/o des chiffres portés en monnaie nationale, le taux des amendes, dépôts, consignations et dommages-intérêts prescrits :

1° A l'article 1970 du code Civil ;

2° Aux articles 942 et 947 du code de procédure civile ;

3° Aux articles 24, 64, 65, 115, 146, 152, 276, 287, 301, 302, 310, 326, 330, 339, 350, 351, 352, 364, 375, 429, 440 et 441 du code d'Instruction Criminelle ;

4° Aux articles 86, 96, 99, 137, 138, 145, 146, 148, 153, 154, 155, 157, 158, 160, 168, 179, 185, 194, 212, 237, 238, 264, 265, 278, 287, 320, 322, 341, 342, 343, 345, 349, 350, 352, 353, 355, 358, 359, 405 et 406 du code Pénal.

Art. 2. — Seront calculés à la moitié en piastres fortes les chiffres portés en monnaie nationale pour amendes, dépôts, consignations et dommages-intérêts non mentionnés en l'article ci-dessus et qui peuvent se trouver prescrits dans les codes et autres lois de la République.

Art. 3. — Seront fixés à *cinquante piastres* (P. 50) les chiffres mentionnés aux articles 137, 171 et 304 du code d'Instruction Criminelle et à *cent piastres* (P. 100) ceux portés aux articles 130 et 132 du code Pénal.

Supplément

Voici le chiffre des décisions rendues pendant l'année judiciaire 1908/1909 :

Tribunal de Cassation	178	arrêts
Tribunal Civil de Port-au-Prince......	480	décisions
» Cap-Haïtien...........	157	»
» Cayes	109	»
» Jacmel	225	»
» Gonaïves	377	»
». Jérémie.............	53	»
» Port-de-Paix........	136	»
» Saint-Marc.........	115	»
» Anse-à-Veau	169	»
» Aquin..............	74	»
» Petit-Goâve	122	»

La nouvelle juridiction comprenant les arrondissements du Trou, de Vallière et de Fort-Liberté créée par la loi du 27 Septembre 1901, a été organisée en 1909.

N.-B. — Au dernier moment, nous avons cru devoir retrancher le chapitre « De la Haute Cour de Justice » qui trouvera sa place dans notre étude « De l'Organisation judiciaire criminelle ».

Cela a donc réduit le nombre de pages de l'ouvrage.

TABLE GÉNÉRALE

CHAPITRE Ier : *Considérations Générales*

SOMMAIRE :

L'organisation judiciaire civile. — Les tribunaux de
droit commun. Les tribunaux d'exception. Il n'y
a pas d'autre juridiction, et il ne peut en être établi qu'en vertu d'une loi. — Nul ne peut être distrait de ses juges naturels. — La peine de mort est
abolie en matière politique (en note). — Pourquoi
les tribunaux d'appel n'existent pas dans notre
organisation de la justice ordinaire ? Il est vrai
qu'on peut appeler du jugement rendu en justice de paix. — Opinion de M. Dabelmar (Jean-
Joseph). Opinion de l'auteur. — La loi du 27 Ventôse an VII. Le décret du 6 Juillet 1810 règle en
France la composition des cours d'appel. En Haïti,
les tribunaux civils sont les seuls à avoir la plénitude de juridiction. L'historique de ces tribunaux.
— Haïti a conquis son indépendance le 1er Janvier 1804. Moreau de Saint-Méry a montré comment la justice était administrée dans l'ancienne
colonie française. L'édit du mois d'Août 1684 créa
un Conseil souverain au Petit-Goâve avec quatre
sièges royaux pour juger en première instance. Le
lendemain de l'Indépendance, la Constitution impériale de 1805 créa six tribunaux civils. — En
1861, les tribunaux civils de Santo-Domingo et de
Saint-Yague cessèrent de relever de notre administration judiciaire. — Notre organisation judiciaire se rattache, au point de vue de la juridiction territoriale, aux divisions administratives. —
Le tribunal de la Seine. On parle en France de la
suppression d'un certain nombre de tribunaux de
première instance. — Le projet de loi sur l'organisation des cours et tribunaux. — En Angleterre,
l'organisation judiciaire est très défectueuse.
Chambre des Pairs. Cour de Chancellerie. Cour
de la Chambre de l'Echiquier. Le caractère le plus
frappant de la magistrature anglaise est le petit

CHAPITRE II :

Des Tribunaux civils. Leur Composition

Sommaire :

L'importance du tribunal civil de Port-au-Prince
était établie d'après le nombre de jugements qu'il
avait rendus dans le courant de l'année 1846. La
loi du 30 Août 1905 modifia la composition des
tribunaux civils de Port-au-Prince, du Cap-Haïtien, des Cayes et de Jacmel. — Il y aurait avantage à augmenter le nombre des juges des autres
tribunaux. — La statistique des jugements rendus,
d'après l'exposé général de la situation. En France,
le nombre des juges varie suivant l'importance de
chaque tribunal. — En ce qui concerne le tribunal
de la Seine, il y a une organisation toute particulière. — Quelle est la fonction des juges ? — Opinion de Boncenne. — Les juges sont les organes de
la loi. — Opinion de Merlin. — Opinion de Berriat
Saint-Prix (en note). — Opinion de M. Jules Delafosse. — Comment recruter les juges ? — On a
déjà essayé, en Haïti, plusieurs systèmes de recrutement. Ailleurs les procédés sont divers. — Mode
de nomination en Italie, en Belgique, en Angleterre, au Japon. — Quel est le système le meilleur ?
— Opinion de M. Jules Delafosse — Opinion de M.
Esmein. — Opinion de l'auteur. — C'est à la dévotion du chef du pouvoir exécutif que doit rester
le recrutement de la magistrature. — Le chef du
pouvoir exécutif nomme les juges ; mais ceux-ci
ne doivent pas dépendre de lui. — L'inamovibilité

CHAPITRE III : *Du rang des Juges entre eux*

Sommaire :

Les attributions du doyen sont de deux sortes. —
En fait d'attribution de juridiction contentieuse,
il tient l'audience de référé. MM. Debelleyme et
Aubépin furent les organisateurs de cette juridiction auxiliaire. — Opinion de M. Octave Gérard.
— Le doyen a encore des attributions extra-judiciaires. — La compétence des tribunaux est fixée
à trois juges. — La loi détermine la constitution du
tribunal, mais elle n'a pas fixé de nombre maximum. — Tout jugement rendu par moins de trois
juges est nul. — La présence d'un juge suppléant
à un jugement n'est point une cause de nullité.
Controverses. Quelles sont les fonctions des juges
suppléants ? On demande la suppression de la
suppléance dans tous les tribunaux. La législation
française. Opinion de M. Briand, garde des sceaux
(en note). — Quand il y a nécessité de compléter
le tribunal, en France, on peut appeler l'avocat
le plus ancien attaché au barreau et subsidiairement un avoué. — L'article 2 de la loi de 1847
divisa le tribunal civil de Port-au-Prince en deux
sections. Le mouvement annuel d'une section à
une autre était logique en son application. —
L'incompatibilité à raison de la parenté est réglée
par la loi. — Un juge peut être valablement nommé
membre du Corps Législatif. La Constitution de
1846 permettait le cumul à cet égard. — La Constitution du 5 Fructidor an III. — La loi du 30

CHAPITRE IV :

Du Règlement et de la Police des Audiences

CHAPITRE IX : *Du Ministère Public*

CHAPITRE X :

Des Officiers ministériels. — Des Greffiers

Sommaire :

CHAPITRE XIII : *Procédure Commerciale*

S_{OMMAIRE} :

La procédure commerciale est simple, rapide et peu coûteuse. — La demande est dispensée des formalités de l'arbitrage ; elle doit être formée par

Pages

CHAPITRE XIV : *De l'Assistance Judiciaire*

Sommaire :

Havre — Imp. Duval et Davoult, 15-17, r. Casimir-Périer